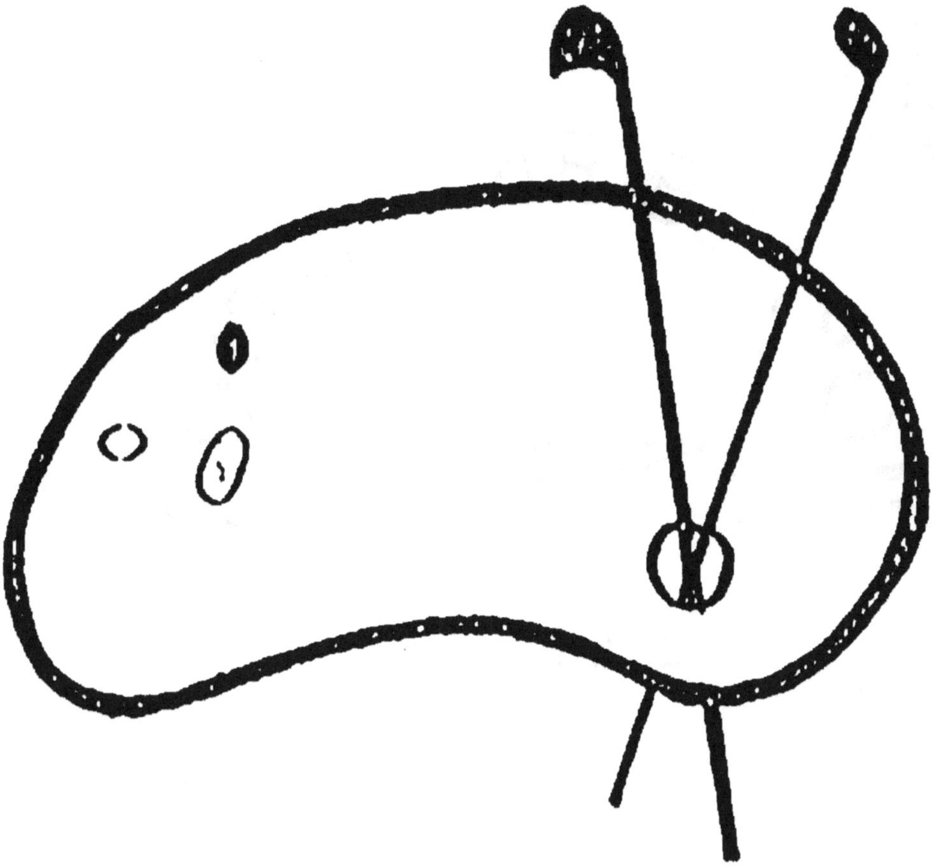

COUVERTURE SUPERIEURE ET INFERIEURE
EN COULEUR

QUATRIÈME ÉDITION

LA MORALE EN ACTION

PAR

L'HISTOIRE

PAR

E. MULLER

**BIBLIOTHÈQUE
D'ÉDUCATION ET DE RÉCRÉATION**
J. HETZEL ET Cie, 18, RUE JACOB
PARIS

Tous droits de traduction et de reproduction réservés

LIBRAIRIE J. HETZEL ET C⁰, 18, RUE JACOB

BIBLIOTHÈQUE D'ÉDUCATION ET DE RÉCRÉATION

VOLUMES IN-18
Brochés, 3 fr. — Cartonnés toile, tranches dorées, 4 fr.

	vol.		vol.		vol.
Ampère (A.-M.) Journal et Corr.	1	Hugo (V.) Les Enfants		Stahl (P.-J.) Maroussia	
Andersen. Nouv. Contes suéd.	1	Immermann. La blonde Lisbeth		Stahl (P.-J.) et de Wail. Riquet et Madeleine	
Aston (G.) L'Ami Kips	1	Laprade (V.) Livre d'un père		— Mary Bell, William et Jane	
Bertrand (J.) Les Fondateurs de l'astronomie	1	Lavallée (Th.) Hist. Turquie		Stahl et Muller. Le nouv. Robinson suisse	
Biart (L.) Jeune naturaliste	1	Legouvé (E.) Pères et Enfants	2	Susane. Hist. de la cavalerie	
— Entre frères et sœurs	1	— Conférences parisiennes		Thiers. Histoire de Law	
— Monsieur Pinson	1	— Nos Filles et nos Fils		Vallery Radot (René) Journal d'un volontaire d'un an	
Blandy. Le Petit Roi	1	— L'Art de la lecture		Verne (J.) Capitaine Hat.	
Boissonnas (Mme B.) Une Famille pendant la guerre 1870-71		Lockroy. Contes à mes nièces		— Enfants du capitaine Grant	
Brachet (A.) Grammaire historique (ouvr. couronné)		Macaulay. Histoire et Critique		— Autour de la lune	
Barhat (de) Petit Parisien	1	Macé (Jean) Bouchée de pain		— 3 Russes et 3 Anglais	
— Aventures de Charlot	1	— Les Serviteurs de l'estomac		— Cinq Semaines en ballon	
Chatrian. Avent. d'un grillon	1	— Contes du petit château		— De la Terre à la Lune	
— La Gileppe	1	— Arithmétique du grand papa		— Découverte de la terre	
Carlen (E.) Un Brill mariage	1	Maury (comm.) Géogr. phys.		— Grands navigateurs	
Chazel (P.) Chalet des sapins	1	— Le Monde où nous vivons		— Voyageurs du XIX⁰	
Cherville (de) Histoire d'un trop bon chien	1	Mortier (E.) La Jeunesse des hommes célèbres		— Le Pays des fourrures	
Clément (Ch.) Michel-Ange, Raphaël, etc.	1	— Morale en action pour l'hist.		— Tour du monde en 80 j.	
Desnoyers (L.-J.-P.) Choppart	1	— Rhétorique nouvelle		— 20 000 lieues sous les mers	
Durand (Hip.) Grands Poètes		Ordinaire. Dict. de myth.		— Voyage au centre de la terre	
— Les Grands Prosateurs		Ratisbonne (L.) Comédie enfantine (ouvr. couronné)		— Une Ville flottante	
Fager. Histoire du Livre		Reclus (E.) Hist. d'un ruisseau		— Le docteur Ox	
Erckm.-Chatrian. L'Invasion		Renard. Le Fond de la mer		— Le Chancellor	
— Madame Thérèse		Roulin (F.) Histoire naturelle		— L'île mystérieuse	
— Hist. d'un paysan (compl.)	4	Sandeau. Roche aux mouettes		— Michel Strogoff	
Fath (G.) Un drôle de voyage		Savous. Conseils à une mère		— Les Indes-Noires	
Foucou. Histoire du travail		— Princesses de littérature		— Hector Servadac	
Genin (M.) La famille Martin		Simonin. Histoire de la terre		— Un capitaine de 15 ans	
Gramont (Ct de) Les Vers français et leur Prosodie	1	Stahl (P.-J.) Contes et Récits de morale familière (ouvrage couronné)		— 500 millions de la Bégum	
Gratiolet (P.) Physionomie		— Hist. d'un âne et de deux jeunes filles (ouvr. cour.)		— Tribulations d'un Chinois	
Grimard. Hist. goutte de sève		— Famille Chester		— La Maison à Vapeur	
— Jardin d'acclimatation		— Les Patins d'argent		Zurcher et Margollé. Tempêtes	
Hippeau (Mme) Econom. domest.		— Mon 1ᵉʳ voyage en mer		— Histoire de la navigation	
		— Histoires de mon parrain	1	— Le Monde sous marin	

SÉRIE DES VOLUMES IN-18, AVEC GRAVURES
Brochés, 3 fr. 50. — Cartonnés, tr. dorées, 4 fr. 50

	vol.		vol.		vol.
Anquez. Histoire de France	1	Mayne-Reid. Le Desert d'eau	1	Mickiewicz (Adam) Histoire populaire de la Pologne	
Doynaud. Cosmographie		— Le Petit Loup de Mer	1	Mortimer d'Ocagne. Grandes Écoles civiles et militaires	
Bertrand (Alex.) Lettres sur les révolutions du globe		— Les Jeunes Esclaves	1		4
Boissonnas (B.) Un vaincu	1	— Les Chasseurs de girafes		Marville (de) Un babitant de la planète Mars	
Faraday. Hist. d'une chandelle		— Naufragés de l'île de Bornéo	1	Silva (de) Livre de Maman	
Franklin (J.) Vie des animaux	6	— La Sœur perdue		Susane. Histoire de l'art	
Hirtz (Mlle) Méthode de coupe et de confection		— Planteurs de la Jamaïque		Tyndall. Dans les montagnes	
Lavallée (Th.) Les Frontières de la France		— Les deux Filles du squatter		Wentworth. Histoire des États-Unis	
Mayne-Reid. William le Mousse	1	— Les Jeunes voyageurs			
		— Robinsons de terre ferme	1		
		— Chasseurs de chevelures	1		
		Nodier (Ch.) Contes choisis			

SÉRIE IN-18. — PRIX DIVERS

	fr		fr		fr
A. Brachet. Dictionnaire étymologique (ouvrage couronné)	8	Clave (J.) Économie politique	2	Macé (Jean) Arith. du grand papa (éd.)	
Chevenières (de) Aventures du petit saint Louis	5	Grimard (Ed.) La Botanique à la campagne	5	— Morale en action	
Dubail. Géographie de l'Alsace Lorraine	1	Legouvé (E.) Petit Traité de lecture		Petit (Arsène) Gramm. de la ponctuation	
		Macé (Jean) Théâtre du petit château	2	Souviron. Dict. des techniques	

Paris — Imp. Gauthier-Villars.

LA
MORALE EN ACTION
PAR L'HISTOIRE

PARIS, IMPRIMERIE A. LAHURE
9, RUE DE FLEURUS, 9

LA MORALE EN ACTION

PAR

L'HISTOIRE

PAR

E. MULLER

QUATRIÈME ÉDITION

BIBLIOTHÈQUE
D'ÉDUCATION ET DE RÉCRÉATION
J. HETZEL ET Cᴵᴱ, 18, RUE JACOB
PARIS

Tous droits de traduction et de reproduction réservés

INTRODUCTION

> « Les hommes ne s'adoucissent ils pas quand on leur
> raconte des traits de modération et de douceur ? »
> PLUTARQUE

Six anciens condisciples, longtemps dispersés par les luttes ou les exigences de la vie, s'étant heureusement retrouvés, pour toute une saison d'été, dans un des plus jolis villages des environs de Paris, résolurent de se réunir une fois par semaine chez l'un ou l'autre d'entre eux.

Ces cordiales réunions avaient lieu depuis quelque temps, quand les liens de parenté et de voisinage qui m'unissent à l'un de ceux qui les composent me valurent d'y être admis.

Je trouvai là, avec un respectable ecclésiastique, l'héritier d'un grand nom, qui, né riche, a su faire de sa fortune le plus intelligent comme le plus libéral usage, un officier supérieur en retraite, un artiste qui fut plus d'une fois un des princes du Salon, un savant, un historien qui a souvent enrichi de ses importants mémoires les recueils académiques, enfin un ancien artisan dont l'industrie a fait un rentier.

Le jour où une véritable faveur me fit admettre dans ce cercle intime, cette question y fut soulevée de savoir auquel des sentiments humains revenait l'honneur d'avoir fourni à l'histoire la plus grande somme d'exemples dignes d'être admirés et suivis : et, après une discussion aussi animée que courtoise, qui laissait la résolution indécise, nos vieux amis se dirent qu'un tel sujet valait un sérieux examen.

« Pourquoi, — proposa le colonel, chez qui la réunion avait lieu ce jour-là, — ne ferions-nous pas de la solution de ce problème moral l'objet particulier de nos entretiens hebdomadaires? Pour ma part, je crois qu'en faisant appel à mes souvenirs personnels et à ceux que m'ont laissés mes lectures de prédilection, j'arriverais à produire un ensemble de témoignages qui, pour être essentiellement empruntés au monde militaire, ne laisseraient pas d'être significatifs.

— Moi, dit le descendant des anciens preux, j'ai assez souvent fouillé les chroniques de nos vieilles familles pour y pouvoir trouver aussi un notable butin.

— Les annales de la science et de l'histoire, dit le savant, me fourniraient, j'imagine, une notable moisson.

— Et les annales des arts, donc! fit l'artiste.

— Dieu merci, ajouta l'artisan, l'histoire de l'industrie peut aussi entrer en lice. »

L'abbé prit la parole à son tour.

« Je me chargerai donc plus particulièrement, dit-il, si vous le voulez bien, de la partie qui relève de la morale, de la philosophie et de la religion. J'aurai probablement aussi à ajouter, comme en-tête à chacun de vos chapitres, quelques maximes et quelques pensées empruntées aux grands écrivains de tous les temps, qui seront comme un avant-propos des faits qu'elles précéderont. Les matières que je me réserve confinent à tout, je n'ai pas besoin de vous le démontrer.

— Accordé! fit-on en chœur.

— Merci, dit le bon abbé.

— Moi, messieurs, dis-je humblement, je serai, si vous voulez bien le permettre, le greffier de ce tribunal privé, le secrétaire et au besoin le sténographe de tous vos entretiens. Je m'engage, les débats finis, à en mettre sous vos yeux une sorte de procès-verbal, des cahiers divisés par chapitres, qui vous aideront peut-être à asseoir un jugement définitif. Je n'ajouterai à vos matériaux que cette partie des faits connus qui sont le bagage classique de toutes les morales en action, et qui sont néanmoins le fonds nécessaire de toute œuvre de ce genre. Il ne faut pas oublier que la morale en action *par l'histoire* s'adresse à un public jeune, sinon enfant, qui a tout à apprendre, et que ce tout est nouveau pour qui ne sait rien. »

Ma proposition fut acceptée.

La cause fut longuement, méthodiquement *entendue*; mais quand il fallut rendre la sentence, les opinions se trouvèrent singulièrement divisées. On se sépara même sans conclure, sinon à ceci, que le cœur humain, injustement frappé d'odieuse suspicion par les satiriques, les sceptiques et les misanthropes, n'est pas sans pouvoir arguer de beaux et nobles titres. Ce sont ces titres, c'est-à-dire les annales du cœur humain, la morale en action, appuyée sur l'histoire, que nous offrirons successivement à nos lecteurs : c'est la réponse des faits, ou des paroles mémorables qui ont valeur de fait, à ceux qui calomnient la nature humaine.

Pouvait-on mieux ou plus mal juger?

Sur la minute du procès, chacun pourra prononcer à son tour.

E. MULLER

LA MORALE EN ACTION

PAR L'HISTOIRE

CHAPITRE PREMIER

PATRIOTISME. — TEMPS ANCIENS.

Le patriotisme est une fièvre sublime qui dans ses accès triomphe de la nature.
Young.

On sert mal sa patrie quand on la sert aux dépens des règles saintes.
Massillon.

Nous ne sommes pas nés pour nous, mais pour la patrie.
Cicéron.

Dieu prend soin du monde,. — à nous de prendre soin de la patrie.
Bacon.

*

Abgarus avait amené à Rome des bêtes prises dans les différentes contrées du monde alors connu et les lâcha dans le cirque en présence d'Auguste. Chaque bête courut aussitôt à l'endroit de l'enceinte où l'on avait déposé une parcelle de terre apportée de son sol natal.

L'HISTORIEN JOSÈPHE

*

C'est particulièrement dans l'histoire des vieilles républiques grecques et romaines que s'offrent à nous les premiers grands modèles de patriotisme. Hérodote, Xénophon, Tite-Live, Plutarque, sont pour les temps antiques comme le Livre d'or du civisme le plus enthousiaste. Nous mettrons donc largement ces historiens à contribution.

Jamais on ne vit mieux qu'à Sparte combien l'amour de la patrie a d'empire sur les âmes fortes. Hommes, femmes, vieillards, enfants, se disputaient la gloire de faire à leur pays les plus grands sacrifices.

Les mères spartiates poussaient jusqu'au fanatisme l'amour de la patrie. Armant d'un bouclier leurs fils qui partaient pour la guerre, elles avaient coutume de leur dire : « Rapporte-le, ou qu'on te rapporte dessus[1]. »

*

Lorsqu'on vint annoncer à Sparte la perte de la fameuse bataille de Leuctres, gagnée sur les Spartiates par les Thébains, la ville célébrait une grande fête. Une si triste nouvelle n'interrompit pas les jeux et ne fit point changer l'aspect de la cité. On envoya seulement à chaque famille le nom des morts qui étaient des leurs. Le lendemain, les parents de ceux qui avaient été tués, s'étant rassemblés sur la place publique, s'embrassaient avec une fierté ardente, tandis que les pères et les mères de ceux qui avaient survécu se tenaient cachés dans leurs maisons, comme aux jours de deuil ; dans le malheur commun de la patrie, ils

---

[1]. C'était l'usage à Sparte de rapporter sur leurs boucliers les guerriers morts en combattant pour la patrie.

sentaient qu'ils avaient à cacher leur joie domestique.

A la bonne heure, ceci se comprend tout entier.

*

Par une loi qui condamnait à être tué sur la place quiconque viendrait avec des armes à l'assemblée du peuple, Charondas, chef des Spartiates, en avait banni la sédition, qui allait souvent jusqu'aux voies de fait et à l'effusion du sang. Quelques années après, lui-même arrivant de voyage, l'épée au côté, alla sans se désarmer à l'assemblée qu'on venait de convoquer. On lui fit observer qu'il était le premier à violer sa loi : « *Je serai donc aussi*, dit-il, *le premier à la sceller de mon sang*, » et aussitôt il tira son épée et se précipita sur la pointe.

Ce fait excessif ne peut pas provoquer chez nous la même admiration que chez les peuples anciens. Notre morale, plus humaine, admet d'autres expiations et de plus utiles que la mort. Elle réprouve le suicide, et est ainsi dans la vérité divine, qui ne saurait reconnaître à l'homme le droit de s'ôter la vie.

*

Ce n'est pas seulement dans la guerre et par des faits de guerre que se doit montrer le patriotisme. Le patriotisme peut et doit, en règle générale, détester la guerre, qui, par elle même, est le pire des fléaux, puisqu'il en peut engendrer mille autres.

La guerre défensive, celle que le véritable honneur exige, celle qui a pour raison de défendre le sol sacré de la patrie, celle-là peut seule être féconde en actes vraiment héroïques.

La guerre agressive, au contraire, celle qui porte l'extermination dans les contrées voisines avec la seule gloire militaire ou la conquête pour objectif, cette guerre-là est pour faire horreur à tout ce qui a un cœur et un cerveau ; elle offense la justice céleste, et elle est la négation de la justice humaine. Ceux qui commandent ces guerres-là, qui les suscitent, vainqueurs ou vaincus, sont des monstres que tôt ou tard l'histoire devra flétrir. Un temps viendra où l'épithète de *conquérant* ajoutée à un nom cessera d'être un titre de gloire.

Quand le roi de Perse conçut le projet de conquérir la Grèce, il envoya dans les diverses cités des hérauts chargés de demander au nom de leur maître, selon l'usage du temps, « la terre et l'eau[1]. » Les Spartiates, exaspérés d'une telle audace, jetèrent les ambassadeurs dans un puits en leur disant d'y prendre ce qu'ils demandaient.

Presque aussitôt après, des signes néfastes, selon la religion du temps, paraissant menacer leur ville, les citoyens de Sparte s'assemblèrent pour délibérer sur le genre d'expiation qu'ils sentaient devoir aux dieux pour cet attentat au droit des gens. Deux jeunes hommes s'offrirent alors à périr pour le salut de l'Etat, et d'eux-mêmes allèrent se présenter à Xerxès pour qu'il vengeât sur eux le meurtre de ses ambassadeurs. Le roi de Perse, touché de leur grandeur d'âme, loin de les faire mettre à mort, les engagea à rester à sa cour, où ils seraient affectueusement traités ; mais ces fiers républicains répondirent : « Qu'ils ne sauraient vivre hors de leur patrie, eux qui avaient voulu mourir pour elle. »

Ce furent encore les Spartiates qui, au nombre de trois cents, sous les ordres de Léonidas, s'opposèrent les premiers, dans le défilé des Thermopyles, à l'innombrable armée des Perses. En succombant sur des monceaux d'ennemis tués de leurs mains[2], ils donnèrent au monarque d'Asie l'héroïque mesure de la valeur

---

1. Donner la terre et l'eau signifiait se soumettre à celui au nom duquel la demande était faite.
2. Les historiens disent vingt mille.

des troupes qu'il allait avoir à combattre, et qui, bientôt, en effet, inspirées par l'amour de la patrie et de la liberté, ne tardèrent pas à avoir raison de la multitude de mercenaires et d'esclaves que Xerxès avait armée contre la Grèce. Apollonius de Tyane, parlant des Thermopyles, a dit : « Les compagnons de Léonidas, en mourant dans les défilés de cette colline pour la liberté de leur patrie, l'ont élevée à la hauteur de l'OEta et au-dessus de plusieurs Olympes. »

Deux des trois cents, empêchés de prendre part à l'action, l'un par la maladie, l'autre parce qu'il était accidentellement éloigné du camp, revinrent à Sparte; mais, s'y voyant l'objet du plus profond mépris, ils se donnèrent la mort pour montrer qu'ils n'avaient pas reculé devant elle.

Ces injustes mépris, en poussant à la mort deux hommes innocents, nous gâteraient l'héroïsme des trois cents, s'il ne fallait faire la part de mœurs qui ne sont plus les nôtres. De notre temps, on a le droit d'être malade, même devant l'ennemi, et d'être vaincu sans être déshonoré ; la défaite peut être un malheur, une disgrâce dont le hasard seul est responsable, au jugement de tous les gens sensés, sitôt qu'on a fait son devoir pour l'éviter; et il est tel vaincu dont la gloire peut être plus pure que celle de son vainqueur. Le *gloria victis* est devenu une pensée contemporaine.

✶

Athènes, ville où les mœurs affectaient une douceur qui contrastait singulièrement avec la rudesse de celles de Sparte, ne le cédait cependant en rien à sa voisine pour les nobles sentiments de patriotisme; mais elle y ajoutait un parfum d'atticisme qui en relevait les mérites.

Aristide et Thémistocle, tous deux également populaires, étaient ennemis. Ayant été choisis l'un et l'autre pour une ambassade où il y allait de l'intérêt de l'Etat : « Veux-tu, dit Aristide, que nous déposions

1.

notre inimitié aux confins de la patrie? nous la reprendrons au retour. »

Et les étrangers auprès desquels ils se rendirent ne purent pas s'apercevoir que la moindre dissension existât entre eux.

*

Condamné à mort par des envieux de sa gloire et de sa probité, Phocion, un des plus grands hommes d'Etat qui eussent gouverné la république athénienne, dit à son fils, au moment de boire la ciguë : « Je te recommande de servir ta patrie avec tout le zèle et la fidélité de ton âme, et surtout d'oublier qu'une mort injuste fut le prix de mes services. » Cette admirable parole est de celles qu'on peut louer dans tous les âges.

*

Après qu'ils se furent unis pour repousser, au nom de la liberté commune, l'envahissement de l'armée asiatique, les Etats de la Grèce virent la dissension éclater entre eux. Par suite des vicissitudes de cette guerre, en quelque sorte intestine, le jour vint où Sparte, triomphant d'Athènes, établit dans les murs de sa rivale le gouvernement dit des Trente, qui furent autant d'insatiables despotes, et qui ne régnèrent que par le crime et la concussion.

Thrasybule, un des principaux parmi les citoyens qui avaient quitté la ville autant pour ne pas reconnaître un odieux régime que pour mettre leur personne en sûreté, rassembla un certain nombre d'exilés volontaires comme lui, et, se mettant à leur tête, marcha à la délivrance de la patrie. Le succès couronna ses efforts et ceux de ses compagnons. Les Trente furent chassés ou périrent dans le combat qui se donna aux portes de la ville. Dès qu'il put voir les Trente rendus impuissants, Thrasybule se hâta de s'interposer avec toute la douceur d'une belle âme entre les citoyens fidèles à la liberté et ceux qui, par faiblesse ou par crainte, s'étaient faits les soutiens de la tyrannie : « Ce n'est point à vous, mais aux Trente, que nous avons déclaré la guerre, cria-t-il ; les Trente disparus, il n'y a plus d'inimitié entre vous et nous ; il n'y a plus de vainqueurs ni de vaincus, il ne reste que des citoyens libres. Nous venons délivrer Athènes ; saluez avec nous le retour de la liberté. »

Et le premier soin de Thrasybule, après qu'il eut fait jurer à tous ses compatriotes une amnistie qui est restée célèbre dans l'histoire, fut de déposer toute marque de commandement pour redevenir simple citoyen d'Athènes.

« Que ne te doit point la patrie ! lui dit-on cependant

— Athènes ne me doit rien, repartit Thrasybule, et je m'estimerais heureux, au contraire, s'il m'était permis de penser que j'ai pu m'acquitter ainsi d'une partie de ce que tout homme de cœur doit à sa patrie. »

★

Les Thessaliens et les Phocéens se faisaient une guerre implacable. Les Thessaliens, entrés sur le territoire des Phocéens, avaient au préalable rendu un décret disant qu'ils devraient massacrer tous ceux de leurs ennemis qui seraient en âge de porter les armes, et réduire en esclavage les femmes et les enfants. Daïphantus, qui gouvernait alors la Phocide, persuada à ses concitoyens d'aller au-devant des ennemis et de les combattre ; mais il leur proposa de rassembler auparavant en un même lieu toutes les femmes et tous les enfants du pays, de dresser autour d'eux un grand bûcher et d'y placer des gardes avec ordre, s'ils apprenaient que leurs compatriotes eussent été vaincus, de mettre aussitôt le feu au bûcher et de les brûler tous.

L'assemblée applaudit à cette proposition. Mais un citoyen qui se leva fit remarquer qu'il serait juste de communiquer aux femmes ce dessein, afin qu'il fût abandonné si elles n'y consentaient pas, — tout sacrifice, tout martyre devant être libre pour être méritant. Ce citoyen faisait ainsi d'une proposition barbare une proposition que l'histoire a pu enregistrer, et dont la mémoire est justement célèbre encore à notre époque. Les femmes, mises en demeure de décider librement de leur sort, s'assemblent de leur côté, approuvent la résolution et vont sur-le-champ couronner Daïphantus, pour avoir ouvert l'avis le plus glorieux à la patrie. Les enfants donnèrent aussi leur consentement dans une assemblée qu'ils tinrent entre eux. Les Phocéens alors livrèrent la bataille, ils la gagnèrent. L'héroïque sacrifice des femmes et des enfants ne perd rien à n'avoir point eu à être poussé jusqu'à son accomplissement.

Les Grecs appelèrent la décision prise par les Phocéens *le Décret du désespoir*, et ceux-ci, pour perpétuer le souvenir de cet acte de patriotisme et de l'éclatante victoire qui l'avait suivi, célébrèrent depuis, avec la plus grande solennité, des fêtes en l'honneur de Diane, déesse à laquelle ils faisaient remonter l'honneur de les avoir protégés.

*

Si, fermant les annales de la Grèce, nous ouvrons celles de Rome, nous trouverons des exemples non moins remarquables de ce que peut le profond amour de la patrie. Nous n'avons pour cela qu'à parcourir les récits de Tite-Live.

Tout d'abord voici, avec les couleurs énergiques, mais aussi quelque peu farouches, qui ont inspiré au grand Corneille la plus héroïque de ses tragédies, l'histoire des Horaces et des Curiaces. Laissons parler le vieil historien de Padoue. Albe et Rome, cités voisines, sont en guerre, les armées des deux peuples se trouvent en présence. Les chefs, suivis de quelques-uns de leurs principaux officiers, s'avancent. Mettius, le roi des Albains, prend la parole s'adressant à Tullus, le roi des Romains : « D'injustes agressions, dit-il, votre refus d'exécuter un traité précédemment conclu, sont pour nous les causes de cette guerre, et je ne doute pas, Tullus, que ce ne soit aussi celles que tu allègues. Mais si nous voulons, sans nous arrêter à de vains prétextes, être sincères, c'est l'ambition qui porte aux armes deux peuples non-seulement voisins, mais encore unis par les liens du sang. Est-ce à tort, est-ce à raison ? Il ne m'appartient pas d'en décider ; c'est l'affaire de celui qui a déclaré la guerre. Mais n'oublions pas que pendant qu'éclatent nos dissensions, l'Etrurie[1], notre jalouse et haineuse voisine, a les yeux sur nous, prête à tomber, après le combat, sur le vainqueur et le vaincu, affaiblis ou épuisés. Ne saurions-nous donc trouver, avec l'aide des dieux, quelque moyen de décider lequel des deux peuples doit commander à l'autre, sans qu'il en coûte de part ni d'autre beaucoup de sang et de carnage ? »

Cette proposition, qui peut paraître naïve aujourd'hui, peut-être parce qu'elle semble par trop simple et par trop sensée pour nos civilisations compliquées, cette proposition ne déplut pas à Tullus. L'expédient que cherchaient les deux chefs, la fortune elle-même leur en fournit les éléments. Il se trouvait dans chaque armée trois frères à peu près du même âge, de même vaillance et de même force : les Horaces du côté des Romains et les Curiaces du côté des Albains.

Chacun des deux rois charge ces trois frères de combattre pour la patrie. La victoire donnera l'empire au vainqueur. On est tombé d'accord. On fixe le lieu et le temps du combat. Avant qu'il s'engage, un traité est conclu : il porte que le peuple dont les guerriers auront triomphé « commandera à l'autre sans l'opprimer... »

Au moment convenu, les trois frères prennent leurs armes.

Chaque parti encourage ses champions, leur rap-

---

1. Aujourd'hui la Toscane.

pelle que les dieux de la patrie, la patrie elle-même, leurs parents, tout ce que la cité, tout ce que le camp renferment de citoyens a les yeux fixés sur eux. Ils s'avancent d'un pas ferme, entre les deux armées.

Elles étaient rangées chacune devant son camp, exemptes de péril, mais non d'inquiétude. Les cœurs des spectateurs eussent moins battu si chacun eût été pour son compte au combat. Un silence solennel planait sur cette scène d'où dépendait l'empire même.

Le signal est donné, et les armes en avant, animés de l'ardeur de deux grandes armées, les trois Horaces et les trois Curiaces se heurtent comme deux fronts de bataille. Ni les uns ni les autres ne songent à leur propre danger. C'est le triomphe, c'est l'affranchissement de leur patrie, qui les occupent, cette patrie dont la destinée sera désormais ce qu'ils l'auront faite.

Dès qu'au premier choc on entendit le cliquetis des armes, dès qu'on vit briller les épées, une anxiété profonde saisit les deux armées, et l'histoire fait mention que, dans l'incertitude du succès, elles retenaient leurs voix et jusqu'à leur haleine.

Bientôt les combattants s'attaquent de plus près. Ce n'est plus le mouvement de leurs coups, l'agitation menaçante de leurs armes, mais leur sang, mais leurs blessures qui frappent les regards.

Deux des Romains tombent expirants l'un sur l'autre!... mais les trois Albains sont blessés.

A la chute des deux Horaces, un immense cri de joie s'était élevé des rangs de l'armée albaine, tandis que l'espérance avait semblé abandonner les légions romaines, tremblant pour le guerrier qu'entouraient déjà les trois Curiaces.

Le dernier Horace était heureusement sans blessure, et, comme son corps, son âme intrépide n'avait reçu aucune atteinte! Trop faible contre ses trois ennemis réunis, il sent qu'il peut encore être fort contre chacun d'eux. Pour les séparer, il feint de prendre la fuite. Il s'est dit que ses adversaires le poursuivraient de plus ou moins près, selon qu'ils se trouveraient plus ou moins affaiblis par leurs blessures. En voyant leur dernier champion fuir devant ses ennemis, un cri de stupeur s'était élevé du côté de l'armée romaine ; sûr de son dessein, le dernier Horace ne s'en émeut pas. Sa fuite, ou, pour mieux dire, sa retraite avait été rapide ; après quelques pas il se retourne, et voit que, suivant ses prévisions, les trois Curiaces le poursuivent à intervalles inégaux. Le premier n'était qu'à quelques pas de lui ; par un retour subit il fait volte-face, et, tandis que l'armée albaine, qui a enfin compris la manœuvre du dernier des Horaces, crie aux Curiaces divisés par son habile stratagème de secourir leur frère, Horace a déjà immolé son ennemi, et, vainqueur, il marche à un nouveau combat. Le cri de joie qu'arrache cette fois aux Romains ce succès inespéré encourage leur guerrier ; il se hâte et, avant que le dernier des Curiaces ait pu l'atteindre, il achève le second. Le dieu Mars venait d'égaliser le nombre des combattants. Il n'en restait plus qu'un de chaque côté, mais ils n'avaient plus ni le même espoir, ni la même vigueur. L'un, que le fer n'a point touché, s'avance, enorgueilli d'une double victoire ; l'autre, épuisé par ses blessures, par sa course, se traîne à peine, et, vaincu déjà par la mort de ses frères, semble dévoué au vainqueur comme une victime préparée.

Le Romain, ivre de joie, s'écrie : « J'en ai immolé deux aux mânes de mes frères ; c'est à la fortune de Rome que je sacrifie le dernier ! »

Les Romains accueillent la victoire d'Horace avec des cris de triomphe. Leur allégresse était d'autant plus vive qu'ils avaient douté du succès.

C'en était fait d'Albe.

Chaque parti s'occupa de rendre à ses morts les derniers devoirs....

Les deux armées rentrent ensuite dans leurs foyers. A la tête des Romains marchait Horace, chargé de la triple dépouille des vaincus sa sœur, qui était la fiancée de l'un des Curiaces, était venue au-devant de lui jusqu'à la porte de la ville ; mais en reconnaissant sur les épaules de son frère la cotte d'armes de son fiancé, qu'elle avait tissue elle-même, elle éclata en sanglots, et le nom de Curiace s'échappa de ses lèvres avec des cris lamentables. Ces pleurs, au milieu de son triomphe et de l'allégresse publique, égarent et révoltent l'âme superbe du vainqueur. Ivre d'orgueil et de fureur, il tire son épée, et, se précipitant sur la jeune fille : « Ainsi périsse, s'écrie-t-il, toute Romaine qui osera pleurer un ennemi de Rome! Va retrouver chez les morts ce fiancé pour qui tu oublies et tes frères immolés, et ton frère vivant, et ta patrie sauvée! »

Ce meurtre révolta le sénat et le peuple ; mais le triomphe récent du coupable semblait en atténuer l'horreur. Il est pourtant traîné devant le roi, qui, ne voulant pas prendre sur lui la responsabilité du jugement, nomma douze des principaux citoyens pour prononcer sur le sort du vainqueur des Curiaces....

Ceux-ci condamnèrent Horace. Mais comme le licteur s'approchait pour lier les mains du condamné : « J'en appelle au peuple! » s'écria Horace. Le peuple fut en effet assemblé. Grande était l'émotion de la foule, et les avis très-partagés : les uns tenant qu'un vainqueur comme Horace devait être placé au-dessus des lois ; les autres, avec plus de raison, disant que la loi est immuable et qu'elle doit s'appliquer à tous.

On fut ému surtout dans une cause si étrange d'entendre alors le père d'Horace déclarer que sa fille avait mérité la mort qu'elle avait reçue ; car, si elle eût été innocente à ses yeux, il n'eût pas manqué d'être le premier à punir son fils. Il priait ensuite le peuple, qui l'avait vu naguère père d'une si belle famille, de ne pas le priver de son dernier enfant. Tantôt il embrassait son fils, tantôt montrant avec orgueil les dépouilles des Curiaces attachées à l'endroit qu'on ap-

pelle encore aujourd'hui[1] Trophée d'Horace, il s'écriait :
« Quoi ! Romains, ce héros que vous avez vu tout à
l'heure marcher au milieu de la gloire et de la pompe
d'un triomphe, vous pourrez le voir attaché au poteau
des supplices, et mourir d'une mort honteuse ? Albe,
elle-même, pourrait-elle soutenir l'horreur d'un pareil
spectacle ? Va, licteur, enchaîne ce bras qui naguère
a donné l'empire aux Romains ! Frappe-le de verges,
mais que ce soit devant ces trophées et ces dépouilles,
au milieu des tombeaux des Curiaces, afin que sa
gloire le sauve de l'infamie du supplice. »

Le peuple ne put tenir contre les larmes du père, ni
contre la fermeté toujours inébranlable du fils ; l'admiration qu'inspirait son courage le fit absoudre, mais
non la bonté de sa cause. Toutefois, comme un crime
si évident devait entraîner une expiation, le père fut
obligé, pour racheter son fils, de payer une amende
au trésor public. Après quelques sacrifices expiatoires, dont la famille des Horaces conserva depuis la
tradition, le père éleva en travers du chemin une espèce de joug sous lequel le fils fut tenu de passer la
tête voilée de noir. Ce monument, entretenu aux frais
du public, existe encore, ainsi qu'un tombeau qui fut
élevé à la jeune fille à l'endroit où elle avait reçu le
coup mortel. — Tout cela est empreint de grandeur
évidemment, mais c'est de la grandeur barbare encore.
Si l'on comprend que les larmes de la sœur aient blessé
un instant le vainqueur, on ne saurait excuser le
meurtre dont fut souillé son triomphe. Cette jeune
fille pleurant son fiancé, qui ne l'absout ? Ce vainqueur
devenu farouche par la victoire même qui eût dû le
faire magnanime, qui ne le condamne ?

*

Rome, dont la fondation ne datait guère alors que
de quatre-vingts ans, était encore monarchie. Un siècle

---

[1]. Au temps où écrivait Tite Live.

et demi plus tard, les rois ayant été chassés, Rome devint une république dont le gouvernement était annuellement confié à deux consuls élus par le suffrage du peuple. L'un des deux premiers consuls nommés fut Junius Brutus, qui avait été l'instigateur et le chef du mouvement dirigé contre la tyrannie. Il va sans dire que le monarque banni et sa famille ne laissèrent pas que de chercher à ressaisir le pouvoir. Une conjuration se trama dans laquelle les fils de Brutus lui-même ne rougirent pas d'entrer avec un grand nombre de fils des premières familles. Anciens compagnons de plaisir des jeunes princes exilés, et coutumiers d'une cour dont le faste leur plaisait, ils regrettaient, dit l'historien, de voir s'établir l'austère liberté qui leur interdisait les licences que permet d'ordinaire toute tyrannie. Le complot fut découvert et tous les conjurés furent jetés en prison.

C'est alors qu'on vit les patriotiques devoirs du consulat inspirer à un père l'obligation terrible de prononcer lui-même la sentence de mort contre ses propres fils, et de présider à l'exécution qui fut faite. Les coupables étaient tous attachés au fatal poteau; mais les seuls fils du consul attiraient les regards. On était moins touché encore de leur supplice que du crime par lequel ils l'avaient mérité.

Les consuls prennent place sur leur tribunal, les licteurs s'approchent des condamnés, les dépouillent, les battent de verges et leur tranchent la tête. Tous les yeux étaient fixés sur le père, on interrogeait son front, l'expression de ses traits, et, sur son visage qu'il s'efforçait en vain de garder impassible, l'on voyait percer la douleur paternelle au moment même où il vengeait sa patrie....

Certes les fils de Brutus méritaient la mort; mais nous frémissons devant la figure de ce père jugeant ses enfants et présidant lui-même à leur exécution. Qui donc l'eût blâmé de laisser à d'autres, en se démettant de sa charge, le soin de faire justice? Il se fût ainsi épargné d'outrager le sentiment paternel.

Tout en n'oubliant pas que nous sommes à Rome, c'est-à-dire au foyer le plus extraordinairement ardent du dévouement à la patrie, nous allons voir un autre père pousser plus loin encore, s'il est possible, le scrupuleux respect des lois.

Les troupes de Rome, la trop infatigable guerrière, tenaient la campagne contre les Latins sous les ordres des consuls T. Manlius et P. Decius. Comme on allait combattre des ennemis qui, voisins des Romains, avaient été précédemment leurs alliés, leurs frères d'armes, et comme on craignait que la conformité de mœurs, de langage, d'institutions militaires surtout ne produisît un relâchement, les consuls avaient décidé, dès l'entrée en campagne, que la discipline des troupes serait, pour cette fois, ramenée à son antique rigueur. Pour épargner aux soldats toute méprise sur la portée de cette mesure générale, les chefs avaient en principe défendu à tous d'attaquer l'ennemi sans leur ordre exprès, et en dehors des rangs.

Envoyé par hasard, ainsi que d'autres officiers de cavalerie, pour faire quelque reconnaissance sur le front des ennemis, T. Manlius, le fils du consul, vint avec sa troupe déboucher si près des Latins qu'il était à peine à une portée de flèche de leur premier poste. Il y avait là des cavaliers tusculans commandés par Geminius Metius, homme distingué et par sa naissance et par ses exploits. Sitôt qu'il eut aperçu les cavaliers romains, et remarqué parmi eux le fils du consul (car tous, surtout les hommes de renom, se connaissaient) : « Est-ce à un seul escadron, cria-t-il, que les Romains comptent livrer bataille ou aux Latins et à leurs alliés? Que feront pendant ce temps les consuls et les deux armées consulaires?

— Ils viendront en leur temps, répliqua le jeune Manlius, et avec eux viendra Jupiter, vengeur des traités violés, et qui a plus que nous force et pouvoir. D'ailleurs nous n'en sommes pas à notre coup d'essai contre votre nation, et ici encore nous ferons si bien que de longtemps vous n'aurez plus envie de vous mesurer avec nous. »

Geminius alors, s'étant porté à cheval un peu en avant des siens : « Eh bien ! veux-tu, avant que le jour vienne de l'engagement général, te mesurer avec moi, afin que l'issue de notre lutte montre lequel a le plus de valeur du cavalier latin ou du cavalier romain ? »

L'âme altière du jeune homme se soulève. Soit colère, soit honte de refuser le combat, il oublie et l'autorité paternelle et l'édit des consuls ; il se précipite en aveugle à cette lutte qui importait plus à son amour-propre qu'à la patrie. Les rivaux s'élancent, poussent leurs chevaux et s'attaquent à coups de pique. Celle de Manlius glissa au-dessus du casque de l'ennemi, celle de Metius effleura le cou du cheval. Mais ils font tourner leurs chevaux et reviennent à la charge, plus terribles, plus impétueux. Manlius se dresse et plante sa javeline entre les oreilles du cheval qui, se sentant blessé, se cabre en renversant son cavalier ; celui-ci, s'appuyant sur sa pique et sur son bouclier, essayait, tout en se relevant, de frapper son adversaire, quand Manlius lui plonge son fer dans la gorge et le cloue à terre.

Il recueille ensuite ses dépouilles, revient près des siens, rentre au camp au milieu de l'ovation joyeuse de sa troupe, et va droit à la tente de son père, ignorant et le sort qui l'attend, et s'il a mérité la louange ou le supplice : « Afin de prouver que je suis sorti de ton sang, dit-il, j'apporte ici la dépouille d'un cavalier ennemi qui m'a bravé, et que j'ai tué. »

A peine le consul eut-il entendu les paroles de son fils, que, détournant de lui les regards, il fit, à son de trompette, convoquer l'armée. Dès que l'assemblée fut assez nombreuse : « Puisque toi, mon fils, dit-il, sans respect pour l'autorité consulaire et pour la majesté paternelle, tu as, contre notre défense et hors des rangs, combattu l'ennemi ; puisque tu as brisé les liens de la discipline militaire, qui jusqu'ici a fait la plus grande force de Rome, et puisque tu m'as réduit à cette nécessité de mettre en oubli ou la république, ou moi et les miens, il vaut mieux que nous portions toi et moi la peine de ton crime, que de faire payer ta faute à la république; triste exemple, mais salutaire leçon pour la jeunesse à l'avenir. À la vérité, ma tendresse paternelle et cet essai d'une valeur séduite par un vain désir de gloire me parlent en ta faveur, mais puisqu'il faut ou sanctionner par ta mort les arrêts consulaires, ou les abroger en te faisant grâce, je ne pense pas, si tu as encore de notre sang dans les veines, que tu refuses de rétablir par ton supplice la discipline que ton impunité renverserait. » Et Manlius commande de faire mourir son fils.

Un ordre si atroce, — ajoute cependant Tite Live, — consterna l'armée; chacun crut voir la hache levée sur sa propre tête.... On couvrit des dépouilles de Geminius le corps du jeune Manlius, et la sentence *Manlienne*, après avoir effrayé son siècle, laissa encore un triste souvenir à la postérité.

Quand T. Manlius revint à Rome, après la guerre, les vieillards seuls s'avancèrent au-devant de lui, et il est constant que la jeunesse l'eut toujours et toute sa vie en horreur. La vérité est que rien de ce qui révolte la nature humaine n'est une vertu véritable. La vraie vertu doit pouvoir être considérée sous tous les aspects, et, sous chacun d'eux, elle doit apparaître parfaite. Il est certain que l'action de Manlius n'a pas la qualité des choses incontestables.

*

Ce fut dans le cours de cette même guerre, où d'ailleurs la victoire fut si chèrement disputée aux Romains par les Latins, que P. Decius, l'autre consul, voyant douteux le succès d'une bataille qui allait se livrer, résolut de se *dévouer* pour assurer le triomphe de ses concitoyens.

La croyance religieuse de cette époque était qu'alors que les dieux protecteurs d'une nation avaient quelque sujet de colère contre elle, cette colère était apaisée par la mort volontaire d'un citoyen qui, disait-on, se *dévouait* dans l'intérêt commun. Nous n'avons pas besoin de dire combien une pareille croyance est contraire à la raison et à l'idée qu'il convient de se faire de la justice divine.

Le premier exemple de ce fatidique *dévouement* avait été donné quelques années auparavant par Marcus Curtius. Un gouffre s'étant ouvert au cœur de la ville, que rien ne semblait pouvoir combler, ce dont tous les citoyens s'effrayaient, ce jeune guerrier se jeta tout armé dans l'abîme qui alors, dit la légende, put être comblé sans difficulté. Nous ne contesterons pas la générosité du sacrifice de Marcus Curtius, mais l'esprit moderne en doit constater la déraison.

Revenons à Decius.

Le consul Decius, obéissant à la même superstition, avait résolu de mourir pour le salut de sa patrie. Après avoir prononcé la formule sacrée que lui avait dictée le grand prêtre, il se jeta seul à cheval au milieu des ennemis.

Il apparut un instant aux deux armées revêtu d'une majesté plus qu'humaine, comme un envoyé du ciel pour expier tout le courroux des dieux, et pour détourner de sa patrie les revers et les reporter sur l'ennemi. Aussi la crainte et l'épouvante passèrent avec lui dans l'armée latine. On remarqua que, partout où son cheval l'entraînait, l'ennemi, comme atteint par une funeste influence, demeurait saisi d'effroi. Lorsque enfin accablé de traits il tomba mort, les cohortes latines, évidemment consternées, prirent la fuite et disparurent au loin dans la plaine, tandis que les Romains, affranchis de toute terreur superstitieuse, s'élancèrent impétueux au combat et portèrent en tout lieu le carnage et la victoire.

*

A une quarantaine d'années de là, un autre Decius, fils de celui-ci, se dévoua de même et réussit par ce sacrifice à exalter le courage de ses concitoyens qui semblaient hésiter à combattre les Gaulois et les Samnites réunis.

Le sacrifice de ce dernier peut s'expliquer; ce n'est pas l'acte certainement inutile en soi de Marcus Curtius obéissant à une superstition absurde; c'est, avec d'autres motifs, l'acte des chefs qui les premiers se jettent sur l'ennemi pour enflammer l'ardeur de leurs soldats Mais cet exemple de dévouement n'a pas besoin d'être inspiré par une idée fausse, il s'est réalisé cent fois de nos jours dans nos armées.

*

Un trait de patriotisme justement célèbre chez les Romains est celui de F. Camille qui, après avoir été banni de son pays par suite de menées odieuses, oublia tous les griefs qu'il avait contre sa patrie et vint la délivrer des Gaulois qui avaient pillé, incendié la ville, et n'avaient plus qu'à prendre la citadelle pour anéantir les derniers défenseurs de la glorieuse cité.

*

Après la désastreuse bataille de Cannes, où il périt tant de chevaliers romains qu'Annibal put envoyer à Carthage deux boisseaux des seuls anneaux pris à leurs doigts, tous les citoyens de la ville sortirent au-devant de Varron, le consul qui avait perdu cette bataille, et le remercièrent de n'avoir pas, en dépit d'une telle catastrophe, désespéré de la patrie. L'action de ces citoyens rendant justice à leur général vaincu nous paraît de celles qu'il faut proposer en exemple aux générations modernes, car elle mérite toutes les louanges.

✻

Les champs faisant partie du territoire qu'occupait Annibal victorieux ayant été mis en vente à cette époque, on vit les Romains, pleins de foi dans l'avenir de leur pays, enchérir à l'envi sur ces propriétés et s'en disputer l'acquisition.

✻

Carthage, la puissante rivale de Rome, et Cyrène, autre ville d'Afrique, se faisaient une guerre opiniâtre pour les limites de leurs territoires. Elles convinrent de faire partir des jeunes gens de chaque côté à la même heure, et de considérer comme frontière commune l'endroit où ils se rencontreraient. Mais les Carthaginois qui furent envoyés (deux frères nommés Philènes) violèrent sciemment la convention. Partis d'une marche rapide, et avant l'heure, ils gagnèrent beaucoup d'espace. La supercherie ne put échapper aux Cyrénéens. Ils s'en plaignirent, ils contestèrent. Enfin, à bout d'arguments, ils tentèrent de déjouer l'injustice par une proposition terrible. Ils dirent, et leurs compatriotes avec eux, qu'ils étaient prêts à reconnaître cet endroit pour la frontière si les Philènes, pour attester la vérité de leur assertion, voulaient se laisser enterrer sur la place. Mais l'événement ne répondit pas à leur attente. Les deux Carthaginois, plus jaloux d'étendre les bornes de leur patrie que la durée de leurs jours, se remirent sans hésiter entre leurs mains pour être enfouis sous terre.

Après avoir rapporté ce trait, Valère Maxime s'écrie : « Où sont les remparts de l'orgueilleuse Carthage ? Qu'est devenue la gloire maritime de ce port si fameux ? Cette flotte qui portait la terreur sur tous les rivages ? La fortune a tout dispersé sous les coups des deux Scipions ; mais le souvenir des Philènes, la gloire de leur noble dévouement, n'ont pas été étouffés sous les ruines mêmes de leur patrie. Aussi l'âme et le bras des mortels ne peuvent prétendre à rien d'immortel, si ce n'est à la vertu. »

Nous serions de l'avis de Valère Maxime si le sacrifice des Philènes n'avait pas eu pour but et pour résultat de consacrer un acte de véritable improbité. Mourir avec fermeté pour l'honneur d'une action mauvaise en soi est un acte de courage, mais cela n'est point un acte de vertu, et le dévouement des Philènes n'est pas de ceux qui méritent d'être qualifiés de nobles.

CHAPITRE II

TEMPS MODERNES

Mais quittons les temps antiques, car aussi bien, après quelques stations dans les siècles voisins du nôtre, pourrons-nous emprunter à une génération à peine éteinte des exemples dont le récit n'eût point déparé les pages des vieux historiens que nous venons de citer.

C'est dans notre histoire nationale, et en nous appuyant plus d'une fois sur le texte si naïf et en même temps si énergique du chroniqueur Froissard, que nous prendrons le premier fait notoire.

C'était vers le milieu du xiv° siècle. La guerre était dès lors aussi implacable entre les Anglois et les Français qu'autrefois entre Rome et Carthage. Le désastre de Crécy avait singulièrement affaibli et démoralisé la France, car non-seulement toute sa meilleure noblessé avait succombé dans cette bataille, mais encore trente mille soldats. Edouard III, le roi d'Angleterre, après cette victoire, tourna ses armes contre Calais. Nulle ville de France ne s'était montrée plus acharnée pendant la guerre. Elle avait causé, par sa marine, de dommages considérables à la nation anglaise. Edouard voulut la prendre pour avoir sur la terre de France un port qui le rendît maître du détroit. Toutes les cités maritimes d'Angleterre se liguèrent pour fournir au roi la flotte la plus importante qui se fût encore vue. Sept cent trente-huit navires, montés par quinze mille marins, vinrent fermer et bloquer le port de Calais. Mais Calais, attaquée de toutes parts, encore qu'elle n'eût pas de garnison régulière, fit sur tous les points bonne résistance, à tel point qu'Edouard, désespérant de la prendre par la force, résolut de la réduire par la famine, et la fit entourer d'un camp où son armée, sans danger et sans fatigues, pût attendre la reddition de la ville qu'elle cernait.

Le siège dura un an pendant lequel le roi de France, qui n'était parvenu que difficilement à rassembler une nouvelle armée, vint, mais sans y réussir, essayer de faire quitter la place à son rival. Il le brava, chercha à l'attirer en pleine campagne pour le combattre, engagea des négociations : Edouard fut sourd, Edouard resta patiemment campé devant une proie qui ne pouvait lui échapper ; et enfin Philippe, qui d'ailleurs était harcelé d'autre part, fut obligé de s'éloigner sans avoir rien pu faire pour les fidèles citoyens qui lui avaient écrit que, « s'ils n'avaient bientôt secours, ils sortiraient de la ville pour combattre et vaincre ou mourir ; car ils aimaient mieux encore mourir au combat que se manger les uns les autres ».

Mais les dispositions de l'assiégeant étaient si bien prises, et de si longue date déjà, que les assiégés ne pouvaient pas même avoir cette consolation de faire une vaillante sortie. C'était en les affamant et non en les combattant que l'Anglais avait résolu de les soumettre.

Réduits enfin aux dernières extrémités, et n'espérant plus rien du roi de France, les Calaisiens proposèrent de se rendre, à condition qu'ils auraient la vie sauve. Edouard, irrité de leur longue résistance, qui lui avait coûté non-seulement beaucoup de temps, beaucoup d'hommes, mais encore huit ou dix millions, somme énorme pour l'époque, voulut que tous se missent à sa volonté « pour les rançonner ou faire mourir »; mais ses officiers lui remontrèrent qu'il allait faire là acte peu exemplaire. « Donc, dit-il, la plus grande grâce que ceux de Calais pourront trouver en moi, c'est qu'ils m'envoient six des plus notables, le corps et les pieds nus, la corde au cou; les clefs de la ville et du château à la main, et de ceux-là je ferai à ma convenance en épargnant les autres. »

Ces conditions ayant été connues dans la ville, ce ne fut que cris et pleurs et lamentations; mais voilà que dans l'assemblée se leva le plus riche bourgeois de la ville, qui s'appelait sire Eustache de Saint-Pierre, et qui devant tous parla ainsi : « Grand'pitié et grand dommage serait de laisser périr un tel peuple. J'ai si grande espérance d'avoir grâce et pardon de Notre-Seigneur si je meurs pour ce peuple sauver, que je veux être le premier à me mettre à la merci du roi d'Angleterre. »

Quand sire Eustache eut dit cette parole, chacun l'alla *adorer de pitié*, et plusieurs hommes et femmes se jetant à ses pieds pleuraient tendrement. Secondement, un autre très-riche et très-honnête bourgeois, qui s'appelait sire Jean d'Air, se leva et dit qu'il ferait compagnie à son compère sire Eustache, et un troisième, sire Jacques de Wisant, qui était aussi riche, dit qu'il ferait compagnie à Eustache et à Jean. Puis Pierre de Wisant, son frère, s'offrit, puis un cinquième et un sixième.

Les six bourgeois parurent devant le roi, ayant, comme celui-ci l'avait exigé, le corps et les pieds nus, et la corde au cou. Ils s'agenouillèrent et dirent, les mains jointes, « qu'ils se mettaient à sa merci pour sauver le peuple de Calais, qui déjà avait tant souffert ».

Le roi, les regardant, avait le cœur si dur et si pris de colère, qu'il ne put parler, et quand il parla ce fut pour ordonner qu'on leur coupât tantôt les têtes. Tous les barons et chevaliers qui étaient là pleuraient et priaient à l'envi leur souverain pour qu'il les épargnât ; mais il n'en voulait rien entendre, et il répondit en grinçant des dents qu'il n'en serait pas autrement. Alors la reine, qui arrivait au camp en ce moment, se jeta à genoux devant le roi, en pleurant de pitié et en disant : « Ah ! sire, depuis que j'ai repassé la mer en grand péril, comme vous savez, je ne vous ai encore rien demandé. Or je vous prie humblement que, pour le Fils de la vierge Marie et pour l'amour de moi, vous veuillez avoir pitié de ces six hommes. »

Le roi resta un instant sans parler, puis son cœur s'étant attendri à la vue de la bonne dame qui pleurait agenouillée : « Ha ! j'aimerais mieux que vous fussiez autre part qu'ici, dit-il ; mais vous me priez si ardemment que je ne saurais ni n'oserais vous refuser ; quoique ce soit avec peine, je vous donne ces hommes, faites-en à votre bon plaisir. »

Lors se leva la reine, et fit lever les six bourgeois ; puis les fit revêtir, et, après qu'ils se furent réconfortés, elle ordonna qu'on les conduisît sains et saufs hors du camp.

Édouard, s'il laissa la vie aux habitants, ne les chassa pas moins de leur ville, dont il donna les maisons à des familles qu'il fit venir d'Angleterre. Ce ne fut qu'un peu plus tard qu'il permit à quelques-uns de rentrer dans leur patrie ; au nombre de ceux-là se trouva Eustache de Saint-Pierre.

*

Quelque soixante années plus tard, sous le règne de Charles VI, la guerre étant encore allumée entre les deux nations, qui bien longtemps encore devaient donner au monde l'exemple du plus implacable antagonisme, les Anglais, sous la conduite de leur roi Henri V, vinrent mettre le siége devant Rouen. Les Rouennais, à l'exemple des Calaisiens, opposent une héroïque résistance aux assaillants, qui pendant six mois s'épuisent en vains efforts devant la ville.

En proie cependant à toutes les horreurs de la famine, ils sont obligés de demander à capituler. Les articles de la composition portent que la garnison sortira sans armes ; que la ville, pour garder ses priviléges et immunités, payera au vainqueur trois cent quarante-cinq mille écus d'or, que tous les habitants qui voudront rester dans la ville prêteront serment de fidélité au roi d'Angleterre, et que celui-ci aura la faculté d'en choisir trois qu'il pourra à son gré rançonner ou faire mourir.

Les trois citoyens désignés furent Robert de Layel, Jean Jourdain et Alain Blanchard, qui avaient été signalés au roi comme ayant toujours conseillé et dirigé la résistance. Les deux premiers fléchirent à force d'argent la colère du roi, qui leur fit grâce ; mais Blanchard, outre qu'il était pauvre, ne voulut pas faire la moindre démarche pour obtenir la pitié. Au moment où le bourreau allait lui trancher la tête : « Je n'ai pas de bien, dit-il, mais quand j'en aurais, je ne l'emploierais jamais pour empêcher un ennemi de mon pays de se déshonorer. N'est-il pas plus beau de mourir pour sa patrie que de ramper lâchement devant un lâche oppresseur ? » Certes ! cette admirable parole mérite de n'être point oubliée.

*

Durant les luttes des guelfes et des gibelins, l'armée sortie d'Arezzo rencontra, en 1289, celle qui venait de Florence. La première fut battue entre Bibiena et Certomondo.

Voici un trait remarquable par lequel les Florentins se distinguèrent. L'usage était, dans les armées des républiques italiennes, de désigner, au moment du combat, douze cavaliers d'élite, nommés paladins, pour fondre, comme des enfants perdus, sur l'ennemi en avant de la cavalerie, qu'ils devaient enflammer par leur exemple. Cet usage fut suivi dans cette circonstance.

La cavalerie florentine était commandée par Verdi de Cerchi, personnage déjà fameux à Florence. C'était à lui de désigner les douze paladins qui devaient engager la bataille. Il fit quelque chose d'inattendu : il se désigna d'abord lui-même, bien que souffrant d'une jambe ; il nomma ensuite son fils, et pour troisième son neveu ; après quoi il ne voulut plus choisir personne, « chacun devant, dit-il, rester libre de manifester son amour pour son pays. »

Une conduite si noble ne manqua pas son effet : cent cinquante guerriers à cheval, au lieu de douze, se présentèrent, demandant à être faits paladins, et ils le furent.

LAURIEL.

*

Lorsque André Doria eut forcé Barbezieux à évacuer avec sa flotte le golfe de Gênes, et Théodore Trivulzio, lieutenant du roi de France, à se réfugier dans la citadelle, le sénat rassemblé chargea les réformateurs de donner à la patrie une constitution nouvelle et surtout de faire disparaître jusqu'au dernier signe des factions qui l'avait si longtemps déchirée.

Cependant il ignorait si André Doria, à l'exemple de tous ses prédécesseurs, n'avait pas remporté pour lui seul la victoire et s'il ne comptait pas se faire souverain de sa patrie. En effet, Charles-Quint, qui n'aimait pas les républiques et à qui le zèle pour la république rappelait le soulèvement récent de ses royaumes d'Espagne, avait offert à André Doria de le reconnaître pour prince de Gênes et de le maintenir dans la possession de cet État.

Mais ce grand homme refusa constamment de s'élever aux dépens de sa patrie ; il insista pour que sa constitution républicaine fût reconnue et ne voulut d'autre grandeur que la reconnaissance de ses concitoyens. Le sénateur Baptista Lomellini le remercia au nom de sa patrie, et la république lui fit élever une statue de marbre, avec cette inscription :

Andreæ Auriæ civi optimo felicissimoque, vindici atque auctori publicæ libertatis, S. P. q. G. posuere. — (A André Doria, très-bon et très-digne citoyen, vengeur et rénovateur de la liberté publique, le Sénat et le peuple de Gênes ont élevé cette statue.)

(DE SISMONDI, *Histoire d'Italie*.)

✶

A Charles VI, le roi insensé, avait succédé Charles VII, le monarque indolent et dissipé, qui laissait sans s'émouvoir le royaume tomber province par province aux mains des envahisseurs. « Le découragement était général. Les villes se rendaient sans se défendre, dit un historien. Les principaux seigneurs abandonnaient la cause royale et exerçaient chacun chez soi une sorte de royauté absolue; il n'y avait plus de gouvernement; la misère et la désolation s'étendaient en tous lieux. Les impôts n'étaient plus levés que par la force, et le roi lui-même avait à peine de quoi vivre. Tels ou tels des gentilshommes, après avoir fui devant l'ennemi commun, bataillaient entre eux à qui aurait une part de la belle terre de France. Le pillage, l'exaction, le vol étaient en règne, et le pauvre peuple des cités et des campagnes, qui n'avait plus confiance ni dans la royauté, ni dans la noblesse, attendait, les yeux aux ciel, que Dieu suscitât par quelque miracle la délivrance de la patrie. »

C'est alors qu'aux derniers rangs du peuple, dans une malheureuse chaumière de paysan, se trouva une jeune fille qui, instinctivement navrée des malheurs de la patrie, et obéissant à de saintes visions, ne rêva rien moins que de délivrer son pays, en conduisant à Reims, pour qu'il y fût sacré, le roi qui à cette époque était comme la personnification de la nationalité. On le disait beau, doux, gracieux; on lui prêtait toutes les vertus qu'il n'avait pas : on voulait le sauver malgré lui en quelque sorte, car le sauver c'était aux yeux des humbles sauver la France elle-même. Les peuples, naïfs et crédules, semblaient encore s'ignorer eux-mêmes.

La jeune fille inspirée par l'amour patriotique s'appelait Jeanne d'Arc. Elle était née au village de Domremy, en Lorraine. Aussi belle que vertueuse, aussi pieuse que simple, elle déclara sa mission à Baudricourt, capitaine de Vaucouleurs, qui d'abord la crut folle : « Il faut, lui dit-elle, que je sois auprès du roi avant la mi-carême, dussé-je user mes jambes jusqu'aux genoux pour y aller, car personne, ni roi, ni duc, ni aucun autre ne peut relever le royaume de France; il n'y a pour lui de secours qu'en moi. » Baudricourt fut à la fin touché. Deux gentilshommes crurent en elle. Pleins de respect pour sa foi et sa vertu, ils lui offrirent de lui fournir un équipement d'homme d'armes et de la mener au roi. Malgré les larmes de ses parents, elle partit en compagnie de son frère, des deux gentilshommes et de leurs serviteurs, au milieu des craintes et des bénédictions des habitants de Vaucouleurs. Il fallait faire cent cinquante lieues dans des provinces soumises aux Anglais, à travers mille bandes d'aventuriers qui couraient le pays; mais Jeanne, certaine que Dieu veillait sur elle, ne craignait rien, et elle arriva sans obstacle à Chinon, où était la cour. On la présenta au roi, qui lui fit subir de longues épreuves pour s'assurer de sa conviction. « Dieu a pitié de vous, dit-elle au roi, de votre royaume et de votre peuple. » Et elle parla merveilleusement des manières d'expulser les Anglais, « ce dont le roi et son conseil furent tout émerveillés, car, sur toute autre matière, elle parut simple et ignorante comme une pastourelle qu'elle était. » La surprise et l'admiration étaient grandes. Les plus incrédules finissaient par admirer cette jeune fille si bonne et si courageuse, si modeste et si ardente. « Il n'y en eut aucun qui, l'ayant entendue, ne dît en pleurant que c'était une créature de Dieu. » Elle ne s'attribuait aucun pouvoir miraculeux; elle était seulement persuadée qu'elle avait une mission à remplir. Saintement convaincue de l'avenir de notre belle patrie, elle disait avec une touchante simplicité : « Je dois sauver la France. » Après Dieu, la France était tout pour elle, ou plutôt elle confondait ces deux amours en un seul : « Guerroyer contre le royaume de France, disait-elle, c'est guerroyer contre le roi Jésus. »

La renommée de Jeanne se répandit bientôt par tout le royaume, et le cœur de la France battit d'espoir et de confiance en Dieu. Le peuple se sentit renaître, et se reconnut dans Jeanne d'Arc, qu'il nommait « la fille de Dieu, la vierge au grand cœur ». Les Anglais furent saisis de terreur; la confiance passa de leur camp dans celui des Français. Orléans, qu'ils assiégeaient, tressaillit de joie, et attendit la sainte fille.

Elle se mit en marche, armée tout en blanc, une petite hache à la main, montée sur un grand coursier noir; un page portait son étendard, qui était blanc, semé de fleurs de lis, avec une figure du Christ et ces mots : « Jésus, Marie. »

Après avoir remis un peu d'ordre et de dévotion dans la petite armée en tête de laquelle le roi l'avait placée, et qui devait faire entrer un convoi dans Orléans, elle s'achemina vers cette ville. Les Anglais, épouvantés à son approche, abandonnèrent leurs forts du midi, et laissèrent passer le convoi. Jeanne renvoya sa troupe et entra seule dans Orléans.

Elle y fut reçue en triomphe; on se jetait à ses pieds, on baisait ses habits, on la regardait comme un ange de Dieu. Sa conduite ne se démentit pas. Toujours pieuse, courageuse et patiente, elle était aimée et admirée de tous, même des chefs qui la conduisaient, car son affaire à elle n'était pas de régler des opérations militaires, mais de se lancer dans la bataille, entraînant tout avec elle. La première à l'attaque, la dernière à la retraite, elle combattait avec humanité, écartant l'ennemi avec sang-froid, de la lance ou de la hache. L'aspect du sang français la mettait hors d'elle-même. « Hélas ! disait-elle, je n'ai jamais vu le sang français sans que les cheveux se dressent sur ma tête. » Les Anglais étaient pleins de trouble et de colère; en deux jours leurs forts furent enlevés par Jeanne, qui reçut dans le combat deux blessures; le troisième jour, épouvantés du secours surnaturel qui rendait Orléans invincible, ils levèrent le siége en abandonnant leurs canons et leurs bagages, et se retirèrent à Jargeau et à Beaugency.

Jeanne alla à Tours, rendit compte de ses succès au roi, et l'engagea à marcher sur Reims. Dans son opinion comme dans celle du peuple, le sacre faisait la royauté, et elle n'appelait toujours Charles, qui n'avait pas encore été sacré, que le gentil dauphin. « Je ne durerai qu'un an, lui disait-elle, il faut me bien employer. » Mais le voyage était difficile. Il fallait traverser quatre-vingts lieues de pays occupées par les garnisons anglaises. On résolut de s'emparer des villes entre Loire et Seine, pour faciliter l'expédition aventureuse faite sur la foi d'une pauvre fille. Jargeau fut prise d'assaut. Jeanne y monta la première sur la brèche et fut encore blessée. Beaugency se rendit. Les Anglais s'étant mis en retraite sur Paris, Jeanne fit décider qu'on marcherait sur eux et leur livrerait bataille. À la voix de Jeanne, les Français se mirent à la poursuite des ennemis, les atteignirent à Patay et les mirent en pleine déroute. La bataille de Patay, quoique médiocre en elle-même, eut un grand retentissement; elle passa pour un miracle de Jeanne, qui avait ramené enfin la victoire dans les rangs français. Toutes les villes entre Seine et Loire se soulevèrent, les débris des Anglais eurent grand'peine à gagner

Corbeil. Le chemin de Reims était ouvert. Jeanne vint à Gien où elle trouva le roi qu'elle supplia de se laisser conduire à Reims. Il se décida, non sans quelque hésitation, à partir. On arriva devant Troyes, qui d'abord voulut faire résistance; mais quand les assiégés virent Jeanne disposer les apprêts de l'attaque, ils se rendirent. Enfin l'on atteignit Reims. Les habitants chassèrent leur garnison bourguignonne et ouvrirent les portes de leur ville. Le roi y entra en grande pompe, et le lendemain il fut sacré. Jeanne était près de l'autel, son étendard à la main : « Puisqu'il a été à la peine, c'est juste qu'il soit à l'honneur, » dit-elle.

Après la cérémonie, elle dit au roi : « J'ai accompli ce que Dieu m'avait commandé, qui était de délivrer Orléans et de faire sacrer le gentil roi; je voudrais que maintenant il daignât me faire ramener auprès de mes père et mère à garder leurs brebis et bétail. » Mais Charles et ses capitaines mettaient la plus haute importance à conserver l'héroïne qui excitait tant d'enthousiasme parmi leurs soldats : on refusa de la laisser partir. Dès lors elle n'eut plus la même foi en elle-même, et en gardant toute son intrépidité, toute sa piété, tout son dévouement, elle se sentit inquiète et irrésolue.

Jeanne, paraît-il, avait raison ; elle continua à guerroyer, mais en quelque sorte sans but. Peu après elle tomba aux mains des soldats de Bourgogne, et fut vendue par eux aux Anglais, qui l'emprisonnèrent, lui firent son procès comme sorcière et mécréante, et enfin la brûlèrent vive à Rouen. Et pendant qu'on instruisait cyniquement contre elle, pendant qu'on la torturait physiquement et moralement, le roi, à qui elle avait donné la couronne, ne tenta point la moindre démarche pour la délivrer, pour la racheter ! Elle mourut en invoquant le saint nom de Jésus, qu'elle avait toujours eu sur les lèvres dans toutes ses actions héroïques.

Mais le souvenir de Jeanne d'Arc est resté entouré de

la triple auréole du courage, de la vertu, du dévouement, et il symbolise en France le pur amour de la patrie.

Avant de quitter cette simple et noble héroïne, rappelons une douce réponse qu'elle fit pendant le cours de son procès, alors qu'on lui demanda pourquoi elle portait un étendard : « Pour éviter de tuer quelqu'un ; je n'ai jamais tué personne. Je disais seulement : Entrez hardiment parmi les Anglais; et j'y entrais moi-même[1]. »

Jeanne d'Arc, c'est le patriotisme fait femme; espérons qu'à toutes les époques de notre histoire, symbolisé ou non dans un seul être, l'amour de la patrie fera toujours le miracle de la sauver.

✶

En 1574, Philippe II, roi d'Espagne, fit investir la ville de Liège, pour la soumettre au joug qu'elle avait secoué. Les assiégeants, instruits qu'il n'y avait point de garnison dans la ville, y jetèrent des lettres pour engager les habitants à se rendre. On leur répond du haut des murailles qu'on sait que le dessein des Espagnols est de réduire la place par la famine; mais qu'ils ne doivent pas s'attendre à réussir, car lorsque tous les autres aliments auront été épuisés, on se mangera le bras gauche en gardant le bras droit pour se défendre; que, privé de tout, on se résoudra plutôt à mourir de faim qu'à tomber entre les mains d'un ennemi barbare et odieux. Cette déclaration faite, on institua une monnaie de papier avec cette inscription : « Pour la liberté. » Ce papier fut, après le siège, fidèlement converti en monnaie d'argent, et toutes les sommes ainsi engagées furent scrupuleusement payées.

---

1. Théophile Lavallée, *Histoire des Français*.

PATRIOTISME. — TEMPS MODERNES.

✶

Le boulet qui tua Turenne emporta le bras du lieutenant général de l'artillerie Saint-Hilaire. Son fils, le voyant blessé, pleurait auprès de lui. « Ce n'est pas moi, lui dit Saint-Hilaire, c'est ce grand homme qu'il faut pleurer. »

Né à Sedan en 1611, Turenne fut tué en 1675.

✶

Le grand Condé disait : « Si j'avais à me changer, je voudrais me changer en Turenne. »

✶

Lors de l'irruption que le duc de Savoie fit en Dauphiné dans l'année 1692, Mlle de la Charce, Philis de la Tour du Pin, monta à cheval, fit armer les villages de son canton sous les ordres de M. de Catinat, se mit à leur tête, livra plusieurs petits combats dans les défilés des montagnes et contribua plus que personne, par sa bravoure, à faire sortir les ennemis hors du pays. En même temps sa mère, la marquise d'Urtis, exhortait les peuples de la plaine à se maintenir dans le devoir, et Mlle d'Urtis, sa sœur, faisait couper les câbles des bateaux qui traversaient la Durance, afin que les Piémontais ne pussent s'en emparer. L'action héroïque de Mlle de la Charce fut récompensée d'une pension que le roi lui accorda, avec le droit de faire mettre son épée, ses pistolets et son blason, dans le trésor de Saint-Denis, où ils resteront jusqu'à la mort de Louis XIV.

Les armes des La Tour du Pin sont : de gueule à une tour d'argent crénelée de trois pièces, senestrée d'un mur du même.

✶

Catinat, fils du doyen des conseillers au parlement, commença par être avocat. Ayant perdu une cause juste, il quitta le barreau pour les armes. Il fit ses premières armes sous le prince de Condé et sous Turenne.

Au début d'une guerre, Louis XIV hésitait à donner le commandement, et balançait entre Villeroi, Vendôme et Catinat.

« Si c'est Villeroi qui commande, dit le prince Eugène, je le battrai ; si c'est Vendôme, nous nous battrons. Si c'est Catinat, je serai battu »

Dans la malheureuse affaire de Chiari, après une charge infructueuse, Catinat ralliait encore les troupes. Un officier lui dit : « Où voulez-vous que nous allions? à la mort? — C'est vrai, répond Catinat, la mort est devant nous ; mais la honte est derrière. »

*

Mais quittons pour un instant les batailles. Jacques Callot, l'illustre graveur, naquit à Nancy, en 1593, d'une famille riche mais peu éclairée, qui, voyant se manifester chez l'enfant la vocation des arts, s'efforça de la comprimer, pensant qu'elle ne pouvait être qu'une carrière ingrate quant à ses résultats matériels. Mais tout ce que put la tendresse raisonnée de ses parents ne parvint pas à détourner Jacques de ce qui était chez lui une véritable et incontestable vocation. Un beau matin, désespérant de vaincre la résistance de sa famille qui semblait, il est nécessaire de le dire, avoir raison contre lui, il s'échappe de la maison paternelle et s'enrôle dans une troupe de bohémiens avec laquelle il va jusqu'à Rome. Là, abandonnant ses compagnons de voyage, il se met à étudier, à travailler, et ne tarde pas à être remarqué par le maître et les connaisseurs. Il venait de se fixer à Florence lorsque le duc de Lorraine, aux oreilles duquel la réputation du jeune artiste était parvenue, l'appela près de lui, le traita magnifiquement et le recommanda au cardinal de Richelieu, qui lui donna à graver la vue du siége de la Rochelle et de l'île de Ré. Callot exécuta ce travail; mais quelque temps après, la France s'étant emparée de la Lorraine, patrie du graveur, lorsqu'on lui demanda de faire un dessin sur cet événement, qui ne pouvait que l'affliger, Callot refusa net. Le cardinal insista. Callot s'obstina, et pour cette obstination il fut jeté dans une prison où, par hasard, il tomba juste au milieu de la troupe de bohêmes dont il avait été l'hôte et le camarade. Après une journée passée à fêter cette rencontre, l'artiste fut mené devant le roi Louis XIII lui-même, qui, bien qu'à peu près indifférent à tout, avait conçu une certaine estime pour le talent et la personne de Callot.

« Çà, maître Callot, fit le monarque avec hauteur, la prison vous a-t-elle profité? Arrivez-vous disposé à faire selon mon désir? Commencez-vous dès demain le dessin de la prise de Nancy?

— Sire, répliqua fièrement le graveur, je me couperais plutôt le pouce que de faire quelque chose qui fût contre l'honneur de mon prince et de ma patrie. »

On assure que le morose et froid Louis XIII, touché de cette réplique, tendit la main à l'artiste en disant :
« Vous êtes un noble et digne cavalier; je vous anoblis, et quand vous voudrez obtenir quelque grâce, vous me trouverez toujours disposé à vous l'accorder. »

L'histoire ajoute que Callot n'eut rien de plus pressé alors que d'user de ce crédit non pas pour lui, mais en faveur de ses anciens camarades les bohémiens, pour lesquels il demanda l'autorisation de mendier dans Paris. Le roi, dit-on, accorda cette permission, mais en imposant pour condition à Callot qu'il ferait une galerie de portraits de la pittoresque phalange au milieu de laquelle il avait passé quelques années. Ce serait à ce royal caprice que serait due la précieuse collection des *mendiants*, qui offre encore le talent de l'artiste sous son jour le plus original.

*

Franchissons deux siècles pour aborder une des phases les plus solennellement troublées de notre histoire. Ce n'est pas ici le lieu de discuter les jugements portés sur cette grande époque par des hommes representant les deux partis qui se trouvent en présence, et entre lesquels aujourd'hui la conciliation est loin d'être encore pleinement établie. L'année 1792 sera la seule dont nous entr'ouvrirons les chroniques; car, outre que nous pourrions y trouver l'élan patriotique manifesté à sa plus haute puissance, nous risquerions de tomber ensuite dans les redites.

Le 11 juillet, l'Assemblée nationale déclara la patrie en danger. Dès lors, tout ce qui en France avait accepté le régime nouveau se regarda comme tenu à tous les sacrifices envers la patrie. Les séances des députés furent permanentes, tous les conseils des communes et des départements siégèrent sans relâche pour organiser la résistance à l'invasion dont le pays était menacé. Toutes les gardes nationales, qui jusque-là n'avaient eu qu'un service intermittent, se formèrent en bataillons actifs. Des amphithéâtres se voyaient sur les places publiques, où des officiers municipaux recevaient le nom des enrôlés volontaires. A Paris, le chiffre des engagements s'éleva en un jour jusqu'à vingt mille. Partout des souscriptions s'ouvraient, partout se fabriquaient de la poudre, des balles. Partout les serments de fidélité à la patrie se prononçaient. De tous côtés on voyait se grouper et partir pour les frontières envahies des légions où se confondaient tous les âges, toutes les conditions, tous les costumes.

Un citoyen de la section des Lombards, veuf, avancé en âge, avait quatre fils, appuis de sa vieillesse. Ils se présentèrent à lui, l'air triste et inquiet.

« Qu'avez-vous, mes enfants?
— Mon père....

— Je devine, vous voulez partir pour le salut de la France.

— Oui. Et ce qui nous afflige pour vous, c'est que nous voudrions partir tous les quatre.

— Quoi ! pas un de vous ne me resterait ? Eh bien ! ne vous chagrinez pas ; j'approuve votre zèle, et, quelque peine que j'aie à me séparer de vous, je sens que vous avez raison. Allez. »

Au moment du départ, le vieillard, qui a voulu les accompagner jusqu'à la formation du bataillon, les embrasse, leur recommande de bien faire leur devoir. Puis la troupe se met en marche. Bientôt le père n'aperçoit plus ses enfants, mais il découvre encore le drapeau sous lequel ils sont réunis : « Mon Dieu ! s'écrie-t-il les yeux en pleurs, comme ce drapeau s'éloigne vite ! Ah ! si je n'étais pas si vieux, je les suivrais ! »

On lui demanda si le départ de ses fils ne le laissait pas dans la misère : « Qu'importe ! » répliqua-t-il.

Quand on apprit la prise de Longwy par les Prussiens, cet échec doubla l'enthousiasme : on vit jusqu'aux écoliers de village demander à former des cohortes.

A Laval, des femmes faisaient des torches de paille, qu'elles imprégnaient de graisse et de goudron. Un voyageur veut savoir à quoi ces torches doivent servir : « A incendier nos maisons avant que l'étranger ne vienne s'en emparer.

— Mais où vous retirerez-vous ? »

Elles montrent alors des carrières et disent : « Là. »

Un maire quitte son écharpe et s'enrôle. On veut le retenir : « Serions-nous donc moins braves que nos ennemis, qui ont laissé femmes, enfants, héritage, pour combattre la liberté ? Moi, je pars pour la défendre. »

Le duc de Saxe-Teschen, qui commandait les armées autrichiennes, vint mettre le siége devant Lille et adressa la sommation suivante à la municipalité :

« Établi devant votre ville avec l'armée de Sa Majesté l'empereur et roi confiée à mes ordres, je viens, en vous sommant de la rendre, ainsi que la citadelle, offrir aux habitants sa puissante protection. Mais si par une vaine résistance on méconnaissait les offres que je leur fais, les batteries étant dressées et prêtes à foudroyer la ville, la municipalité sera responsable à ses concitoyens de tous les malheurs qui en seraient la suite nécessaire. »

La municipalité répondit et fit afficher dans la ville : « Nous venons de renouveler notre serment d'être fidèles à la nation, de maintenir la liberté et l'égalité, ou de mourir à notre poste. Nous ne serons pas des parjures. »

Le duc ordonna le bombardement de la ville.

Les premières bombes lancées sur la ville ranimèrent l'héroïsme des habitants, qui avaient juré de mourir en combattant. Vingt-quatre pièces tiraient sans cesse à boulets rouges. Les maisons furent incendiées sans que ceux à qui elles appartenaient quittassent pour cela les remparts.

Un canonnier bourgeois apprend que sa maison brûle : « Je suis à mon poste, dit-il ; je vais rendre aux ennemis feu pour feu. »

Dès qu'une maison devenait inhabitable, les citoyens disaient à celui qui la perdait : « Buvez, mangez avec nous tant que nos provisions dureront ; la Providence pourvoira à l'avenir. »

Un boulet ayant pénétré dans le lieu des séances du conseil de guerre, la discussion ne fut pas interrompue. Seulement un membre proposa de se déclarer en permanence, comme l'Assemblée; ce qui fut voté par acclamation.

Un perruquier, nommé Macs, ramasse un éclat de bombe et s'en sert comme plat à barbe pour raser, dans les rues, quatorze citoyens, riant au milieu du fracas des batteries ennemies.

On faisait des parties de boules sur la Grande-

Place avec les projectiles que nous envoyaient les ennemis. Quand un boulet tombait, on se bornait à crier en manière d'avis : « Boulet chez un tel. »

La plus grande marque d'honneur, la plus haute récompense qu'on ambitionnât alors était d'entendre déclarer par l'Assemblée nationale qu'*on avait bien mérité de la patrie.*

*

En 1792, M. de Fernig, ancien officier, retiré dans le village de Mortagne, sur l'extrême frontière du département du Nord, était père d'une nombreuse famille. Ses fils servaient, l'un à l'armée des Pyrénées, l'autre à l'armée du Rhin. Ses quatre filles, à qui la mort avait enlevé leur mère, vivaient auprès de lui. Deux d'entre elles étaient encore enfants, les deux aînées touchaient à peine à l'adolescence. Leur père, qui commandait la garde nationale de Mortagne, avait animé de son ardeur militaire les paysans de son canton. Il avait fait un camp de tout le pays. Il aguerrissait les habitants par des escarmouches continuelles contre les hussards ennemis qui franchissaient souvent la ligne de la frontière pour venir insulter, piller, incendier la contrée. Il se passait peu de nuits pendant lesquelles il ne dirigeât en personne ces patrouilles et ces expéditions. Ses filles tremblaient pour ses jours. Deux d'entre elles, Théophile et Félicité, plus émues encore des dangers que courait leur père que des dangers de la patrie, se confièrent mutuellement leurs inquiétudes et sentirent naître à la fois dans leur cœur la même pensée. Elles résolurent de s'armer aussi, de se mêler à l'insu de M. de Fernig dans les rangs des cultivateurs dont il avait fait des soldats, de combattre avec eux, de veiller surtout sur leur père, et de se jeter entre la mort et lui, s'il venait à être menacé de trop près par les cavaliers ennemis.

Elles couvèrent leur résolution dans leur âme et ne la révélèrent qu'à quelques habitants du village, dont la complicité leur était nécessaire pour les dérober aux regards de leur père. Elles revêtirent les habits d'homme que leurs frères avaient laissés à la maison en partant pour l'armée, elles s'armèrent de leurs fusils de chasse, et, suivant plusieurs nuits la petite colonne guidée par M. de Fernig, elles firent le coup de feu contre les maraudeurs autrichiens, s'aguerrirent à la marche, au combat, à la mort, et électrisèrent par leur exemple les braves paysans du hameau. Leur secret fut longtemps et fidèlement gardé. M. de Fernig, en rentrant le matin dans sa demeure, et en racontant à table les aventures, les périls et les exploits de la nuit à ses enfants, ne soupçonnait pas que ses propres filles avaient combattu au premier rang de ses tirailleurs et quelquefois préservé sa propre vie.

Cependant Beurnonville, qui commandait le camp de Saint-Amand, à peu de distance de l'extrême frontière, ayant entendu parler de l'héroïsme des volontaires de Mortagne, monta à cheval à la tête d'un fort détachement de cavalerie et vint balayer le pays de ces fourrageurs de Clairfayt. En approchant de Mortagne, au point du jour, il rencontra la colonne de M. de Fernig. Cette troupe rentrait au village après une nuit de fatigue et de combat, où les coups de feu n'avaient pas cessé de retentir sur toute la ligne, et où M. de Fernig avait été délivré lui même (sans s'en douter) par ses filles, des mains d'un groupe de hussards qui l'entraînaient prisonnier. La colonne harassée, et ramenant plusieurs blessés et cinq prisonniers, chantait la *Marseillaise* au son d'un seul tambour déchiré de balles. Beurnonville arrêta M. de Fernig, le remercia au nom de la France, et, pour honorer le courage et le patriotisme de ses paysans, voulut les passer en revue avec tous les honneurs de la guerre. Le jour commençait à peine à poindre. Ces braves gens s'alignèrent sous les armes, fiers d'être traités en soldats par le général français. Mais, descendu de cheval et passant devant le front de cette petite troupe, Beurnonville crut apercevoir que deux des plus jeunes volontaires, cachés derrière les rangs, fuyaient ses regards et passaient furtivement d'un groupe à l'autre pour éviter d'être abordés par lui. Ne comprenant rien à cette timidité dans des hommes qui portaient le fusil, il pria M. de Fernig de faire approcher ces braves enfants. Les rangs s'ouvrirent et laissèrent à découvert les deux jeunes filles; mais leurs habits d'homme, leurs visages voilés par la fumée de la poudre des coups de feu tirés pendant le combat, leurs lèvres noircies par les cartouches qu'elles avaient déchirées avec les dents, les rendaient méconnaissables aux yeux mêmes de leur propre père. M. de Fernig fut surpris de ne pas connaître ces deux combattants de sa petite armée : « Qui êtes-vous ? » leur demanda-t-il d'un ton sévère. A ces mots, un chuchotement sourd, accompagné de sourires universels, courut dans les rangs de la petite troupe. Théophile et Félicité, voyant leur secret découvert, tombèrent à genoux, rougirent, pleurèrent, sanglotèrent, se dénoncèrent et implorèrent, en entourant de leurs bras les jambes de leur père, le pardon de leur pieuse supercherie. M. de Fernig embrassa ses filles en pleurant lui-même. Il les présenta à Beurnonville, qui décrivit cette scène dans sa dépêche à la Convention. La Convention cita les noms de ces deux jeunes filles à la France, et leur envoya des chevaux et des armes d'honneur au nom de la patrie.

LAMARTINE.

*

En 1815, Daumesnil, gouverneur de la citadelle de Vincennes, défendit cette place comme il l'avait défendue l'année précédente contre les troupes étrangères coalisées. Le général prussien Blücher lui écrivit pour le sommer de se rendre, lui offrant 1,500,000 fr.

Daumesnil répondit au porteur de la lettre : « Allez dire à votre général que je garde sa lettre et la place : cette dernière, pour la conserver au pays qui me l'a confiée; la lettre, pour la donner en dot à mes enfants. Vous pouvez ajouter que, malgré ma jambe de bois, je me sens assez de force pour défendre la citadelle, ou pour faire sauter avec elle votre général et son armée. »

★

Deux gardes nationaux faisaient une quête à Rouen pour les blessés de notre armée.

En passant dans une petite rue du quartier Saint-Nicaise, les gardes aperçurent une pauvre vieille qui, assise sur le seuil de sa porte, grignotait une croûte de pain.

Cette vieille interpelle un de nos quêteurs, et fouillant dans sa poche.

« Tenez, monsieur, lui dit-elle, voici vingt sous pour nos soldats. »

Et elle se remet tranquillement à manger son morceau de pain, sans prêter l'oreille aux remercîments qui lui sont adressés.

Le lendemain, leur mission remplie, nos gardes repassent par la même rue et retrouvent au même endroit la vieille, qui les aborde cette fois avec un certain embarras :

« Mon bon monsieur, dit-elle au garde qui avait reçu son offrande, est-ce que cela vous contrarierait de me rendre ma pièce de vingt sous?

— Mais du tout, répond le quêteur, qui tire 1 fr. de son sac et le remet à la vieille. Vous avez eu le cœur plus grand que la bourse, ajoute-t-il, cela ne vous empêche pas d'être une brave femme, et je ne saurais vous en vouloir. »

Mais la vieille, en échange de la pièce de vingt sous, lui tendait une pièce de 5 fr. Cette fois notre concitoyen fut ému et hésita à prendre l'écu.

« Ne craignez-vous pas, dit-il avec douceur, que cette somme ne soit lourde pour vous? Je crains, la mère, que vous ne fassiez là plus que vous ne pouvez Réfléchissez.

— Monsieur, répondit simplement la vieille femme, que deviendrions-nous, si on ne faisait que ce qu'on peut? J'ai un petit-neveu à l'armée. S'il a la chance de ne pas être blessé, ça servira pour ses camarades. »

Août 1870.

*

Nous empruntons à Stahl, après ce trait si touchant dans sa simplicité, le mot d'un pauvre enfant de l'Alsace, soldat à dix-neuf ans, volontaire par conséquent, et blessé. Ce mot, il a été dit en 1870 à Mᵐᵉ H..., dont la guerre avait fait, comme de beaucoup d'autres, une sœur de charité pendant le siége de Paris par les Prussiens. « C'est bien, mon enfant, disait cette dame au blessé, dont la jeunesse, le courage et la douceur dans la souffrance la touchaient vivement, c'est bien à vous, qui n'avez pas l'âge d'être soldat, de vous être si jeune engagé pour défendre la patrie. — Ah! madame, répondit l'enfant, quand l'ennemi est entré dans la vallée, la mère et les sœurs ont pris le fusil. A bien fallu les suivre.... » Et il ajouta en pleurant : « Et puis après, quand la mère a été tuée, ça n'était pas pour nous arrêter. »

Cette réponse du jeune soldat ne nous dit-elle pas aussi éloquemment que le plus beau récit que, sous tous nos désastres, et même dans les rangs les plus humbles, l'héroïsme des femmes n'a pas plus manqué à notre France aujourd'hui qu'autrefois.

*

Au combat de la Gare-aux-Bœufs, au plus fort de l'action, la cantinière du 106ᵉ bataillon saisit le fusil et les cartouches d'un soldat tombé.

« Et moi aussi, dit-elle, je veux me battre.

— Laissez cela, lui disent les gardes nationaux, c'est notre besogne : vous êtes une femme....

— Justement, s'écria-t-elle, je veux venger les femmes qu'ils ont tuées. » Et calme, héroïque, la colère dans les yeux, elle chargeait son fusil, tirait, rechargeait, électrisait tous ceux qui l'entouraient.

Tout à coup elle chancela, frappée mortellement, se releva un instant après et cria : « Vive la France ! » Ce fut son dernier cri.

*

Dans un opulent hôtel du faubourg Saint-Germain, au moment de se mettre à table, Mme de X.... apprend la mort de son fils, simple mobile, tué à l'ennemi.

La douleur l'oppresse, et, les yeux grand ouverts, elle tombe inerte dans un fauteuil.

Tous les assistants l'entourent, cherchent à la ranimer; elle reste insensible.

Ce que voyant, un vieux domestique, perdant la tête :

« Ah ! s'écrie-t-il, si, au lieu d'être un brave jeune homme qui ne demandait qu'à se battre, Monsieur avait été un poltron, nous le verrions encore. »

A ces mots, la mère se redresse brusquement, ses larmes se sèchent, un noble sourire éclaire sa physionomie, et marchant vers la salle à manger :

« Joseph ! dit-elle à son domestique, mettez des fleurs sur la table, à la place qu'occupait mon enfant !... »

*

Dans une petite commune des environs de Meaux, le capitaine de la garde mobile du canton se présente à la porte d'une chaumière.

« Vous venez pour la mobile ? demande la vieille femme qui habite la maison.

— Oui, madame.

— Mon mari est mort, et j'ai deux fils à l'armée.

— Alors je me retire.

— Mais il me reste le plus jeune.

— Soyez tranquille, madame, j'ai le droit de le porter sur ma liste comme soutien de famille. Il peut rester avec vous.

— Eh bien ! non ! s'écrie la paysanne, qu'il parte aussi, puisqu'on a besoin de tout le monde pour empêcher le malheur du pays. »

Et elle donne tranquillement le nom de son fils.

Qu'un demi-siècle passe seulement pour donner à l'histoire de cette terrible guerre un peu de ce lointain obligé qui poétise les événements, et, sans aucun doute, la résistance en quelque sorte improvisée de ce peuple se débattant contre une formidable invasion, revêtira son véritable caractère de noblesse et de grandeur.

*

M. Valentin, nommé préfet du Bas-Rhin par le gouvernement de la Défense nationale, avait quitté Paris, le 5 septembre, avec la résolution très-nettement arrêtée de se rendre au poste périlleux qui lui avait été assigné, et de pénétrer dans Strasbourg assiégé à travers les lignes ennemies. Il entrait le 8 au soir dans les lignes prussiennes, à Barr, après diverses courses dans le Haut-Rhin, destinées à donner le change aux espions prussiens mis à ses trousses. Trouvant les avant-postes impossibles à franchir de ce côté, il se dirigea sur le canal du Rhône au Rhin, où, le 9, à dix heures du soir, il fut arrêté par une reconnaissance prussienne, retenu prisonnier pendant quinze heures et relâché grâce à un passeport américain dont il était muni et à sa connaissance parfaite de la langue anglaise.

Escorté jusqu'à Lahr (rive droite du Rhin), il se rendit, dès qu'il fut débarrassé de ses surveillants, dans les environs d'Achern, d'où il gagna les bois qui longent le Rhin à hauteur de Marlen, en face de la citadelle de Strasbourg.

Arrivé sur le bras principal du fleuve, il se préparait à le traverser à la nage, quand une patrouille, envoyée sur ses traces du village de Marlen, s'empara de lui et le conduisit au quartier général établi à Kehl, à l'hôtel de la Poste.

M. Valentin, bien connu du propriétaire de l'hôtel et de la plupart des gens de la maison, craignait que son identité ne fût reconnue; mais, fort heureusement, l'hôtel était complètement envahi par le personnel militaire, et grâce à son passeport il fut encore une fois rendu à la liberté, mais avec injonction péremptoire inscrite sur le passeport d'avoir à sortir dans les douze heures du rayon d'opération des armées allemandes.

« Ce passeport, dit-il plus tard, m'étant dès lors devenu inutile, et ayant échoué sur trois des quatre points cardinaux, je revins à mon projet primitif de prendre le taureau par les cornes et de percer la ligne d'investissement sur le front d'attaque même, au nord de la ville.

« A cet effet, je descendis le Rhin jusqu'à la hauteur de Maximilianau et me rendis à Wissembourg par Landau.

« J'y trouvai quelques patriotes dévoués, dont je fus reconnu par hasard. Avec leur concours et accompagné par l'un d'eux et par une vaillante dame alsacienne, je pénétrai jusqu'au quartier général même du général Werder, et passai deux jours entiers dans la maison où il prenait ses repas, l'entendant à diverses heures du jour et de la nuit s'enquérir si l'on n'avait pas remarqué d'étrangers dans la localité.

« Le 19 au soir, guidé par les renseignements recueillis dans l'intervalle, je me dirigeai sur Schiltigheim, et, averti par la lueur des pipes et des cigares que la tranchée reliant les deux batteries placées à gauche et à droite de *la petite route*, et derrière laquelle je me tenais embusqué depuis la chute du jour, se trouvait momentanément dégarnie, les soldats se rapprochant des batteries pour recevoir une ration de café, je franchis cette tranchée d'un bond et je me jetai à plat-ventre dans les champs de pommes de terre et de maïs qui se trouvaient en avant. Au bout de quelques minutes, je commençai mon voyage à quatre pattes dans la direction du glacis de la place; mais bientôt le mouvement des tiges dans les champs trahit ma présence, et des batteries, comme de la parallèle, s'ouvrit un feu d'artillerie qui m'accompagna jusque sur les bords de l'Aar, où j'arrivai au bout de trois quarts d'heure de cheminement pénible, les boulets, balles et obus continuant à pleuvoir autour de moi. Après un intervalle de repos, je me jetai à la nage dans l'Aar, en avant de la lunette 57; mais, arrivé à la rive opposée, je m'embarrassai dans les herbes et roseaux qui la bordent, et me vis obligé de rebrousser chemin et de revenir au point de départ. Un peu plus haut, je parvins à distinguer un endroit dégagé, et, me remettant à la nage, je réussis à aborder et à gagner la place d'armes du chemin couvert, que je trouvai abandonnée, labourée par les bombes, dans les cratères ou entonnoirs desquels je tombai à plusieurs reprises et d'où je me retirai à grand'peine, épuisé comme je l'étais.

« Arrivé au bord du fossé inondé qui couvre la lunette 57, je passai une longue demi-heure à héler la sentinelle et les postes établis à l'extérieur, mais en vain : rien ne parut. Le froid me gagnait, mes dents claquaient, et, entre la perspective d'une pleurésie et de quelques balles de plus à affronter (françaises, il est vrai), il n'y eut plus à hésiter. Je me rejetai à la nage en face du saillant droit de la lunette, arrivai à l'autre bord, m'élevai péniblement jusqu'à la base du parapet, et, gagnant le sommet, me redressai soudain en criant : « France! France! » Une demi-douzaine de coups de fusil partirent au même moment sans m'atteindre; un vieux zouave me couchait en joue à bout portant quand le caporal Fauchard, du 78e de ligne, abattit son arme en lui disant : « Ne tirez plus, vous voyez bien qu'il est seul. »

« Je me laissai faire prisonnier et demandai à

être conduit au général Uhrich, pour lequel j'avais un message. L'heure avancée ne permettant pas de m'introduire dans la ville, je fus enfermé dans un des pavillons du jardin Lips. Grâce à un bon matelas, je parvins rapidement à me réchauffer et à m'endormir, malgré les obus qui s'abattaient tout autour de moi, ébranchant les arbres du Contades.

« Le lendemain, à six heures du matin, je me fis conduire au général Uhrich et tirai de ma manche, où il était cousu, le décret qui me nommait préfet du Bas-Rhin. Le général, déjà prévenu d'ailleurs, me fit un excellent accueil. »

On voit que le gouvernement avait bien jugé de M. Valentin, et qu'il avait eu raison de s'en rapporter à l'énergie et au patriotisme dont il saurait faire preuve pour aller occuper son poste.

Souvenir du bombardement de Strasbourg,
par Raymond Ségnouret.

*

Le patriotisme des femmes d'Alsace et de Lorraine a été au moins égal à celui des hommes, et leur noble ressentiment contre nos ennemis a trouvé parfois, pour les frapper au cœur, des armes plus sûres que les chassepots et les canons.

Voici un fait dont je puis garantir l'authenticité. Une dame de Strasbourg logeait chez elle deux officiers prussiens. Ces messieurs se plaignirent, comme des maîtres se plaignent, de n'avoir pas accès dans le salon de cette dame et insistèrent pour être engagés à ses réunions d'amis. Le lendemain, ils reçoivent une invitation. Ils arrivent à huit heures; le salon était assez obscur, et, à la lueur de la lampe unique qui l'éclairait, ils entrevirent dix femmes vêtues de noir et assises au fond. La maîtresse de la maison, les voyant entrer, va à eux, les amène à la première de ces dames et, la leur présentant : « Ma fille, qui a eu son mari tué pendant le siège. » Les deux Prussiens pâlissent. Elle les amène à la seconde dame : « Ma sœur, qui a perdu son fils à Frœschwiller. » Les deux Prussiens se troublent. Elle les amène à la troisième : « Mme Spindler, dont le frère a été fusillé comme franc-tireur. » Les deux Prussiens tressaillent. Elle les amène à la quatrième : « Mme Brown, qui a vu sa vieille mère égorgée par les uhlans. » Les Prussiens reculent. Elle les amène à la cinquième : « Mme Coulmann, qui.... » Mais les deux Prussiens n'ont pas la force de la laisser achever, et, balbutiant, éperdus, ils se retirent précipitamment, comme s'ils eussent senti tous ces crêpes de deuil tomber sur leur tête. On eût dit Nathan s'enfuyant devant l'anathème de Joad.

Connaissez-vous une plus terrible et plus patriotique vengeance ?

E. LEGOUVÉ.

*

Quittons Strasbourg tombée, hélas ! au pouvoir des Allemands, pour revenir à Paris, dont le siège commence.

A partir du 21 septembre, il ne fallait plus espérer de traverser sans difficulté les lignes allemandes, qui de jour en jour allaient rétrécissant leur cercle d'investissement autour de Paris.

Alors on fit appel à des piétons de bonne volonté, et parmi ces obscurs employés de la poste on trouva une vraie légion de volontaires qui, bien que prévenus qu'ils allaient s'exposer aux plus grands dangers, ne s'offrirent pas moins à tenter le percement des lignes ennemies.

Le 21 septembre, vingt-huit piétons partirent : un seul put aller jusqu'à Saint-Germain, où il remit ses dépêches à un fonctionnaire français qui les emporta à Tours.

Le facteur Brare avait réussi plusieurs fois à franchir les lignes prussiennes; mais il fut enfin victime de son courage et de son dévouement. Pris avec des missives sur lui, il fut passé par les armes à Chatou. Ce brave homme laissait une femme et cinq enfants....

Quand le service fut devenu complétement impossible par les piétons, on songea à établir la communication de Paris avec la province par des ballons emportant, en même temps que des sacs de dépêches, un certain nombre de pigeons. Ces oiseaux, mis en liberté loin de Paris, y rapporteraient des dépêches attachées à leurs pattes ou aux plumes de leur queue.

Alors commença une succession de voyages doublement périlleux, puisque, outre les propres dangers de la traversée aérienne, effectuée plus d'une fois à l'aide de vieux aérostats, les aéronautes s'exposaient d'abord à être tués par les balles des ennemis qui tiraient sur les ballons, et ensuite à être faits prisonniers s'il arrivait que le vent les fît atterrir dans les régions occupées par les troupes allemandes.

Et cependant on n'eut qu'à le désirer pour qu'aussitôt tous les hommes qui étaient tant soit peu familiarisés avec l'aérostation s'offrissent à partir.

La liste des aéronautes ayant été bientôt épuisée par les nombreux départs qu'exigeait le service de la défense, on eut recours à de braves marins à qui l'on donnait en quelques instants les instructions nécessaires, et qui sans marchander se lançaient dans les airs à tout risque, et parfois au milieu de la nuit.

« Quand on est coutumier des ballons, écrit M. Tissandier, on ne peut s'empêcher d'admirer le dévouement de ces hommes qui partaient absolument par amour du devoir. Je n'oublierai jamais la stupéfaction d'un étranger que j'ai vu à Tours, et qui me disait :

« O monsieur! comme on doit vous payer pour entreprendre de telles ascensions! Une ascension faite au-dessus des Prussiens, cela vaut au bas prix 50 000 francs!

— Je ne sais ce que cela vaut, monsieur, lui répondis-je, mais en France ces choses-là ne se font pas ou se font pour rien. »

Pendant la durée du siége, il partit de Paris soixante-quatre ballons.

Un de ces aérostats, parti de Paris à onze heures quarante-cinq du soir, le 24 novembre, après être resté quinze heures en l'air, s'en alla atterrir.... auprès de Christiania, en Norvége, après avoir risqué d'aller se perdre dans les mers glaciales.

Ce qui ne fut qu'à l'état de menace pour ces aéronautes, devint une affreuse réalité pour d'autres.

Le 30 novembre, à onze heures du soir, le ballon *Jacquart* partait, emportant un marin nommé Prince.

Un navire anglais dit avoir aperçu au jour le ballon en vue de Plymouth, se dirigeant vers la haute mer.

Depuis, aucune nouvelle du ballon ni de l'homme.

Un autre aérostat, monté par un soldat nommé Lacaze, parti le 27 janvier, s'approcha de terre à Niort; on put même crier à l'aéronaute de descendre; mais, soit qu'il fût évanoui dans la nacelle, soit qu'il ne sût pas manœuvrer la corde d'échappement du gaz, il s'éleva de nouveau et fut vu à la Rochelle, mais alors à une grande hauteur et courant sur la pleine mer.... où il alla se perdre.

Ajoutons qu'étant donné l'investissement de Paris, les messagers du gouvernement ne furent pas seuls à tenter l'aventure. Il arriva qu'un astronome, M. Janssen, qui aurait pu obtenir un sauf-conduit des Prussiens par l'entremise des savants anglais, préféra ne rien devoir aux ennemis de son pays et risquer toutes les chances d'un voyage aérien.

Mais pourquoi quitter Paris au prix de tant de périls?... Parce qu'il importait à l'honneur de la France et aux devoirs de la science que l'Observatoire de Paris fût, malgré tout, représenté dans les importantes études auxquelles devait donner lieu une éclipse totale de soleil visible dans le nord de l'Afrique.

L'art ne fut pas en reste sur la science. Dans les

rangs de la garde nationale, qui devait compter tant de victimes, surtout lors de la sortie du 29 janvier, se confondaient, à côté des élèves de toutes nos écoles, les peintres, sculpteurs, écrivains, musiciens, artistes dramatiques ; illustrations consacrées, réputations naissantes et aspirant à la célébrité, se dévouèrent à l'envi, faisant également bon marché d'une existence dont le pays réclamait le sacrifice.

Un monument, inauguré en juin 1876 dans une des cours de l'École nationale des Beaux-Arts, rappelle le tribut mortuaire payé à la patrie par les élèves de cette école pendant le cours de la guerre.

Dans la liste funèbre gravée sur le marbre de ce monument, où l'on voit une statue de la Jeunesse offrant la palme aux héros du devoir, la place d'honneur est donnée à un artiste qui, sorti de l'école seulement en 1865, était en 1870, — c'est-à-dire cinq ans plus tard, — un maître consacré déjà par plusieurs toiles qui resteront parmi les plus belles de la peinture moderne.

Henri Regnault, né à la fin de 1843, mort au commencement de 1871, n'avait pas encore 27 ans, quand une balle allemande priva la France de cette jeune gloire.

Ayant obtenu le prix de Rome en 1865, il avait accompli ses années de séjour dans la Ville éternelle, puis il avait vécu en Espagne, et, revenant d'un voyage en Orient, dont les paysages lumineux le séduisaient, il venait de se fixer au Maroc, où il allait mettre la main à une grande œuvre légendaire du pays more, quand il apprit nos premiers désastres.

Aussitôt il s'embarque, il arrive en France dès le milieu d'août, et veut aussitôt s'engager dans un corps franc; mais, dit M. H. C..., l'intime historien de sa vie si courte et si brillamment active, sur les supplications de ses amis, et quelle lutte il fallut! il consentit à attendre.

Impatient enfin de remplir son devoir, dès les premiers jours d'octobre il entra dans les bataillons de marche

Nous nous rappelons, — remarque M. H. C..., — de quel silence et de quel regard il répondait à ceux qui lui rappelaient parfois le droit que lui conférait sa position d'élève de l'Académie de Rome de ne pas servir, comme soldat, son pays

Le jour de l'investissement, il avait dû se séparer de son père, qui, directeur de la manufacture de Sèvres, devait rester dans cet établissement pour tâcher de le protéger.

En novembre, Henri Regnault, simple soldat, est aux avant-postes d'Asnières, en décembre à Colombes. Ses chefs, qui l'ont bientôt distingué, veulent lui donner un grade, il refuse.

« Merci, écrit-il; si vous avez un bon soldat en moi, ne le perdez pas pour en faire un officier médiocre. »

Le mardi 17 janvier, la compagnie dont il faisait partie reçut l'ordre de se rendre aux avant-postes.

Sachant qu'il allait au combat, il fit coudre sur la doublure de sa tunique cette indication : *Henri Regnault, peintre, fils de M. Victor Regnault, membre de l'Institut.*

Le combat ne commença que le jeudi au lever du jour. A midi on avait enlevé la redoute de Montretout.

Regnault avait à ses côtés plusieurs amis qui, connaissant son ardeur, veillaient sur lui. Du reste, il fut très-calme pendant toute la matinée et ne s'exposa point sans besoin.

Vers quatre heures, — la nuit tombait, — on se battait avec acharnement dans un bois qui précède le parc de Montretout. Les amis de Regnault le cherchèrent en vain au moment où l'on sonna la retraite et purent croire qu'il s'était retiré avec quelque autre bataillon.

Toute la nuit ils s'informèrent. Un garde national

qui connaissait Regnault dit que pendant qu'on sonnait la retraite il l'avait vu marcher encore en avant. Il l'avait rappelé. Regnault avait répondu : « Je tire mon dernier coup de fusil et je reviens. »

Hélas! il ne devait revenir que mort. Un ambulancier, de ceux qui avaient été autorisés après le combat à relever les blessés, avait pris le nom inscrit sur la capote et laissé le corps. C'était lui qui avait apporté la triste nouvelle.

Le corps ne fut rapporté à Paris que plusieurs jours après, avec deux ou trois cents autres parmi lesquels on le reconnut. Dans la capote on retrouva un carnet sur lequel, sans doute pendant un des derniers jours au campement, il avait tracé au crayon ces quelques pensées :

« Nous avons perdu beaucoup d'hommes : il faut les refaire et meilleurs et plus forts. La vie pour soi seul n'est plus permise.

« L'égoïsme doit fuir et emmener avec lui cette fatale gloriole de dédaigner tout ce qui était honnête et bon. Aujourd'hui la République nous commande à tous la vie pure, honorable, sérieuse. Nous devons tous payer à la patrie le tribut de notre corps et de notre âme. Ce que les deux peuvent produire ensemble, nous le lui devons. Toutes nos forces doivent concourir au bien de la grande famille en pratiquant nous mêmes et en développant chez les autres les sentiments d'honneur et l'amour du travail.... »

Ces lignes furent probablement les dernières que traça la main de ce noble jeune homme.

« Si jamais exemple fut terrible de l'horreur et des crimes de la guerre, dit le biographe à qui nous venons d'emprunter la plupart de ces notes, ce fut celui de cette mort-là. Ce jour-là, l'on s'aperçut et l'on comprit sans doute que les batailles, en tuant des hommes, peuvent quelquefois tuer et anéantir des pensées. »

✶

Mme Damoiseau, veuve de M. Damoiseau, membre de l'Académie des sciences, habitait le village d'Issy, dans une maisonnette entourée d'un petit jardin ; c'était l'unique fruit de ses longues économies et de celles de son savant mari. A l'approche des Prussiens, un parent lui offrit et la décida à accepter une chambre dans son appartement, rue Garancière, dans l'enceinte même de Paris. Elle y était depuis une quinzaine de jours, quand, par une belle matinée du commencement d'octobre, la brave vieille dame eut la fantaisie de visiter sa propriété. Sans en rien dire à personne, elle dirige ses quatre-vingts ans vers la barrière Montparnasse ; elle sort de Paris, et trottinant, trottinant, elle arrive à la porte de son jardin. Elle la trouve ouverte ; elle entre et s'arrête à l'aspect d'une escouade de soldats du génie français qui, à grands coups de pioche, faisaient une défense crénelée de la maison — trop bien située, car elle allait servir aux opérations militaires. Sans hâter le pas, Mme Damoiseau marche vers les soldats patriotiquement dévastateurs. L'officier du génie qui présidait à ce triste saccage avait de loin vu la vieille dame s'arrêter d'abord, puis regarder, puis s'avancer ; il va vers elle et lui dit :

« Madame, je lis sur votre visage que cette maison est à vous.

— Non, monsieur, *elle est à la France!* » répondit Mme Damoiseau.

Le lieutenant ôta respectueusement son képi devant la vieille patriote.

L'Hôtel de Ville de Paris pendant le siège,
par E. Arago, maire de Paris

✶

Nous empruntons aux *Tablettes quotidiennes*, publiées pendant le siége de Paris de 1870, par M. Jouaust, les quelques extraits suivants : ils disent mieux que tout, dans leur simplicité photographique, combien la population de Paris, pendant cette cruelle épreuve, a mérité, elle aussi, d'être donnée en exemple aux générations futures.

23 novembre. — *L'alimentation*. — Aujourd'hui que la viande de boucherie nous est forcément donnée à doses homœopathiques, nous nous attaquons à tout ce qui vit et respire, et notre excursion gastronomique à travers toutes les bêtes de la création nous a réservé bien des surprises. Ainsi l'âne et le mulet, que l'on croyait durs parce qu'ils sont entêtés, se trouvent être une chair tendre et délicate ; le rat, si mal famé auprès de notre odorat, est un mets presque savoureux. Par exemple, le chien paraît justifier sa dureté proverbiale, mais on lui pardonne en faveur de l'appoint qu'il vient apporter à notre nourriture. Quant au chat, il est monté au rang de denrée de grand luxe et se cote à des prix fabuleux.

12 janvier 1871. — *Le bombardement*. (Extrait de *l'Officiel*.) — Après un investissement de plus de trois mois, l'ennemi a commencé le bombardement de nos forts le 30 décembre, et, six jours après, celui de la ville. Une pluie de projectiles, dont quelques-uns pesaient 94 kilogrammes, apparaissant pour la première fois dans l'histoire des sièges, a été lancée sur la partie de Paris qui s'étend depuis les Invalides jusqu'au Muséum. Le feu a continué jour et nuit, sans interruption, avec une telle violence, que, dans la nuit du 8 au 9 janvier, la partie de la ville située entre Saint-Sulpice et l'Odéon recevait un obus par chaque intervalle de deux minutes. Tout a été atteint : nos hôpitaux regorgeants de blessés, nos ambulances, nos écoles, les musées et les bibliothèques, les prisons, l'église Saint-Sulpice, celles de la Sorbonne et du Val-de-Grâce, un certain nombre de maisons particulières. Des femmes ont été tuées dans la rue, d'autres dans leur lit ; des enfants ont été saisis par des boulets

dans les bras de leurs mères. Une école de la rue de Vaugirard a eu quatre enfants tués et cinq blessés par un seul projectile. Le musée du Luxembourg, qui contient les chefs-d'œuvre de l'art moderne, et le jardin, où se trouvait une ambulance qu'il a fallu faire évacuer à la hâte, ont reçu vingt obus dans l'espace de quelques heures. Les fameuses serres du Muséum, qui n'avaient point de rivales dans le monde, sont détruites. Au Val-de-Grâce, pendant la nuit, deux blessés, dont un garde national, ont été tués dans leur lit. Aucun avertissement n'a précédé cette furieuse attaque. Paris s'est trouvé tout à coup transformé en champ de bataille, et nous déclarons avec orgueil que les femmes s'y sont montrées aussi intrépides que les citoyens. Tout le monde a été envahi par la colère, mais personne n'a senti la peur.

21 janvier 1871. — *Les queues.* — Le souvenir du siége qui restera le plus vivant dans la mémoire de nos ménagères sera certainement celui des queues dont se compose aujourd'hui la vie quotidienne. Avec la queue de la boucherie, nous avons maintenant celle de la boulangerie et celle du bois. Cette dernière même se décompose en deux parties : car il faut d'abord faire queue à la mairie pour avoir un bon de bois, et réitérer le même service au chantier pour attendre les 25 kilog. de bois vert attribués à chaque bon. On doit rendre à la population cette justice, qu'elle accepte toutes ces corvées avec une patience et une bonne humeur bien remarquables. Chacun comprend que la part de résignation qu'il apporte à la masse contribue à augmenter les forces de la résistance.

En conséquence du rationnement, les restaurants ont prévenu les clients qu'ils ne pouvaient plus leur fournir de pain, et les invitations à dîner qu'on hasarde encore entre amis ne sont plus faites qu'à la condition expresse qu'on apportera sa bouchée de pain avec soi.

Nous clorons ces emprunts faits au souvenir du siége

de Paris par ce mot qui peint bien la physionomie de la ville pendant ces cinq mois. Un obus venait de tomber à quelques pas d'une de ces queues : « Tiens ! dit une ménagère, voilà un obus bien gentil qui vient prendre son rang à la queue. »

CHAPITRE III

HUMANITÉ

On ne peut être juste que si l'on est humain.
VAUVENARGUES

*

Les Scythes, poursuivis par Alexandre jusqu'au milieu des déserts, dirent à ce conquérant, qui voulait passer pour le fils de Jupiter : « Tu n'es pas un dieu, puisque tu fais du mal aux hommes. »

*

Aristote venait de faire l'aumône à un pauvre ; on lui dit que ce pauvre ne méritait pas sa pitié. « Qu'importe ! dit-il, ce n'est pas l'individu, mais l'humanité souffrante que je voulais soulager. » *Non mores, inquit, sed hominum commiseratus sum.*
DIOGÈNE LAËRCE

*

Antonin le Pieux avait souvent à la bouche ce mot célèbre de Scipion :

« J'aime mieux sauver un citoyen que tuer mille ennemis. »

*

Dès qu'on est deux, l'un peut faire du bien à l'autre. C'est la vraie signification du *Væ soli*, l'homme qui est seul ayant le malheur de ne pouvoir être bon qu'à lui-même. Un ancien a dit : *Nemo solus sapit* (personne n'est sage tout seul). « Personne n'est bon tout seul » serait plus vrai encore.

P.-J. Stahl.

*

L'humanité, cette bonté qui s'étend à tous les hommes sans distinction aucune, est un sentiment relativement moderne. Le premier enseignement en a été donné par l'Évangile dans la parabole du bon Samaritain. Comment eussent-ils été humains, dans le sens nouveau de ce mot, tous ces peuples qui ne pouvaient comprendre un État sans esclaves, ces Spartiates chez lesquels le massacre des Ilotes était pour ainsi dire en permanence, ces Romains qui avaient fait des combats de gladiateurs une institution? Pour eux tous, même pour un Épaminondas, un Aristide, un Phocion, il n'y avait d'obligations de bonté qu'envers leurs concitoyens, leurs amis, leurs hôtes. Le reste n'existait pas. Ainsi Pindare, poète éminemment moral et religieux, demandait comme la perfection du caractère humain *d'aimer tendrement et de haïr sans miséricorde* (*Pythiques*, ode 2, antistrophe 4). Après lui Platon, dans le *Ménon*, et Plutarque, dans son *Traité de la justice divine*, notaient, parmi les signes de vertu, d'être également *ami dévoué et ennemi impitoyable*. (*Amicos juvare, lædere inimicos.*)

*

Après la conquête de la Grèce, les Romains ayant voulu établir à Athènes des combats de gladiateurs, les Athéniens s'y opposèrent, en disant qu'il faudrait alors commencer par renverser l'autel de la Pitié. C'est peut-être la seule manifestation publique d'humanité que puisse fournir toute l'histoire ancienne. Elle fut si énergique de la part de ce peuple, bien déchu déjà cependant, que les vainqueurs ne crurent pas devoir passer outre.

*

« J'aime mieux ma famille que moi-même, j'aime mieux ma patrie que ma famille; mais j'aime encore mieux le genre humain que ma patrie. » Ces trois lignes de Fénelon disent mieux que toutes les phrases, mieux que tous les discours, comment le philosophe et le chrétien doivent comprendre leurs devoirs d'affection envers leurs semblables. « La vertu, avait dit longtemps auparavant saint Augustin, c'est l'ordre dans l'amour. »

*

S'il est une époque d'implacable cruauté, de sanglante ivresse dans l'histoire de la cupidité humaine, c'est assurément celle qui s'ouvrit après le premier retour en Espagne de Christophe Colomb et de ses compagnons, et lorsque ceux-ci apprirent aux Européens que la prestigieuse terre par eux découverte produisait de l'or. Ce fut ce cri : « de l'or! de l'or! » qui enfiévra tous les aventuriers dont le vieux monde était plein, et Dieu sait ce que cette fièvre devait coûter de tortures et de larmes aux malheureux Indiens. Quelque idée qu'on puisse se faire de la barbarie des conquérants, on ne saurait que rester bien loin de la réalité. Qu'il suffise de se rappeler que, dans la seule île de Saint-Domingue, une population d'un million d'âmes fut en quelques années réduite à dix ou douze mille individus, qui d'ailleurs subissaient le plus dur esclavage, et qui furent maltraités à ce point que, moins de trente ans après la conquête, la race indigène était presque entièrement anéantie.

Un homme se trouva cependant parmi les compatriotes de ces cruels vainqueurs, pour essayer de lutter, par les seules armes de la charité, contre tant d'inhumanité.

Et si grand est l'éclat du bien, que son nom, dans la balance de Dieu et des hommes, suffit à faire contre-poids à celui des bandits, illustres un moment, qui ont déshonoré la découverte de Christophe Colomb.

Barthélemy de Las Casas, dont le père accompagnait Christophe Colomb dans ses deux premières expéditions, fit partie de la troisième, et, dès son arrivée, il résolut de consacrer sa vie à tâcher de conjurer des maux qui faisaient saigner son cœur de véritable chrétien.

Depuis l'âge de trente ans, où il fut revêtu du caractère sacerdotal, jusqu'à la fin de sa quatre-vingt-douzième année, où il s'endormit dans la mort, Las Casas ne cessa d'être fidèle à sa première et sainte détermination.

Les Indiens, dont il avait fermement, héroïquement embrassé la cause, trouvèrent en lui l'ami, le protecteur de tous les instants, de toutes les circonstances.

Maintes fois il traversa les mers pour aller soit implorer la cour en leur faveur, soit détruire les indignes accusations que formulaient contre lui, contre son œuvre, les avides aventuriers que gênait sa charitable présence entre eux et leurs victimes. Maintes fois il eut à combattre contre les ministres eux-mêmes du Dieu de paix et de fraternité, qui saisis, eux aussi, de la fièvre de l'or, n'avaient pas craint de proclamer que les Indiens pouvaient être asservis comme appartenant à la *nature esclave*.

La lutte que dut soutenir le généreux apôtre fut en plus d'un cas aussi dangereuse que difficile ; mais son âme, ouverte à toutes les compassions, était à l'abri de toutes les craintes. Il allait droit, confiant dans sa voie.

Pendant plusieurs années, remarquons-le, ç'avait été en quelque sorte sous la sauvegarde de son inspiration

4.

personnelle qu'il avait agi, qu'il avait disputé aux barbares envahisseurs le sang et la vie des vaincus... Mais, une fois, au retour de l'un de ses voyages en Europe, il revint souverainement investi du beau titre de *Protecteur universel des Indiens*.

Nous n'avons pas l'intention de suivre Las Casas dans tous les actes de sa longue carrière, car ce serait retrouver à chaque pas la même ardeur de dévouement, la même soif de justice, la même foi en la sainteté de son œuvre. Qu'il suffise de dire que, arrivé près du terme de sa carrière, et presque au lendemain du jour où il avait dû aller de nouveau détruire au pied du trône espagnol les nombreuses accusations qu'on ne cessait de porter contre lui, le digne vieillard eut enfin la joie de voir solennellement aboli pour toujours l'esclavage de ces Indiens, qui tous l'appelaient leur bon père.

Quand le repos lui fut permis, il n'en profita que pour élever aux malheureux peuples dont il n'avait pu que trop imparfaitement empêcher la destruction, un monument dans la mémoire des hommes, et il écrivit l'*Histoire générale des Indes*, ouvrage considérable aussi bien par la multiplicité et le choix judicieux des documents qui en sont la base, que par l'esprit qui en dirigea la conception.

✶

Ambroise Paré, qui peut être appelé le véritable rénovateur de la chirurgie, jouait un jour, étant enfant, avec des enfants de son âge. Un d'eux, en faisant une chute, se blessa grièvement à la tête et perdit même connaissance. Ses camarades, effrayés à la vue du sang et de l'immobilité de cet enfant, eurent l'impardonnable faiblesse de prendre la fuite. Le petit Ambroise seul, à la fois plus courageux et plus compatissant, resta près de lui, lava sa plaie, la banda avec son mouchoir, puis chargea sur ses épaules le blessé, qu'il transporta chez ses parents.

Un chirurgien, qui entendit parler de cette présence d'esprit et de cette précoce fermeté de cœur, et à qui l'on apprit d'ailleurs que l'enfant montrait des dispositions pour l'étude, le prit chez lui et en fit une sorte d'aide, pour ne pas dire de domestique. Mais Ambroise Paré était de ces êtres qui semblent destinés à devoir tout à leurs propres efforts. La route fut rude et difficile pour lui, qui n'y marchait qu'en découvrant de plus en plus l'inutile barbarie des méthodes établies jusque-là et en s'efforçant de faire prévaloir un système plus rationnel et plus humain.

Pour donner une idée de ce qui se pratiquait alors, il suffira de dire, par exemple, que pour arrêter ou prévenir les hémorrhagies après une amputation, les chirurgiens ne connaissaient d'autre moyen que de plonger le membre amputé dans l'huile bouillante; aussi, bien des malades préféraient-ils mourir plutôt que se soumettre à cette méthode cruelle

A ses débuts, Ambroise Paré dut tout naturellement suivre plus d'une fois encore les procédés admis. Ce ne fut pas d'ailleurs sans quelque hésitation, motivée par la crainte de se tromper au préjudice des malades, qu'il arriva enfin à supprimer ces tortures jusque-là reconnues souverainement efficaces.

« Mon huile me manqua un jour, — dit-il dans le récit de son voyage en Italie à la suite de l'armée française, — et je fus contraint d'appliquer en son lieu une préparation faite de jaune d'œuf et de térébenthine. La nuit je ne pus dormir à mon aise, craignant, par faute d'avoir cautérisé, de trouver morts les blessés à qui j'avais failli à faire ce qu'on faisait d'ordinaire. Au grand matin donc, je me levai et les allai visiter, et contre mon espérance, trouvai ceux auxquels j'avais mis le digestif sentir peu de douleur, et leurs plaies sans inflammation ni rougeur, ayant assez bien reposé la nuit, tandis que les autres, à qui avait été appliquée l'huile bouillante, je les trouvai tout pleins de fièvre, et ayant grande douleur et tumeur aux environs de leurs plaies. Alors je délibérai de ne jamais plus brûler aussi cruellement les pauvres blessés. »

Quand la peste éclata dans Paris, la famille royale se réfugia à Lyon ; mais Paré, quoique attaché par son titre à la maison du souverain, demeura sur le périlleux théâtre de l'épidémie. Il s'exposa à tous les dangers, et plusieurs fois se crut lui-même atteint de la terrible maladie.

On dit que l'armée, un jour, découragée au plus fort d'une campagne meurtrière, fut soudain rendue à l'ardeur, au courage par la seule arrivée de Paré, en qui les soldats avaient une telle confiance, qu'ils disaient : « Maintenant que notre bon père est avec nous, nous n'avons plus peur de mourir. »

Lorsque, en 1553, la ville d'Hesdin, dont les soldats de Charles-Quint avaient fait le siége, fut obligée de se rendre après une magnifique résistance, Paré, qui était dans la place, se trouva au nombre des captifs.

Barbares et surtout cupides, les Espagnols maltraitaient, massacraient même les pauvres soldats, et exigeaient du roi de France de fortes rançons pour les prisonniers de distinction. Ambroise, avec la modestie de l'homme du plus grand mérite, ne croyant pas valoir un sacrifice pécuniaire, s'était tout simplement recouvert des habits de soldat.

Mais bientôt la vie d'un de ses compagnons est en danger ; il le traite, il le sauve... Cette cure merveilleuse fait tant de bruit qu'on découvre qui il est. Le chirurgien de Charles-Quint veut alors se l'attacher, mais Paré refuse. Le duc de Savoie le fait venir, et cherche à le gagner par d'éblouissantes promesses : il répond avec fermeté qu'il ne veut servir d'autre pays que le sien. Le duc ordonne de l'envoyer aux galères. On l'y menait, quand un officier allemand, blessé et abandonné de ses chirurgiens, réclame ses soins. L'humanité commande ; Paré obéit. Son obligé, rendu à la vie, négocia sa liberté et l'obtint.

Paré avait une idée si haute de la généreuse mission de son art, qu'il disait que « les dieux devaient l'avoir enseigné ou pratiqué eux-mêmes ».

« Je le pansai et Dieu le guérit, » était la devise aussi humble que noble de ce grand homme de bien, qui ne dut pourtant qu'à la protection, malheureusement intéressée, du roi Charles IX, d'échapper au massacre de la Saint-Barthélemy, auquel le vouaient ses croyances protestantes.

*

Le grand Condé ne croyait jamais acheter trop cher une victoire. Le sang des soldats lui importait assez peu, pourvu que ses desseins triomphassent.

Turenne, au contraire, répétait, quand la mort moissonnait dans les rangs de son armée : « Et dire qu'il faut près de trente ans pour faire le soldat qu'un boulet renverse si vite! »

Du reste, Montesquieu a dit : « La vie de Turenne fut un hymne à la louange de l'humanité. »

*

La promenade était l'unique distraction que prît Fénelon dans son diocèse de Cambrai. Quand il rencontrait sur son chemin quelques paysans, il s'asseyait quelquefois sur l'herbe auprès d'eux, les interrogeait sur l'état de leur famille, leur donnait des avis pour régler leur petit ménage et pour mener une vie chrétienne. Il entrait chez eux pour leur parler de Dieu et les consoler dans leurs misères. Il rencontra un jour un pauvre villageois presque au désespoir. Il alla à lui et lui demanda avec bonté la cause de son chagrin.

« Ah! mon bon seigneur, s'écrie le paysan, je suis le plus malheureux des hommes. J'avais une vache qui était ma ressource et celle de ma famille, je ne la retrouve plus; je l'avais laissée dans ce pâturage, elle a disparu. Qu'est-elle devenue? et que vais-je devenir?

— Je la chercherai avec vous, mon cher enfant, lui dit l'archevêque; j'espère que Dieu bénira nos soins et nos recherches. Examinons d'abord par où elle aura pu s'échapper; découvrons quelques-unes de ses traces, et, encore une fois, confions-nous en la Providence, qui ne demande qu'à seconder nos efforts. »

Aussitôt il part avec le paysan, court avec lui tout le jour, et ne revient qu'après avoir retrouvé et ramené dans son étable la vache qu'on avait crue perdue.

(*Vie de Fenelon*, par l'abbé de Fénelon, son petit-neveu.)

On ajoute que le paysan, dans l'élan de sa reconnaissance, dit ensuite à Fénelon : « Ah ! monseigneur, il faut que vous soyez un saint pour avoir su ainsi trouver ma vache ! » Mais, comme l'a remarqué M. Saint-Marc Girardin, ce n'était pas pour l'avoir trouvée qu'il était un saint, c'était pour l'avoir cherchée

*

Un soir, un corps français, commandé par Championnet, vint, après une longue étape, camper près de Francfort. A la vue d'une vaste plaine couverte de riches moissons, Championnet s'arrête, et, les larmes aux yeux, en songeant à la désolation que ses troupes peuvent causer dans cette féconde contrée :

« Mes amis, dit-il aux officiers de son état-major, ne restons pas ici : ne détruisons pas l'espoir de tant de braves gens. Faites prévenir les soldats; je suis assuré qu'aucuns ne murmureront quand ils sauront que la nouvelle marche qui leur est imposée a pour motif de ne pas ruiner deux ou trois cents familles à la veille de recueillir les fruits de leurs longs et pénibles travaux. »

Les régiments, à qui l'observation du général fut transmise, en même temps que l'ordre de continuer la route, se remirent gaiement en marche, malgré la fatigue.

✱

Après la prise du comté de Nice par les Français, au temps de la République, quelques contrebandiers piémontais avaient surpris et égorgé plusieurs courriers. Deux de ces assassins sont amenés chez le général d'Anselme. Un attroupement séditieux entoure la maison ; le peuple veut faire justice lui-même.

Un boucher, son coutelas à la main, était en tête de la troupe furieuse. Le général va au-devant de cet homme qui, brandissant son arme, criait, les yeux étincelants, qu'il voulait les traîtres pour les saigner, les hacher...

« Tu demandes du sang, lui dit le général, tu es cruel. Eh bien ! soit. Je te nomme bourreau de l'armée. »

A ces mots, le boucher perd contenance, pâlit, se trouble, et enfin se dérobe dans la foule.

L'attroupement se dissipa, et les prisonniers furent rendus à la justice régulière.

✱

Vers la même époque, une femme émigrée s'était retirée avec son enfant à Augsbourg : elle croyait que jamais les Français ne viendraient l'y trouver. A leur approche imprévue, cette mère effrayée ne songe qu'à sauver son enfant ; elle le prend dans ses bras ; c'est la seule richesse qu'elle emporte. Dans son désordre, elle se trompe de route, et, au lieu de se rendre au camp des Autrichiens, elle tombe dans les avant-postes de l'armée française. En reconnaissant son erreur, elle s'évanouit. Les soins et l'humanité des soldats français ne purent parvenir à la rassurer. Le général Lecourbe, fortement ému, lui donne une sauvegarde, et la fait reconduire dans la ville où elle voulait se retirer.

Malheureusement elle fut séparée de son enfant. Un grenadier l'avait recueilli ; il s'informa du lieu où l'on avait conduit la mère. Ne pouvant tout de suite lui rende ce dépôt précieux, il fit faire un sac de cuir, dans lequel il portait toujours l'enfant devant lui. On l'en plaisanta ; il se battit et n'abandonna pas l'enfant. Toutes les fois qu'il fallait combattre l'ennemi, il faisait un trou en terre, y déposait son nourrisson, et après la bataille venait l'y reprendre. Enfin on conclut un armistice; le grenadier fit une collecte parmi ses camarades ; elle rapporta vingt-cinq louis.

Les attacha, bien enveloppés, au cou de l'enfant, et alla le rendre à sa mère. La joie pensa coûter la vie à cette pauvre femme, comme la frayeur avait failli la lui ravir. Elle se ranima enfin pour combler de bénédictions le sauveur de son fils.

*

A la bataille de Waterloo, un porte-enseigne écossais, ayant été blessé mortellement, tomba dans un fossé. Un de ses camarades, n'apercevant plus de drapeau, alla droit au fossé où il avait vu tomber l'enseigne; pendant ce temps, la vieille garde chargeait avec vigueur. L'Écossais fit de vains efforts pour arracher le drapeau des mains du soldat blessé, et, voyant qu'il n'en pouvait venir à bout, il prit son camarade sur ses épaules, emportant de cette manière l'homme et l'enseigne. La garde, qui chargeait les Écossais, témoin de cette belle action, s'arrêta tout à coup, en criant : « Bravo!... bravo!... l'Écossais!.. » et elle ne continua sa charge que lorsque ce digne soldat eut rejoint sa compagnie.

Pendant la retraite qui suivit cette désastreuse bataille, deux compagnies d'artillerie à pied de la garde s'arrêtèrent, sous les ordres d'un de leurs chefs, près de Soissons, dans un village écarté de la route. Afin qu'il fût pourvu sans confusion à la nourriture du détachement, le maire fut appelé, et reçut l'ordre de faire les distributions accoutumées. En un moment tout le pain nécessaire fut rassemblé, chacun des habitants en ayant donné sa part. Quant à la viande, le maire ordonna que celui qui devait fournir une vache pour la distribution fût désigné par le sort. Le sort tomba sur une pauvre femme, vieille et infirme, qui se traîna, appuyée sur son bâton, jusque devant le front du détachement, pour faire des représentations au maire.

« Cette vache qu'on veut m'ôter, s'écria-t-elle, est tout mon avoir; depuis longtemps elle me connaît; c'est en même temps mon pain et ma compagne : si vous la tuez, il ne me reste plus qu'à mourir avec elle. »

Le maire resta inflexible; et déjà la hache était levée sur le front de l'animal, lorsque les canonniers s'écrièrent d'une commune voix :

« Bah ! nous ferons maigre. Supposons que c'est aujourd'hui vendredi. »

On rendit la vache à la vieille paysanne, qui la reconduisit dans sa cabane en versant des pleurs de joie et de reconnaissance.

*

C'était en 1855, pendant la campagne de Crimée. Le soir de la terrible bataille d'Inkermann, où le terrain, longtemps disputé, fut pris et repris plusieurs fois, deux soldats étaient restés gisants côte à côte dans la boue sanglante; l'un Français, l'autre Russe. Le Français, mortellement blessé, avait la poitrine traversée d'une balle; l'autre une cuisse brisée. Peut-être s'étaient-ils frappés mutuellement. La nuit venue, il faisait froid. Les deux blessés se rapprochèrent, se donnèrent la main, et, Dieu sait en quelle langue! échangèrent de bonnes paroles et de bons sentiments. Bientôt le soldat russe, grelottant sous les étreintes d'une fièvre ardente, et n'ayant d'autre habit qu'une mince tunique en toile, tomba dans un assoupissement profond, qui pouvait lui devenir mortel. Lorsque, au matin, il ouvrit les yeux, lorsqu'il commença à reprendre connaissance de lui-même, il fut tout étonné de se trouver soigneusement enveloppé dans une chaude capote militaire. C'était une capote française. Son camarade de lit, se sentant mourir, avait eu la force, — celle que donne la bonté du cœur, — d'ôter ce vêtement bientôt inutile pour lui, et d'en revêtir l'ami improvisé que lui avait fait leur commune infortune; puis, la conscience en repos, il s'était endormi du sommeil éternel.

Le blessé russe fut recueilli plus tard; il guérit. Mais, estropié par une telle blessure, on le renvoya dans son village. Ce brave homme avait rapporté un bouton de la capote française qui lui avait conservé la chaleur et la vie. Chaque jour, quelque temps qu'il fît, et avant toute chose, il se traînait, de sa jambe boiteuse, jusqu'à la petite église aux cinq coupoles, présentait ce cher bouton à une sainte image, et priait pour son sauveur.

★

« Il n'y a de méchant que l'homme qui n'a point d'égard pour la vieillesse, la faiblesse et le malheur, » disait le professeur Parini. Et il employait tout l'ascendant qu'il avait sur ses élèves à les rendre respectueux envers les vieillards. Un jour, il s'était irrité contre l'un d'eux qui avait commis quelque faute grave. Peu après il le rencontra dans une rue occupé à relever un vieux mendiant que de mauvais sujets venaient de heurter et de faire tomber brutalement. Parini commença par venir en aide à son élève, puis l'embrassant affectueusement : « Il y a une heure, lui dit-il, je te croyais méchant; mais à présent que j'ai vu ta piété envers cet infortuné, je te crois capable de toutes les vertus. »

Silvio Pellico.

CHAPITRE IV

MODESTIE — HUMILITÉ

La modestie est au mérite ce que les ombres sont aux figures; elle lui donne de la force et du relief.
LA BRUYERE.

Baissez-vous un peu pour traverser le monde, et vous vous épargnerez plus d'un rude choc.
FRANKLIN.

C'est à nos actions de parler pour nous : il est plus beau de mériter des louanges et des récompenses sans les recevoir que de les recevoir sans en être digne.
BAYARD.

Assieds-toi à ta place, on ne te fera pas lever.
CERVANTES.

*

Les ennemis d'Epaminondas, le fameux général thébain, voulant l'humilier, le firent élire *téléarque*, emploi dont les fonctions consistaient principalement à surveiller le nettoyage des rues. Il n'en fut nullement blessé, et portant dans l'exercice de cette charge toute sa dignité, il sut montrer que la place ne saurait dégrader l'homme, tandis que l'homme peut relever la place.

*

Agésilas, un des plus vertueux rois lacédémoniens, voyant s'approcher l'heure suprême, recommanda qu'on ne fît de lui aucune statue ni portrait : « Si j'ai accompli, dit-il, quelques actions méritoires, ce seront les monuments de ma gloire ; mais si je n'ai rien fait de remarquable, les portraits et les statues ne sauraient rendre ma mémoire illustre. »

*

On sait que Virgile, après avoir consacré sept années à composer cette *Énéide* qui, depuis plus de dix-huit siècles, est encore considérée comme une des merveilles de l'esprit humain, ordonna, en mourant, de brûler le manuscrit de son poème, qu'il regardait comme indigne de voir le jour.

Les amis et légataires du poëte se bornèrent à retrancher quelques vers imparfaits, et l'*Énéide* fut conservée à la postérité, qui s'est montrée beaucoup moins sévère pour elle que son trop modeste auteur.

*

On demandait au célèbre docteur musulman Gazalède de quelle méthode il s'était servi pour arriver à l'immense savoir qu'il avait acquis.

« C'est, répondit-il, en ne rougissant jamais de demander ce que je ne savais pas. »

*

Plutarque s'était annoncé de bonne heure par ses talents ; et quoique jeune, il fut député avec un autre citoyen vers le proconsul, pour quelque affaire importante. Son collègue étant demeuré en chemin, il acheva seul le voyage, et remplit ce que portait leur commission. A son retour, comme il se disposait à en rendre compte, son père, ainsi qu'il nous l'apprend, lui donna cette sage leçon :

« Mon fils, dans le rapport que vous allez faire, gardez-vous de dire : *Je suis allé, j'ai parlé, j'ai fait* ; mais dites toujours : *Nous sommes allés, nous avons parlé, nous avons fait*, en associant votre collègue à toutes vos actions, afin que la moitié du succès soit attribuée à celui que la patrie a honoré de la moitié de la commission, et que par ce moyen vous écartiez de vous l'envie qui suit presque toujours la gloire d'avoir réussi. »

*

M. Camus, évêque de Belley, prêchant un jour à Annecy devant saint François de Sales, se laisse aller à le louer. Cet éloge blessa au vif celui qui en était l'objet, tellement qu'au retour il en reprit sévèrement le prédicateur : « Vous alliez si bien, lui dit-il, vous marchiez si droit! Qu'est-ce qui a pu vous faire faire ce faux pas? vous avez tout gâté. Ne savez-vous pas qu'on ne doit louer les hommes qu'après leur mort? Certes, si vous avez dit cela pour me couvrir de confusion, vous avez trouvé le vrai moyen. Epargnez du moins vos amis. »

*

Un jeune homme, dans un accès de familière indiscrétion, s'avisa un jour de demander à Turenne comment il avait perdu les batailles de Mariendal et de Rethel :

« Eh! mon Dieu, répondit simplement le grand capitaine, par ma faute. »

Le même Turenne, le soir du jour où il remporta la célèbre bataille des Dunes, écrivit à sa sœur ce billet dont le contenu ne laisserait guère supposer l'importance de l'événement qu'il annonce :

« Les ennemis sont venus à nous : ils ont été battus. Dieu en soit loué! J'ai un peu fatigué dans la journée. Je vous donne le bonsoir, et je vais me mettre au lit. »

Un jour qu'il était au spectacle, Turenne s'était placé sur le devant d'une première loge. Deux jeunes gens du prétendu bon ton entrèrent un moment après dans cette même loge, et s'imaginant sans doute que la figure du vicomte ne pouvait que déparer le spectacle, lui proposèrent de leur céder le premier banc. Turenne ne jugeant pas à propos de pousser la complaisance aussi loin, resta tranquillement à sa place. L'un deux, pour se venger de ce refus, eut l'insolence de jeter sur le théâtre le chapeau et les gants que Turenne avait posés sur le bord de la loge. Cette impertinence excita dans le parterre des clameurs d'indignation auxquelles ces jeunes étourdis ne comprirent rien d'abord ; mais un jeune homme de qualité qui était sur le théâtre, ayant ramassé le chapeau et les gants de Turenne, les lui remit avec cette politesse et ce respect qui sont dus au vrai mérite. Confus alors de leur sottise, nos étourdis voulurent se sauver; mais le vicomte les retint et leur dit avec beaucoup de douceur : « Restez, restez, en nous arrangeant, il y aura assez de place pour nous tous. »

Une autre fois, se promenant seul sur les boulevards de Paris, sans suite et sans aucune marque de distinction, il passa près d'une compagnie d'artisans qui s'amusaient à jouer aux boules. Une contestation s'étant élevée entre eux au sujet d'un coup qui paraissait difficile à décider, ils appelèrent sans façon M. de Turenne, et lui demandèrent de juger le coup. Le général mesura avec sa canne les distances, et jugea en faveur de l'un des joueurs. Celui qu'il avait condamné se fâcha, lui dit même quelques injures. Turenne, sans faire paraître la moindre émotion, et croyant avoir pu se tromper, se mettait bonnement en devoir de mesurer une seconde fois, lorsqu'il fut abordé par quelques officiers qui le cherchaient. Son nom, prononcé par eux, ouvrit les yeux aux joueurs; l'artisan qui l'avait injurié se jeta à ses genoux pour lui demander pardon.

« Mon ami, lui dit simplement Turenne, vous avez eu tort de croire que je voulusse vous tromper. »

M. de Turenne, en veste courte du matin, prenait un jour le frais à sa fenêtre, les deux coudes appuyés sur la balustrade. Il ne songeait pas à mal assurément, quand un coup franchement appliqué par une main solide et bien ouverte sur la partie de sa personne qui, de l'intérieur, était la seule bien en vue pour les arrivants, le tira brusquement de son repos.

Se retournant à ce si vif appel, il se trouva en présence d'un de ses domestiques dont la figure, en reconnaissant son maître, prit une expression de désespoir si comique qu'il ne put se retenir d'en rire.

« Ah! monsieur, disait le domestique; ah! monsieur, je croyais bien que c'était Joseph....

— Quand même c'eût été Joseph, lui répondit Turenne, il n'eût pas fallu frapper si fort. »

*

La Fontaine avait la manie de composer des pièces de théâtre, genre d'ouvrage où il ne réussit jamais que médiocrement. Un soir qu'on donnait un opéra de lui, il était placé dans une loge derrière des dames qui ne le connaissaient pas. Pendant que les acteurs jouaient, La Fontaine ne se lassait pas de répéter à quelqu'un qui était avec lui : « Pièce détestable, vers insipides!... » à ce point que les dames qui étaient devant lui, ennuyées de l'entendre, le prièrent de se taire, en affirmant que la pièce était d'un homme de beaucoup d'esprit, qui ne pouvait pas s'être trompé aussi grossièrement qu'il semblait le vouloir dire, que c'était M. de La Fontaine.

« Eh! mesdames, répliqua le poète, La Fontaine tant qu'il vous plaira, mais ce La Fontaine, en ce cas, n'est qu'un stupide, et c'est lui qui vous le dit. »

*

Gassendi, l'un des savants les plus justement renommés de son temps, étant parti de France pour voyager dans le midi de la France, fit dans le coche la rencontre et la connaissance d'un conseiller nommé Maridal, qui, touché de l'aménité et de l'esprit agréable de son compagnon, s'arrangea de façon à ne se séparer de lui que le plus tard possible. Les voyages en ce temps étaient lents, on couchait, on séjournait en route. Nos deux voyageurs allèrent ensemble à Lyon, à Grenoble. Gassendi, qui ne tenait pas à se nommer, s'était contenté de décliner à M. Maridal sa qualité de prévôt de l'église de Digne, dont il venait d'être revêtu.

Pendant qu'ils étaient à Grenoble, M. Maridal se trouva avec un de ses amis qui lui dit qu'il allait rendre visite à un grand philosophe, à un illustre savant qui venait d'arriver dans la ville, et qu'on appelait Gassendi. A ce nom, M. Maridal de protester qu'il a beaucoup entendu parler de Gassendi, de requérir de son ami la faveur de l'accompagner.

L'ami accepte, lui fait reprendre le chemin de son auberge, et le mène droit au prévôt de l'église de Digne.

Dieu sait l'ébahissement de M. Maridal, ébahissement dont Gassendi s'amusa beaucoup, et d'autant plus que M. Maridal refusait obstinément d'admettre qu'un aussi grand homme pût être si modeste que de rester plusieurs jours sans se targuer de sa renommée.

★

Charles Rollin, qui, un des premiers, donna en français une bonne histoire des peuples anciens, était fils d'un coutelier, et son père, qui le destinait à sa profession, l'avait fait recevoir maître coutelier fort jeune. Elevé aux premières places de l'Université et accueilli chez les grands, il eut toujours assez d'estime de lui-même pour ne pas rougir de son extraction ; et c'était en cette seule occasion qu'il se permettait un peu d'orgueil. Etant un jour à dîner dans une grande maison avec le P. de Poulouzat, de l'Oratoire, on pria celui-ci de découper une pièce de gibier. Rollin, voyant que le couteau servait mal à découper, lui dit :

« Mon père, prenez le mien, il vaut mieux ; je n'y connais, je suis fils de maître. »

*

Lhomond, le célèbre abbé Lhomond, dont les livres d'éducation ont élevé plusieurs générations, était d'une modestie si grande qu'en dépit de son haut mérite universellement reconnu, il ne voulut jamais accepter de faire des classes autres que celles des commençants.

*

Le général Bernadotte, qui, sous l'Empire, devint roi de Suède, avait été envoyé à Vienne, comme ambassadeur de la République française. On se rappela à la cour qu'il avait commencé sa carrière militaire comme simple soldat, dans le régiment de M. de Béthizy, alors émigré en Autriche. Un jour, croyant sans doute l'humilier, le ministre baron de Thugut, au milieu d'une nombreuse et brillante réunion, lui dit : « Monsieur l'ambassadeur, nous avons ici un ancien officier français qui prétend vous avoir beaucoup connu autrefois.
— Puis-je vous demander quel est cet officier?
— Il se nomme M. de Béthizy.
— Oui, je le connais parfaitement; c'était mon colonel, et j'ai eu l'honneur d'être simple soldat sous ses ordres; je le déclare, si je suis devenu quelque chose, je le dois aux bontés et surtout aux encouragements que ce brave chef a bien voulu me donner. Je regrette que ma position actuelle ne me permette pas de l'accueillir à l'hôtel de l'ambassade de France, comme je le désirerais; mais dites-lui bien, je vous prie, que Bernadotte, son ancien soldat, a toujours conservé pour lui des sentiments de respect et de reconnaissance. »
On affirme que le ministre ne poussa pas plus loin l'entretien.

*

Le général Drouot, devenu vieux et retiré à Nancy, sa ville natale, s'occupait d'études, de travaux champêtres et surtout d'œuvres charitables.

Une fois, il alla jusqu'à découdre les galons d'or de son uniforme pour assister des malheureux.

Comme un de ses neveux, chez qui il vivait, se récriait, prétendant que cet habit devait être le plus noble héritage de ses enfants :

« J'ai fait justement cela, répondit avec douceur le mple et charitable vieillard, pour que mes neveux oublient pas qu'ils sont les petits-fils d'un pauvre oulanger[1]. »

★

Lors du siège de Paris par les Allemands, en octobre 1870, Félix Sauton, caporal-fourrier au 106e régiment, avait reçu la médaille militaire. C'était la récompense de sa belle conduite au terrible combat de la Gare-aux-Bœufs, dans la matinée du 29.

Cette médaille, il ne la portait pas. Ses chefs et ses camarades le lui reprochaient amicalement.

« Que voulez-vous, leur disait-il, il me semble que je ne l'ai pas encore bien gagnée : nous verrons plus tard. »

A Buzenval, dans l'attente de l'action, un des hommes de sa compagnie, un ami, lui parlait encore de cette médaille, qu'il avait mieux que personne le droit de porter.

« Eh bien, oui, répondit Sauton, je la mettrai dimanche. »

Cinq minutes plus tard, une balle l'atteignait en pleine poitrine. Il tomba. L'ami s'étant penché sur lui :

« *Elle* est là, dit le mourant, là dans ma poche ; tu peux me *la* mettre à présent. »

★

En même temps que saint François de Sales se mettait au service de tous, il évitait autant que possible de se faire servir lui-même, jusque-là qu'il raccom-

---

1. Extrait de la *Jeunesse des hommes célèbres*, du même auteur.

modait ses habits de ses propres mains. Un jour qu'il s'occupait à cet humble travail, un gentilhomme nouvellement converti, étant entré tout à coup dans sa chambre pour lui communiquer quelque affaire, ne put lui taire son étonnement de voir un homme de son rang et de son mérite se rabaisser jusque-là.

« Je ne vois, répondit-il en souriant, aucun inconvénient à raccommoder moi-même ce que j'ai gâté moi-même. »

CHAPITRE V

AMITIÉ

Oter l'amitié de la vie, c'est ôter le soleil des cieux.
Cicéron.

Les vrais amis attendent qu'on les appelle dans la prospérité; dans l'adversité, ils se présentent d'eux-mêmes.
Démétrius de Phalère.

Entre amis, tout doit être commun, surtout les amis.
Théophraste.

Qu'un ami véritable est une douce chose !
Il cherche vos besoins au fond de votre cœur ;
    Il vous épargne la pudeur
    De les lui découvrir vous-même.
Un songe, un rien, tout lui fait peur,
    Quand il s'agit de ce qu'il aime.
La Fontaine.

Nous croyons qu'il serait difficile de trouver, même dans les plus éloquents des moralistes anciens, une définition du noble sentiment de l'amitié aussi humainement complète que celle que nous a laissée le philosophe français Montaigne, dans le chapitre de son livre où il parle de son ami défunt, la Boétie.

« Ce que nous appelons ordinairement amis et amitié, dit-il en son vieux et pittoresque langage, — que nous nous hasardons à *moderniser* quelque peu, en vue de ceux de nos jeunes lecteurs à qui les formes de cette vénérable diction pourraient être insolites, — ce que nous appelons ordinairement amis et amitié, ce ne sont qu'accoutumance et familiarité nouées par quelque occasion ou commodité, par le moyen de laquelle nos âmes s'entretiennent. En l'amitié dont je parle, elles se mêlent et confondent l'une et l'autre d'un mélange si universel qu'elles effacent et ne retrouvent plus la *couture* qui les a jointes... Si on me presse de dire pourquoi j'aimais la Boétie, je sens que cela ne se peut exprimer qu'en répondant : « Parce que c'était lui, parce que c'était moi... » Si en l'amitié dont je parle l'un pouvait donner à l'autre, ce serait celui qui recevrait qui obligerait son compagnon, car cherchant l'un et l'autre, avant toute chose, l'occasion de s'entrefaire du bien, celui qui en prête le motif est celui-là qui est le libéral, puisqu'il donne à son ami le contentement d'effectuer ce que son ami désire le plus.

« L'ancien poëte Ménandre disait heureux celui-là qui avait pu rencontrer seulement l'ombre d'un ami; il avait certes raison... car, à la vérité, si je compare tout le reste de ma vie, — quoique, avec la grâce de Dieu, je l'aie passée douce, aisée et, sauf la perte d'un tel ami, exempte d'affliction pesante, — si je la compare, dis-je, aux quatre années qu'il m'a été donné de jouir de la douce compagnie et société de la Boétie, ce n'est que fumée, ce n'est que nuit obscure et ennuyeuse.

Depuis le jour que je le perdis, je ne fais que traîner languissant, et les plaisirs mêmes qui s'offrent à moi, au lieu de me consoler, redoublent le regret de sa perte. Nous étions à moitié de tout : il me semble que je lui dérobe sa part. J'étais si accoutumé à être deuxième en tout qu'il me semble n'être plus qu'à demi. »

Après avoir fait le tableau de l'amitié en général, et de sa liaison avec la Boétie en particulier, Montaigne extrait des anciens auteurs quelques exemples marquants d'amitié. Ainsi il rapporte, d'après Diogène Laërce, que, lorsque le philosophe Diogène avait besoin d'argent, il disait qu'il le redemandait, et non qu'il le demandait à ses amis, montrant par là qu'il n'avait rien à lui qui ne fût aussi à eux. Il raconte ensuite, d'après Lucien, l'histoire célèbre d'ailleurs du testament que fit Eudamidas, le Corinthien. Eudamidas, qui était pauvre, avait deux amis, Charixène et Arétée, qui étaient riches. Quand il se vit sur le point de mourir, il fit ce testament : « Je lègue à Arétée de nourrir ma mère et de l'entretenir en sa vieillesse ; à Charixène, de marier ma fille, en lui faisant la plus grosse dot qu'il pourra, et au cas où l'un des deux viendrait à mourir, je lui substitue celui qui survivra. » Ceux qui les premiers virent ce testament s'en moquèrent, mais les héritiers, en ayant été avertis, l'acceptèrent avec un véritable contentement, et, qui plus est, l'un d'eux, Charixène, étant mort quelques jours après, la substitution se trouva ouverte en faveur d'Arétée, « qui prit attentivement soin de la mère, et qui, de cinq talents qu'il avait pour fortune, en donna deux et demi pour dot à sa propre fille et deux et demi à la fille d'Eudamidas, lesquelles il maria toutes deux le même jour. »

Montaigne cite encore, sur la foi de Xénophon, la réponse que fit à Cyrus un soldat dont le cheval venait de remporter le prix aux courses. Cyrus lui ayant demandé s'il voudrait échanger cet animal contre un royaume : « Non, certes, s'écria-t-il, mais je le donnerais volontiers pour acquérir l'amitié d'un brave homme. »

✻

Un sage a dit : « Celui qui est incapable d'amitié tient plus de la bête que de l'homme. »

Aristote a dit : « Un ami est une âme qui vit dans deux corps. »

Un illustre moderne a dit : « Les méchants n'ont que des complices, les politiques des associés dans les factions, les princes ont des courtisans ; les hommes vertueux sont les seuls qui aient des amis. »

✻

Entre bien des causes qui peuvent nous empêcher d'avoir un ami, l'une des principales est de rechercher un trop grand nombre d'amis.

SÉNÈQUE.

✻

Dans une république, on tient plus de compte de celui qui a des frères. Deux frères en désaccord sont comme les deux mains qui se gêneraient l'une l'autre, quoique la nature les ait faites pour s'entr'aider, ou comme les deux pieds qui chercheraient à s'embarrasser réciproquement. Deux frères ont été créés par la nature pour l'avantage de tous deux et plus efficacement que les deux pieds et les deux mains, qui ne peuvent se séparer par un long intervalle, ni s'appliquer à des objets éloignés de nous ; plus efficacement encore que les deux yeux, qui sont incapables de voir à la fois devant et derrière, tandis que les deux frères peuvent se servir à une grande distance l'un de l'autre.

SOCRATE.

✻

L'amitié entre les frères a quelquefois je ne sais quoi de brusque et de rude, d'emporté, d'incivil. Mais l'amitié entre le frère et la sœur est une concordance mutuelle de faiblesse et de protection, de grâce et de vigueur, de confiance et de franchise. J'ai souvent remarqué que, dans les familles où il y avait un frère et plusieurs sœurs, celui-ci était, sans contredit, plus doux, plus honnête et plus poli que les enfants des familles où il n'y avait que des garçons; et que, dans celles où il y avait une sœur et plusieurs frères, la sœur avait plus d'instruction, plus de force dans le caractère, que dans une famille où il n'y avait que des filles.

BERNARDIN DE SAINT-PIERRE.

✱

La Fontaine, dont nous avons déjà cité des vers exquis sur la véritable amitié, a choisi, à l'imitation de Phèdre, pour thème d'un de ses chefs-d'œuvre, une parole mémorable de Socrate, qui, un jour où on le reprenait sur l'exiguïté de la maison qu'il faisait bâtir, répliqua :

> Plût au ciel que de vrais amis,
> Telle qu'elle est, elle pût être pleine !

Et ce poète ajoute ces quelques vers dont les derniers sont passés chez nous en proverbe :

> Le bon Socrate avait raison
> De trouver pour ceux-là trop grande sa maison.
> Chacun se dit ami ; mais fou qui s'y repose :
> Rien n'est plus commun que le nom,
> Rien n'est plus rare que la chose.

Disons à notre tour : « Le bon La Fontaine a raison, » car combien de prétendues amitiés s'évanouissent si elles sont soumises à la plus légère épreuve!

✱

On rapporte qu'Alcibiade, dont le génie turbulent n'illustra Athènes qu'en la jetant dans les plus funestes aventures, voulant éprouver ses amis, eut l'idée étrange de placer dans une chambre obscure le cadavre d'un homme mort qu'il leur fit voir à tous l'un après l'autre en disant à chacun : « C'est un homme que j'ai tué; aidez-moi à dérober mon crime aux recherches de la justice. »

Tous, à la réserve de Callias, refusèrent de se charger de son dangereux secret. Ayant jugé par là qu'il n'avait de véritable ami que Callias, il découvrit son subterfuge aux autres pour leur faire honte de leur fausse amitié, et Callias devint depuis ce moment son plus intime confident, son plus cher compagnon.

Alcibiade, dans le cas dont il s'agit, comprenait l'amitié en despote qui entend qu'on le serve *per fas et nefas* aux dépens du juste et de l'honnête. Ce n'était plus de l'amitié, c'était de la complicité qu'il demandait à ses amis. Ils eurent raison de la lui refuser. On doit assistance à son ami dans le malheur, mais non dans le crime : le secours n'est pas le concours. Quant à Callias, il ne montra dans cette circonstance qu'une chose, c'est qu'il était un de ces amis dangereux, prêts à tout, qui peuvent aider indifféremment leur ami, qu'il soit digne ou indigne d'être aimé.

Cicéron l'eût désapprouvé, lui qui a dit dans son magnifique dialogue sur ce délicat sujet : « Préférez l'amitié à tous les biens, excepté à la vertu, sans laquelle l'amitié elle-même ne saurait exister. »

Valère Maxime vient à l'appui de cette opinion de Cicéron, quand il cite la réponse de Rutilius à un de ses amis qui s'étonnait qu'il lui refusât une chose injuste :

« Qu'ai-je besoin de ton amitié, si tu ne consens pas à ce que je te demande? s'écrie l'ami indigné.

— Et moi, réplique Rutilius, qu'ai-je besoin de la tienne, s'il faut que pour toi je fasse une action contraire à l'honneur? »

*

Un des exemples d'amitié les plus fameux que nous ait laissés l'antiquité est sans contredit celui que Valère Maxime rapporte en ces termes :

« Damon et Pythias, initiés aux mystères de la philosophie pythagoricienne, s'étaient unis d'une étroite amitié. L'un d'eux, condamné injustement à mort par Denys de Syracuse, que la vertu de ces deux amis offusquait, demanda un délai pour aller dans sa famille mettre ordre à ses affaires avant de mourir; l'autre n'hésita pas à se livrer à Denys comme caution de son ami. Ainsi se trouvait hors de péril celui qui tout à l'heure avait le glaive suspendu sur sa tête, et, sous le coup fatal, celui qui pouvait vivre en pleine sécurité. Tout le monde, et principalement Denys, attendait avec curiosité l'issue d'un drame si étrange, si incertain dans son dénoûment. Le délai allait expirer sans qu'on vît le condamné reparaître, Alors chacun qualifiait de folie une caution si imprudente; mais le philosophe affirmait hautement qu'il était sans inquiétude sur la constance de son ami, à la place duquel il eût d'ailleurs été heureux de mourir. En effet, au jour et à l'heure fixés par Denys, celui-ci se présenta. Frappé d'admiration pour le caractère des deux amis, le tyran eut un bon mouvement: il lui fit grâce, et lui demanda même de vouloir bien l'associer comme un tiers dans une amitié si touchante, promettant de s'en rendre digne par un attachement sincère. »

*

On rapporte qu'Arcésilas, croyant qu'il fallait user d'adresse pour faire passer des secours à son ami Ctébisius, qui était malade, pauvre, et qui cachait sa misère, mit un sac d'argent sous son coussin, sans qu'il s'en aperçût, afin de ménager sa délicatesse, en lui faisant plutôt trouver que recevoir cet argent. « Ah! s'écria Ctébisius en découvrant l'argent, voilà un tour d'Arcésilas. »

*

Au milieu des cruelles convulsio civiles dans le sanglant tumulte desquelles périt la république romaine, quelques nobles traits de caractères se révélèrent encore. Lucilius, ami de Brutus, était avec lui à cette bataille de Philippes, où Antoine et Auguste triomphèrent du parti qui avait renversé César, dont ils poursuivaient la vengeance ou plutôt la succession.

Après la bataille, les vainqueurs cherchèrent à faire arrêter Brutus, qui était le chef le plus en crédit de la faction contraire. Leurs soldats battaient le pays pour le trouver. Ils étaient sur le point de le prendre, lorsque Lucilius se présenta à eux, au risque d'être massacré sur-le-champ, et, se donnant pour lui, se laissa entraîner et conduire devant Marc-Antoine, dans le but de fournir à Brutus le temps de s'éloigner.

Quand les soldats arrivèrent auprès du général : « Voilà, crièrent-ils, Brutus que nous vous amenons. »

Alors Lucilius, sans s'inquiéter du sort que pouvait lui attirer son sublime subterfuge : « Grâce aux dieux ! répliqua-t-il fièrement, Brutus est encore libre ! »

Cette généreuse conduite toucha Antoine. Le vieux sang romain ne put être insensible à un si mâle élan du cœur. Il embrassa Lucilius, et dit aux soldats qui l'avaient pris : « Vous pensiez m'amener un ennemi, et c'est un ami que je reçois de vous. »

*

Mais abordons des temps sinon plus cléments, au moins plus rapprochés de nous.

Le connétable de Montmorency, ayant été disgracié, se vit abandonné de tout le monde. L'amiral Chabot fut, de tous les amis du duc, le seul qui ne cessa pas de le voir.

Le roi François Ier, qu'on ne manqua pas d'en informer, fit appeler l'amiral. « Vous continuez, lui dit-il, à ce qu'on assure, de voir le connétable. Apprenez que je vous le défends.

— Sire, repartit Chabot, il a pu déplaire à Votre Majesté, et dans ce cas je sais tout ce que je dois à mon roi ; mais je ne sais pas moins bien ce que je dois à mon ami... »

Le roi, piqué, l'interrompit, en le menaçant de lui faire faire son procès.

« Vous en êtes le maître, sire, répliqua tranquillement l'amiral; je ne demande, en ce cas-là, ni injustice ni grâce. Ma conduite est pure, et un procès ne me fait pas plus trembler pour ma vie que pour mon honneur. »

Le roi fit arrêter Chabot et ordonna que son procès fût instruit.

La besogne était d'autant plus difficile qu'il n'existait nulles preuves qui eussent pu faire de l'amiral un complice du connétable. Mais faute de charges réelles, on en trouva d'imaginaires, et la commission extraordinaire rassemblée à l'effet de porter la sentence, servant ce qu'elle croyait être le sentiment du roi, condamna l'amiral à mort.

Le chancelier n'eut rien de plus pressé que de venir informer le roi de ce jugement.

François Ier était parfois susceptible d'humeur, mais rarement d'injustice.

Après avoir parcouru cette infâme et monstrueuse procédure : « Monsieur le chancelier, s'écria-t-il, je n'aurais jamais cru qu'on pût trouver dans mon royaume autant de juges dont l'iniquité fût si frappante. »

Il fit rappeler l'amiral, ordonna la révision de son procès, et lui rendit ses bonnes grâces.

✳

Châteauneuf, garde des sceaux sous Louis XIII, ayant été soupçonné de quelque intrigue contre l'État, fut arrêté. Le chevalier des Jars, que l'on savait être son ami intime, son confident, fut mis aussi à la Bastille, et l'on s'efforça de tirer de lui les secrets dont il pouvait être dépositaire, et qui devaient aider à perdre Châteauneuf. D'abord on essaya de l'éblouir par de belles promesses, mais ce moyen n'ayant pas réussi, on employa, pour le faire parler, la crainte de la mort. On lui fit son procès comme à un coupable, et les juges, à qui l'on assura qu'on lui accorderait sa grâce sur l'échafaud, le condamnèrent à mort comme complice des crimes imputés à son ami. Il fut conduit au supplice. Sa constance ne se démentit point dans ce moment solennel. Il semblait, au contraire, souffrir la mort avec satisfaction pour soutenir l'innocence de Châteauneuf. Quelques interrogations qu'on lui adressât, il gardait toujours le silence, et s'il le rompait, c'était pour attester le zèle et la fidélité de son ami. Monté sur l'échafaud et n'attendant que le coup mortel, le chevalier entend tout à coup crier : « Grâce ! grâce ! » Un juge s'approche qui, après lui avoir fait valoir la clémence du roi, l'exhorte à révéler les desseins criminels du ci-devant garde des sceaux. Mais tout en acceptant la grâce qui ne lui était que trop justement accordée, il ne crut pas devoir démentir la noble et courageuse conduite qu'il avait tenue jusque-là. « Vous prétendez tirer avantage de la crainte que la mort peut m'avoir causée, dit-il, mais connaissez mieux vos gens. Je suis aussi maître de moi-même qu'en aucun moment de ma vie, et j'affirme de nouveau que M. de Châteauneuf est un fort honnête homme, qui a toujours bien servi le roi. »

L'historien qui rapporte ce trait remarque, non sans raison, que Richelieu, auteur de la disgrâce de Châteauneuf, eût sans doute, au milieu de sa fortune, souhaité d'avoir un pareil ami.

*

Sous le ministère ou plutôt sous le règne du même cardinal de Richelieu, un gentilhomme nommé Deshayes de Courmenin ayant été arrêté, son père, qui était gouverneur de Montargis, se rendit au Pont-Saint-Esprit, où la cour se trouvait alors, et alla se loger chez M. de Brienne, qui se chargea de solliciter la mise en liberté du prisonnier, dont l'innocence ne faisait pas doute pour lui. M. de Brienne s'étant adressé au cardinal : « Pourquoi votre maison sert-elle d'asile à cet homme ? lui demanda sévèrement Richelieu.

— Ma maison, répondit M. de Brienne, ne peut être fermée à mon ami. Il m'eût outragé s'il en eût pris une autre, et Votre Éminence a l'âme trop grande pour ne pas approuver ma conduite. »

Le fier ministre ne trouva pas malséante cette réponse, et M. de Brienne ne fut pas inquiété davantage.

*

Freind, premier médecin de la reine d'Angleterre, assistant au parlement, en 1722, comme député du bourg de Lanceston, s'était élevé avec force contre le ministère. Cette conduite hardie, mais consciencieuse, ayant indisposé la cour, on suscita contre Freind une accusation de haute trahison, et il fut enfermé à la Tour de Londres.

Environ six mois après, le premier ministre tomba malade et envoya chercher Richard Mead, autre célèbre médecin anglais, et le plus grand ami de Freind. Après avoir minutieusement étudié la maladie de l'homme d'État, Mead lui dit qu'encore que le cas fût des plus délicats, il croyait pouvoir répondre de sa guérison, mais qu'il ne lui ordonnerait pas un verre d'eau qu'il n'eût au préalable, lui ministre tout-puissant, fait rendre la liberté à M. Freind, injustement soupçonné de haute trahison. Le ministre refusa d'abord ; mais, quelques jours plus tard, voyant sa maladie augmenter, il fit d'une part supplier le roi d'élargir le prisonnier, de l'autre rappeler auprès de lui Richard Mead. Celui-ci ne voulut toutefois commencer à traiter le ministre que lorsqu'il sut son ami rendu à sa famille. Le soir même, il porta à Freind environ cinq mille guinées qu'il avait reçues pour ses honoraires en visitant les malades de son ami pendant sa détention, et bien que ce dernier s'obstinât à refuser, il sut le contraindre à accepter ce dédommagement du tort que d'autres lui avaient fait.

✶

Au siége de la Capelle par les Français, en 1650, un Espagnol apprend que son ami a été renversé d'un coup de mousquet dans la tranchée. Il court à l'endroit où on lui a dit l'avoir vu tomber. Il le trouve mort. Son premier mouvement est de se jeter sur son corps. Il l'embrasse, il le tient quelque temps pressé contre lui.... et il tombe mort aussi, mais tué par la douleur.

L'archiduc qui commandait les troupes espagnoles voulut qu'on renfermât dans le même tombeau les deux amis; et après avoir fait transporter leur dépouille à Anvers, il leur fit élever un mausolée en marbre.

✶

En nommant tantôt La Fontaine, nous l'avons signalé comme devant pouvoir parler en quelque sorte *ex professo* de l'amitié.

Mme de la Sablière, amie du poète, lequel était à peu près incapable de veiller à quoi que ce soit qui concernât ses intérêts, l'avait retiré chez elle, où il était logé, nourri, vêtu, et de toute façon mis à l'abri du souci que cause à la généralité des hommes la préoccupation du lendemain. Elle faisait en outre publier ses ouvrages, en touchant pour lui le prix, et veillait affectueusement à tout ce qui pouvait intéresser la gloire de l'écrivain dont elle regardait les succès un peu comme les siens.

Forcée, à un certain moment, par des revers de fortune, à réduire presque du tout au tout le train de sa maison, elle ne songea pas cependant à se séparer de son cher hôte. « J'ai renvoyé tout mon monde, disait-elle alors avec la plaisante familiarité d'une âme aussi philosophiquement qu'affectueusement trempée. Je n'ai gardé que mes trois bêtes : mon chien, mon chat et mon La Fontaine. »

Mme de la Sablière étant morte, le fabuliste, désolé

par le cœur de cette perte, comprit en outre que l'asile où il avait passé tant de jours tranquilles allait lui être fermé, et il n'attendit pas que des héritiers vinssent le lui affirmer. Comme il sortait, il rencontra Mme Hervart, la femme d'un de ses amis, qui, l'apercevant : « Je venais vous prier, lui dit-elle, de venir demeurer chez nous.

— J'y allais, » répondit La Fontaine.

Et ce fut chez Mme Hervart qu'entouré des plus tendres soins, le poète finit tranquillement ses jours.

*

L'amitié entre gens de lettres ou artistes peut sembler chose bien difficile, vu les éléments de discorde qui doivent résulter des rivalités inhérentes à la vocation elle-même; et cependant l'histoire nous fournit de touchants exemples montrant que cette union des cœurs se réalise souvent dans ce monde d'ambitions et de luttes.

L'amitié de Virgile et d'Horace, les deux poètes latins, est restée célèbre. On sait que ce fut à Horace que Virgile dut d'obtenir les faveurs de Mécène, cet opulent et intelligent protecteur des arts et des artistes qui devaient illustrer le siècle auquel son nom est resté attaché avec autant de raison que celui de l'empereur Auguste. Deux des plus belles odes d'Horace furent inspirées à ce poète par l'amitié qu'il portait à Virgile.

*

Boileau et Racine furent pendant de longues années les vrais modèles des amis. L'un n'eût rien fait sans consulter l'autre : un succès ne venait pas à celui-ci sans combler de joie celui-là. On cite ce dernier trait de leur intime affection. Lorsque Racine fut persuadé que sa maladie était mortelle, il chargea son fils aîné d'écrire à M. de Cavoye, intendant de la maison du roi, pour le prier de solliciter le payement du terme de sa pension qui était échu, afin de laisser en mourant quelque argent comptant à sa famille. Le jeune homme fit la lettre et vint la lire à son père; mais celui-ci : « Pourquoi, lui dit-il, ne demandez-vous pas aussi le payement de la pension de Boileau ? Il ne faut point nous séparer. Recommencez votre lettre, et faites connaître à Boileau que j'ai été son ami jusqu'à la mort. »

Lorsqu'il fit son dernier adieu à celui-ci, il se leva sur son lit pour l'embrasser étroitement, et lui dit les yeux baignés de larmes : « Je regarde comme un bonheur pour moi de mourir avant vous. »

*

Un médecin et un littérateur, Dubreuil et Pechméja, formèrent une amitié non moins étroite. On demandait à Pechméja, l'écrivain, quel était le chiffre de son revenu : « Je n'ai que douze cents livres, répondit-il, mais Dubreuil est riche. » D'autre part, Dubreuil, étant au lit de mort, disait à son ami qui le veillait : « Pourquoi laisse-t-on entrer tant de monde dans ma chambre, puisque ma maladie est contagieuse ? il devrait n'y avoir ici que toi. »

*

La princesse de Conti, fille de Louis XIV, fort affligée de la mort de M. Dodard, son médecin, laissa voir sa douleur. Le roi, que l'habitude du rang suprême n'avait pas rendu tendre, lui dit : « Quel sens y a-t-il à pleurer de la sorte son médecin, ou plutôt son domestique ? » La princesse répliqua : « Ce n'est ni mon médecin ni mon domestique que je pleure, c'est mon ami. »

De notre temps, grâce à Dieu, pleurer son médecin, pleurer un bon serviteur, honorerait un roi tout aussi bien qu'un simple bourgeois.

*

Chamillard et Dreux étaient, sous Louis XIV, deux conseillers au parlement, que les mêmes goûts et une similitude de caractère avaient fait se lier d'une étroite amitié, bien qu'il y eût entre eux une grande inégalité de fortune.

Tous deux ayant eu, le même jour, l'un une fille, l'autre un garçon, Dreux, qui était riche, voulut que son ami s'engageât d'honneur à marier plus tard ces deux enfants.

Chamillard, alléguant sa pauvreté, représenta à Dreux qu'il ne pouvait prendre un engagement en considération duquel le fils de celui-ci serait dans le cas de manquer un parti avantageux. Mais Dreux insista jusqu'à ce qu'il eût obtenu le consentement de son ami.

Quand l'époque vint où les promesses échangées devaient être tenues, la situation respective des deux amis s'était singulièrement modifiée : pendant que Dreux était resté simple conseiller au parlement, Chamillard était devenu contrôleur général des finances, puis ministre de la guerre. Ce dernier n'en rappela pas moins à son ami l'engagement pris. Il va presque sans dire que Dreux lutta à son tour pour faire accepter à Chamillard le retrait de sa parole; mais le ministre n'y voulut point entendre, et le fils du simple conseiller épousa la fille du ministre.

*

Naguère, dans un hameau du département de la Loire, vivait un pauvre enfant infirme, que ses jambes ne pouvaient soutenir et dont les reins, sans vigueur, pliaient sous le poids de l'embonpoint extraordinaire des parties supérieures du corps. Il ne pouvait faire un pas sans être soutenu, et, s'il fût tombé, il eût été incapable de se relever. Jean Sépier était le nom de ce malheureux être qui, tout soucieux, avait eu pour ami intime Jacques Bonnavion. Nés voisins, presque à la même époque, les deux enfants s'étaient liés si tendrement que, lorsqu'ils arrivèrent ensemble à l'âge de neuf ans, cette amitié était devenue de la part de Bonnavion un acte continuel du plus admirable dévouement. C'était l'âge de l'école et du catéchisme; mais l'école et le catéchisme se faisaient au chef-lieu du canton, à plus de quatre cents mètres du domicile des deux enfants. Comment Sépier, dans l'impossibilité de marcher et dont les parents ne sont que de pauvres ouvriers, pourra-t-il acquérir l'instruction nécessaire? Son ami entreprend la rude tâche de lui en fournir le moyen.

Chaque matin il s'en va dans la maison de son ami, le charge sur son dos et s'achemine en chancelant vers l'école; mais l'infirme était d'un poids considérable, tandis que son généreux camarade était mince et fluet; après quelques pas, Bonnavion, haletant, était obligé de s'arrêter; il déposait avec précaution son fardeau animé sur le bord du chemin, reprenait haleine quelques instants, se chargeait de nouveau, faisait vingt marches entrecoupées d'autant de haltes, mais ils arrivaient toujours invariablement à l'école à l'heure précise de son ouverture.

Ce n'est pas tout. A onze heures du matin avaient lieu les exercices du catéchisme à l'église paroissiale: Bonnavion reprenait alors son fardeau; mais le catéchisme se faisait à une tribune de l'église, à laquelle on ne parvenait que par un escalier extérieur très-roide et couvert, dans la mauvaise saison, de neige et de verglas. Le courageux enfant ne reculait pas devant cette nouvelle tâche, et, à l'heure fixée, tous deux se trouvaient régulièrement à leur place, édifiant leurs camarades par leur exactitude et leur amitié. Après le catéchisme, Bonnavion, au prix des mêmes efforts, rendait Sépier à sa mère pour le dîner, puis il revenait le prendre, le reportait comme le matin à la classe du soir, et, quand la nuit arrivait, il avait toujours rendu son cher dépôt à ses parents.

Si l'on réfléchit que pendant trois années Bonnavion n'a pas manqué une seule fois cet exercice pénible, on s'étonnera de son courage, de sa constance et de sa générosité. Cette vie de dévouement ne cessa pas avec l'âge de l'école. Après leur première communion, qu'ils firent ensemble, Bonnavion, dont la mère était veuve et pauvre, dut apprendre le rude travail des mines ; il y passait ses journées pendant que son infortuné compagnon devenait de plus en plus infirme ; mais chaque jour, après avoir terminé son travail et pris à la hâte son frugal repas, Bonnavion allait trouver son ami, et, pendant que les autres ouvriers allaient se récréer, on le voyait auprès du jeune infirme, causant avec lui et l'amusant comme un enfant, le promenant dans une petite voiture qu'il avait fabriquée lui-même, plein enfin de ces mille attentions et de ces prévenances qu'on ne peut attendre que d'une mère.

Quand l'état de Sépier devint tel qu'il ne quittait plus le lit, c'était Bonnavion qui allait le lever, et le malade ne trouvait sa couche bonne que quand la main de son ami l'avait arrangée. Cela dura encore huit années : à ce moment de la jeunesse où Bonnavion eût pu, comme beaucoup de ses camarades, donner aux dissipations ou aux plaisirs les heures qu'il consacrait toutes à son œuvre d'amitié, Sépier terminait sa douloureuse existence dans les bras de son ami[1].

1. Trait cité par MM. Delessert et de Gérando dans *les Bons Exemples*.

CHAPITRE VI

COURAGE — INTRÉPIDITÉ — FERMETÉ D'AME

Le parfait courage consiste à faire sans témoins ce qu'on serait capable de faire devant tout le monde.
LA ROCHEFOUCAULD.

Le courage est la force des faibles.
FÉNELON.

*

Les Étrusques, — raconte Tite-Live, — après un avantage obtenu sur les Romains, allaient les poursuivre jusque dans la ville, qu'ils eussent certainement livrée au pillage. Ils se précipitaient déjà vers le pont de bois; mais Horatius Coclès se poste à l'entrée du pont, et soutient à lui seul avec une prodigieuse intrépidité tout l'effort des ennemis. En combattant, il commande à ses concitoyens de faire en hâte tomber le pont derrière lui. Quand le fracas de la chute du pont se mêla au cri de joie des Romains : « Dieu du Tibre, s'écria alors Coclès, j'implore ton secours; que les flots protègent les armes et le guerrier qui s'élancent dans leur sein ! »

A ces mots il se précipite tout armé dans le fleuve; et à travers une grêle de traits, il arrive sans blessure à l'autre bord.

Rome ne fut point ingrate envers un si grand courage. Elle érigea une statue à ce héros, et lui donna tout le terrain qu'une charrue put enfermer en un jour dans le cercle de son sillon.

COURAGE — INTRÉPIDITÉ — FERMETÉ D'AME.

Dans le cours de la même guerre, une jeune fille fit preuve aussi d'une énergie peu commune.

Obligés de traiter avec le roi des Étrusques, les Romains avaient dû lui donner, en garantie de la convention faite, un certain nombre d'otages, parmi lesquels plusieurs jeunes filles, dont une portait le nom de Clélie.

Enfermée dans le camp des Étrusques, non loin des rives du Tibre, Clélie, ayant persuadé à ses compagnes de la suivre, trompa la vigilance des gardes, et, s'élançant dans le fleuve, ramena saine et sauve dans Rome la troupe des jeunes filles.

Le roi des Étrusques, d'abord irrité au dernier point, jura qu'il aurait une éclatante vengeance de ce manque de foi; mais le second mouvement fut tout d'admiration pour l'action de cette jeune héroïne. Il fit demander qu'elle fût remise entre ses mains, pour avoir la satisfaction de la rendre lui-même à la liberté.

On ramena en effet toutes les jeunes filles au roi, qui combla Clélie d'éloges et la renvoya en lui accordant non-seulement la liberté de ses compagnes, mais encore celle de plusieurs autres otages.

Bientôt même la paix fut faite sous les auspices de cette première négociation dont Clélie avait été l'objet, et Clélie eut, elle aussi, les honneurs d'une statue.

*

On sait de quel courage, de quelle constance, héroïque en face et au milieu des plus horribles tourments, ont preuve les martyrs chrétiens pendant les siècles de persécution. Parmi les innombrables exemples qui en sont rapportés, nous en citerons un seul, singulièrement remarquable en ce qu'il fut donné par une famille entière, une mère et ses sept fils.

La mère se nommait Félicité. Depuis la mort de son mari, qui avait occupé à Rome un rang élevé, elle vivait dans la retraite, occupée de l'éducation de ses enfants et d'exercices de piété. L'exemple de ses vertus affermissait les chrétiens et faisait à leur foi des prosélytes. Les prêtres des dieux officiels en portèrent leurs plaintes à l'empereur Marc-Aurèle. « Cette femme veuve et ses enfants, lui disaient-ils dans leur requête, attentent à votre propre vie en insultant nos dieux. » Marc-Aurèle ordonna que les coupables fussent arrêtés, et chargea Publius, préfet de Rome, d'instruire la cause.

Félicité et ses fils sont amenés devant ce magistrat. Il déploie d'abord, comme c'était l'usage, toutes les séductions du langage pour les porter à abjurer leur foi. Il a ensuite recours aux menaces. « Vos promesses ne sauraient me toucher ni vos menaces ne peuvent m'effrayer, répond Félicité. — Malheureuse! si la mort a pour vous tant de charmes, sauvez du moins la vie de vos enfants. — C'est en ne sacrifiant point aux idoles qu'ils vivront; autrement une mort éternelle les attend. »

Le lendemain, Publius, siégeant sur son tribunal, dans le champ de Mars, fait de nouveau comparaître Félicité et ses enfants. Il invite encore la mère à avoir pitié de ses fils, dont la jeunesse florissante donnait tant d'espérances à la patrie. « La compassion à laquelle vous m'exhortez, répond-elle, serait de ma part la plus horrible des cruautés. » Puis, se tournant vers ses enfants : « Regardez en haut, leur dit-elle; voyez le ciel; c'est là que le Christ vous attend avec ses saints. Restez-lui fidèles et combattez pour vos âmes. » Publius irrité la fait flageller en lui disant qu'elle est bien audacieuse de contrevenir par de tels avis aux ordres de l'empereur.

Il appelle ensuite les sept jeunes gens l'un après l'autre.

Au premier, nommé Janvier, il promet honneurs et richesses s'il veut se soumettre, et le menace des plus horribles supplices s'il s'y refuse. « Vous me conseillez une chose insensée, répond le jeune homme. Que la sagesse de mon Dieu me préserve de vous écouter! »

Publius le fait battre de verges et l'envoie en prison. On lui amène le second, qui s'appelait Félix. Il l'exhorte aussi à sacrifier aux dieux. « Il n'y a qu'un Dieu, répond Félix ; à lui seul nous devons le sacrifice de nos cœurs. » Philippe, le troisième, est conduit devant le tribunal. « L'empereur, mon maître et le vôtre, lui dit le préfet, vous ordonne d'honorer les dieux tout-puissants. — Ceux dont vous parlez, lui répond Philippe, ne sont ni dieux ni tout-puissants ; les honorer c'est encourir la mort éternelle. » Silvain, le quatrième, comparaissant à son tour. « Je vois bien, lui dit Publius que vous avez concerté avec la plus méchante des mères le dessein de vous perdre en désobéissant aux ordres des empereurs. — La crainte d'une mort passagère qui nous vaudra une récompense éternelle n'ébranlera point la fidélité que nous devons à Dieu, » répond Silvain. Les trois plus jeunes, qui se nommaient Alexandre, Vital et Martial, ayant été amenés successivement, Publius les invita à avoir pitié de leur jeunesse et à sauver leur vie en se soumettant aux injonctions des empereurs, ajoutant qu'autrement ils seraient eux-mêmes les auteurs des cruels supplices qui les attendaient. Les trois jeunes gens montrèrent la même fermeté que leurs aînés, proclamant que c'était à Dieu qu'ils devaient obéir avant tout.

Le procès-verbal de cet interrogatoire fut transmis à Marc Aurèle, qui prononça lui-même une sentence de mort contre Félicité et ses sept fils, et ordonna, sans doute pour rendre l'exemple plus fructueux, que l'exécution aurait lieu dans quatre différents quartiers de Rome. Comment n'était-il pas venu à l'esprit d'un si éminent penseur que cette mère et ces enfants égalaient en courage les femmes et les enfants de Sparte si admirés par lui, et qu'ils parlaient de l'immortalité de l'âme avec autant et plus de certitude et d'élévation que Platon, dont il se faisait gloire d'être l'adepte?

On fit mourir le premier des sept frères, à coups de lanières plombées ; le second et le troisième furent assommés à coups de bâton, et le quatrième fut précipité dans le Tibre. Les trois derniers eurent la tête tranchée, ainsi que leur mère. L'Eglise célèbre leur mémoire le 10 juillet.

*

La plus terrible invasion dont l'histoire de notre pays ait gardé le souvenir fut celle des hordes barbares d'Attila, en 451.

« La Gaule entière, dit Amédée Thierry, mais surtout les provinces belgiques, étaient dans l'épouvante. Tout fuyait ou se disposait à fuir devant cette tempête de nations que précédait l'incendie et que suivait la famine. Chacun se hâtait de mettre ses provisions, son or, ses meubles à l'abri; les habitants des petites villes couraient se renfermer dans les grandes sans y trouver plus de sécurité; les habitants de la plaine émigraient vers la montagne; les bois se peuplaient de paysans qui s'y disputaient les tanières des bêtes fauves; les riverains de la mer et des fleuves se tenaient prêts à transporter leurs familles et leurs biens vers le point qui leur paraîtrait le moins menacé. C'est ce que firent les citoyens de la petite ville de Lutèce.... En d'autres circonstances, sa population de mariniers, célèbre dès le temps de Tibère, aurait songé à faire respecter son île, que protégeaient doublement les bras profonds du fleuve et une haute muraille flanquée de tours; mais la terreur panique qui précédait Attila énervait les plus braves et ne montrait aux peuples qu'un seul moyen de salut, la fuite. Les Parisiens avaient donc tenu conseil et résolu de ne point attendre l'ennemi. Déjà se faisaient les apprêts d'une émigration générale; toutes les barques étaient à flot. On ne voyait que meubles entassés sur les places, que maisons désertes et nues, que troupes d'enfants et de femmes qui allaient dire adieu à leurs foyers, un dernier adieu trempé de larmes. Une femme entreprit de les arrêter.... Elle se nommait Genovefa, mot que nous avons altéré en celui de Geneviève, et, malgré la physionomie toute germanique de son nom, elle était Gallo-Romaine, née au bourg de Nemetodorum, aujourd'hui Nanterre, à trois lieues de Paris, où son père Severus et sa mère Gerontia vivaient sans travailler de leurs mains et même dans une condition d'aisance assez grande. A l'âge de quinze ans, elle avait fait vœu de virginité; et, après la mort de ses parents, elle était venue habiter Paris, près de sa marraine. De là sa réputation de sainteté n'avait pas tardé à s'étendre non-seulement dans tout l'Occident, mais jusqu'en Orient, jusqu'au fond de la Syrie.

« Depuis que l'on parlait de l'arrivée prochaine d'Attila, surtout depuis que les ravages de la guerre avaient commencé, Geneviève semblait avoir mis de côté toute autre pensée. Profondément convaincue avec toutes les âmes religieuses de son siècle que les événements de ce monde ne sont qu'un résultat des desseins de Dieu sur les hommes, et qu'ainsi le repentir et la prière, en désarmant la colère divine, peuvent conjurer les calamités qui nous menacent, elle priait nuit et jour sur la cendre, appelant avec larmes le pardon de Dieu sur son pays. De même qu'en d'autres malheurs publics une autre fille des Gaules, Jeanne d'Arc, Geneviève eut des visions; elle apprit que la ville de Paris serait épargnée si elle se repentait, et qu'Attila n'approcherait pas de ses murs. Elle alla donc exhorter ses compatriotes à la pénitence, leur ordonnant de laisser là tous leurs préparatifs de départ; mais elle ne reçut des hommes, pour toute réponse, que des paroles grossières et des marques de dérision. Rebutée de ce côté, elle prit le parti de s'adresser aux femmes.

« Les rassemblant autour d'elle, elle leur disait, en
« leur montrant de la main leurs maisons déjà vides et
« leurs rues désertes : Femmes sans cœur, vous aban-
« donnez donc vos foyers, ces toits sous lesquels vous
« fûtes conçues et nourries et où sont nés vos enfants,
« comme si vous n'aviez pas, pour garantir du glaive

« vous et vos maris, d'autres moyens que la fuite! Que
« ne vous adressez-vous au Seigneur, cherchant des
« armes dans la prière et le jeûne, ainsi que firent
« Esther et Judith? Je vous prédis, au nom du Très-
« Haut, que votre ville sera épargnée si vous agissez
« ainsi, tandis que les lieux où vous croyez trouver
« votre sûreté tomberont au pouvoir de l'ennemi, et
« qu'il n'y restera pas pierre sur pierre. » Ses paroles,
ses gestes, son regard d'inspirée, émurent toutes les
femmes, qui la suivirent silencieusement où elle voulut. Il y avait à la pointe orientale de l'île de Lutèce,
dans le même emplacement où s'élève aujourd'hui la
basilique de Notre-Dame, une église consacrée au protomartyr saint Étienne. C'est là que Geneviève conduisit son cortége de femmes, à l'aide duquel elle se
barricada dans le baptistère, et toutes se mirent à prier.
Surpris de l'absence prolongée de leurs femmes, les
hommes vinrent à leur tour à l'église, et trouvant les
portes du baptistère fermées, ils demandèrent ce que
cela signifiait. Les femmes répondirent de l'intérieur
qu'elles ne voulaient plus partir. Cette réponse mit
les hommes hors d'eux-mêmes. Avant de briser la
clôture d'un lieu saint, ils tinrent conseil et discutèrent
d'abord sur le genre de supplice qu'il convenait d'infliger à la fausse prophétesse, comme ils l'appelaient,
à l'esprit de mensonge qui venait les tenter dans leurs
mauvais jours. Les uns opinaient pour qu'elle fût
lapidée à la porte de l'église; les autres pour qu'on la
jetât la tête la première dans la Seine.

« Ils discutaient ainsi tumultueusement, quand le
hasard leur envoya un membre du clergé d'Auxerre
qui fuyait l'approche de l'invasion et gagnait probablement la basse Seine, espérant y être plus à l'abri.
C'était un diacre qui avait apporté plusieurs fois à
Geneviève les *eulogies* (fragments du pain bénit) de la
part de saint Germain, son père spirituel. Au nom du
grand évêque, mort depuis trois ans, il les réprimanda, les fit rougir de leur barbarie, et, les exhortant

à suivre un conseil où il reconnaissait le doigt de Dieu : « Cette fille est sainte, leur dit-il, obéissez lui. »

« Les Parisiens se laissèrent persuader et restèrent. Geneviève avait bien vu. Les bandes d'Attila, ralliées entre la Somme et la Marne, n'approchèrent point de Paris, et cette ville dut sa conservation à l'obstination d'une pauvre et simple fille. Si ses habitants se fussent alors dispersés, bien des causes auraient pu empêcher leur retour, et, selon toute apparence, la petite ville de Lutèce, réservée à de si hautes destinées, serait devenue, comme tant de cités gauloises plus importantes qu'elle, un désert dont l'herbe et les eaux recouvriraient aujourd'hui les ruines. Aussi, en entourant de vénération, depuis quatorze siècles, la mémoire de sainte Geneviève, la ville de Paris ne fait-elle que lui payer un juste tribut de reconnaissance. »

AMÉDÉE THIERRY, *Histoire d'Attila*

★

Au quatorzième siècle, après la bataille, ou plutôt après le désastre de Poitiers, la France, dont le roi avait été fait prisonnier et conduit en Angleterre, semblait devoir devenir la proie définitive des Anglais, qui l'avaient envahie par tous les points; mais si la noblesse faisait défaut, le peuple était là qui, pour la première fois, commençait à paraître dans l'histoire. Entre autres témoignages de cette manifestation des classes alors dites inférieures, les chroniques du temps ont conservé le souvenir d'un parti de paysans qui, renfermés dans Longueil, bourg des environs de Compiègne, avaient élu pour chef un nommé Guillaume Lalouette.

Une compagnie anglaise, qui était maîtresse du château de Creil, vint les attaquer, regardant cette entreprise comme un badinage qui ne devait l'exposer à aucun danger sérieux. L'événement prouva cependant à ces Anglais qu'ils s'étaient trompés. Ils n'eurent affaire qu'au chef des paysans et à quelques-uns des siens ; mais le combat n'en fut pas moins terrible. Dès les premières atteintes, Guillaume Lalouette tomba percé de coups. Il avait avec lui un valet de ferme, d'une stature et d'une force de corps prodigieuses, appelé le *Grand Ferré*. Ce valet, ému par la vue de son maître expirant, s'attendrit, pleure, et devient subitement un autre homme : il ranime les autres paysans, se met à leur tête, saisit une hache, tombe en furieux sur les Anglais. Il en tue dix-huit, met le reste en fuite, les chasse hors du bourg. Suivi de ses compagnons, il les poursuit, ouvre leurs rangs, arrache leur drapeau après avoir tué celui qui le portait, et les dissipe entièrement. Non content de ces premiers exploits, il dit à un des siens d'aller jeter le drapeau des ennemis dans le fossé. Celui-ci refuse parce qu'un gros d'Anglais coupait le passage qui pouvait y conduire. Le Grand Ferré se fait suivre par son homme, attaque lui seul les Anglais, les renverse, s'ouvre un chemin et jette le drapeau dans le fossé, il revient au combat, qu'il n'abandonne point sans avoir exterminé les ennemis. Dans cette première occasion, ce nouveau Samson en tua quarante de sa propre main. Quelques jours après, les Anglais, voulant avoir leur revanche, furent repoussés par le Grand Ferré avec autant de perte que la première fois. Mais, dans ce second combat, ce paysan guerrier s'échauffa si fort, qu'ayant bu de l'eau froide il tomba dangereusement malade, et fut obligé de retourner au village appelé Rochecourt, à peu de distance de Longueil.

Les Anglais, informés de son état, voulurent en profiter pour se défaire d'un ennemi si redoutable : ils envoyèrent douze des leurs, dans le dessein de le surprendre dans son lit. La femme du malade, les apercevant, courut à son mari pour lui apprendre le danger qui le menaçait. Loin d'en être effrayé, cette occasion de signaler son courage lui rend ses forces ; il se jette hors de son lit, s'arme de sa hache et s'avance dans sa cour. Aussitôt qu'il aperçoit les assaillants : « Traîtres !

s'écria-t-il, vous venez m'attaquer dans mon lit; mais vous ne me prendrez pas ainsi ! » A ces mots, oubliant leur nombre et sa faiblesse, il s'appuie contre la muraille, et les provoque lui-même au combat. Cinq furent immolés; le reste prit la fuite. Mais cet effort coûta la vie à leur vainqueur; il se remit au lit, et mourut bientôt après.

*

La ville de Beauvais, assiégée par le duc de Bourgogne en 1472, fut énergiquement défendue par les milices et par la bourgeoisie; mais les hommes allaient enfin être forcés dans un assaut général, lorsque les femmes, conduites par l'une d'entre elles nommée Jeanne, et surnommée depuis Hachette, en souvenir de la hache dont elle était armée, vinrent à leur secours, et repoussèrent l'ennemi qui leva le siège le jour suivant.

A cette époque, le roi de France, en l'honneur de ce trait de dévouement, rendit une ordonnance qui donnait aux femmes de Beauvais un certain nombre de prérogatives. La place principale de Beauvais est aujourd'hui décorée d'un monument représentant Jeanne Hachette combattant sur les remparts de la ville.

*

Lors du siége de la Rochelle en 1573, il y avait près de la contrescarpe un moulin nommé la Broude, dont un capitaine, appelé Normand, avait obtenu la propriété, sous condition qu'il le ferait garder. Il pensa à le fortifier; mais s'étant aperçu qu'il ne parviendrait pas à le mettre aussitôt qu'il l'eût voulu en état de défense, il se contentait d'y envoyer durant le jour quelques soldats qui se retiraient le soir et n'y laissaient qu'une sentinelle.

Le général assiégeant, croyant pouvoir tirer quelque avantage de cette position, profita d'un clair de lune pour attaquer le moulin avec un détachement et deux coulevrines.

Un soldat nommé Barbal, unique défenseur de ce mauvais poste, y tient ferme, tire avec une célérité incroyable plusieurs coups d'arquebuse sur les assaillants, et en variant les inflexions de sa voix, fait croire qu'il a un assez grand nombre de camarades.

Lorsqu'enfin il eut épuisé ses cartouches, se voyant près d'être forcé, il demanda quartier tant pour lui que pour les siens, ce qui étant accordé, il sort du moulin, et montre en lui seul toute la garnison.

*

Quand Sully fut nommé grand maître de l'artillerie par Henri IV, cette distinction ne manqua pas d'éveiller quelque jalousie contre lui. Crillon, le brave Crillon lui-même ne fut pas exempt de ce sentiment, et il ne laissa pas que de chercher une occasion de surprendre le grand maître en défaut de bravoure ou d'habileté.

Au siége de Charbonnière, frontière de Savoie, Crillon commandait l'infanterie, pendant que Sully dirigeait l'artillerie. Un jour, Crillon aperçut Sully qui, occupé à reconnaître une position, semblait importuné des canonnades, et se montrait disposé à attendre que le jour eût baissé pour achever de faire ses observations. Crillon crut le moment bien choisi pour molester son confrère : « Quoi! corbleu! mon grand maître, lui dit-il, craignez-vous les coups d'arquebuse et de canon en compagnie de Crillon? Arnibieu! puisque je suis ici, et qu'elles m'ont toujours respecté, elles n'oseront approcher, je vous assure. Allons jusqu'à ces arbres que vous voyez à deux cents pas d'ici; car de là vous reconnaîtrez plus aisément.

— Allons, répondit Sully en prenant Crillon par la main, allons, puisque aussi bien vous voulez que nous jouions à qui sera le plus fou! »

Et il le mena bien au delà des arbres qu'il avait indiqués.

Alors les assiégés, les découvrant des pieds jusqu'à la tête, dirigeaient sur eux un feu terrible.

Crillon, entendant siffler à ses oreilles les balles des mousquets, se tourne vers Sully : « Arnibieu! dit-il, à ce que je vois, ces coquins-là ne respectent ni le bâton de maréchal ni la croix du Saint-Esprit (Crillon était maréchal de camp et Sully était chevalier du Saint-Esprit), et ils nous pourraient bien estropier. Retournons-nous-en, car, par la corbieu! je vois que vous êtes bon compagnon et digne d'être grand maître : je veux être toute ma vie votre serviteur et votre ami. »

Et Crillon tint parole.

*

Dans le fort de l'action de la bataille de Neerwinde, gagnée par les Français en 1693, le maréchal de Luxembourg, qui commandait, voyant revenir du combat un soldat aux gardes qui avait quitté son corps :

« Où vas-tu? lui cria-t-il d'un ton menaçant.

— Où je vais, mon général? répondit le soldat en ouvrant son habit pour montrer sa poitrine percée d'une balle; je vais mourir à quatre pas d'ici, heureux d'avoir exposé et perdu ma vie pour mon pays, et d'avoir combattu sous un aussi grand capitaine que vous. »

Et il tomba pour ne plus se relever.

*

Le jeune Boufflers, à l'âge de dix ans, a la jambe cassée dans la journée de Dettingue; il la fait couper sans se plaindre, et meurt de même : exemple d'une fermeté rare parmi les guerriers, et presque unique à cet âge.

*

Le petit chevalier de Mondyone, dans une affaire assez importante, se trouva auprès d'un grand officier qui, moins brave que lui, voulut se retirer en disant qu'il était blessé : « Je ne vois pas cela, lui dit l'enfant en armant son pistolet, et comme votre retraite découragerait nos gens, si vous faites mine de fuir, je vous brûle la cervelle. » L'officier, sachant que le petit chevalier était fort capable de faire ce qu'il venait de dire, resta à son poste.

*

Le grand-duc de Toscane, François de Lorraine, vint, en 1751, mettre le siége devant Lintz, qu'il pressa avec fureur. Les Français défendirent la place avec le courage le plus intrépide. Tandis qu'ils se retiraient dans la partie de la ville où ils croyaient être mieux en état de soutenir l'attaque, en concentrant leurs efforts, les troupes ducales entraient dans l'autre, armées de torches à l'aide desquelles elles commencèrent à incendier les maisons. Un lieutenant fut envoyé par les Français pour préparer les articles d'une capitulation honorable.

« Je veux, dit le grand-duc, que la garnison se rende à discrétion.

— Alors, répliqua le lieutenant, continuez à incendier, nous allons continuer à nous défendre. »

Cette ferme réplique adoucit le prince, qui accorda tous les honneurs de la guerre à la garnison.

*

Le célèbre général Fabert, se disposant à faire le siége d'une ville, montrait les dehors de cette place avec un doigt, pour indiquer l'endroit par où il faudrait attaquer. Un coup de mousquet lui emporta ce doigt : « Messieurs, continua-t-il, je vous disais donc qu'il serait bon de diriger vos batteries sur ce point. » Et il indiquait d'un autre doigt la même partie de la place.

*

Le jeune de Thianges, qui servait sous le maréchal de Saxe, eut un jour un cheval tué sous lui par un boulet, et fut même jeté fort loin, mais sans être blessé.

« Petit de Thianges, lui dit le maréchal, qui avait été témoin de l'affaire, tu as eu une belle peur.

— Oui, maréchal, repartit le jeune homme avec une parfaite tranquillité, j'ai craint que vous ne fussiez blessé. »

*

Pendant la guerre que les Américains soutenaient contre l'Angleterre pour conquérir l'indépendance de leur pays, un soldat, ayant vu six Anglais séparés de leur troupe, eut l'audace et l'adresse inconcevables de leur courir sus, d'en blesser deux, de désarmer les autres et de les amener au général Washington. Le général lui demanda comment il avait pu faire pour se rendre maître de six hommes : « Aussitôt que je les ai aperçus, répondit-il, j'ai couru sur eux et je les ai *environnés.* »

*

Lorsque Henri de la Rochejacquelin, qui n'avait encore que dix-huit ans, se mit à la tête des insurgés vendéens, il les harangua ainsi : « Mes amis, si mon père était ici, vous auriez confiance en lui. Pour moi, je ne suis qu'un enfant ; mais par mon courage, je veux vous prouver que je suis digne de vous commander. Si j'avance, suivez-moi ; si je recule, tuez-moi ; si je suis tué, vengez-moi. »

Et l'audace, l'intrépidité de ce jeune et remarquable chef se communiqua à ses soldats : son nom devint bientôt fameux dans les deux camps opposés.

*

Pendant cette terrible guerre de Vendée, le général Kléber, à la tête de quatre mille républicains, se trouva un jour entouré par une troupe de vingt mille royalistes. La retraite, devenue nécessaire, n'était possible que si l'ennemi se trouvait arrêté une demi-heure sur le point par où ses principales forces devaient déboucher. Kléber fait appeler le colonel Schouardin, son ami.

« Tu vois dans quelle position nous nous trouvons? lui dit-il.

— Oui, général.

— J'ai pensé qu'un régiment porté dans le ravin pouvait retarder la marche de l'ennemi, et me donner le temps de sauver l'armée.

— Oui, général.

— Tu vas te placer dans le ravin avec ton régiment, tu te feras tuer, mais l'armée fera sa retraite.

— Oui, général. »

Kléber l'embrasse. Schouardin emmène son régiment à l'endroit indiqué, soutient tout l'effort des ennemis, et meurt avec ses braves compagnons pendant que le général met le reste des troupes hors de danger.

*

Au siége de Nicopolis, en Épire, un enfant de douze ans, tambour des grenadiers de la 6ᵉ demi-brigade, surpris par un groupe d'ennemis, tombe vivant entre les mains des mamelucks; ils se disposent à lui trancher la tête; le fatal yatagan brille déjà sur lui. A cette vue l'enfant s'écrie d'une voix retentissante: « Vive la France! »

Et sa tête roule dans la poussière.

*

Guichard, caporal des grenadiers dans la 110ᵉ brigade, se fit remarquer au siége de Philisbourg par un singulier trait de bravoure.

Ayant aperçu une compagnie autrichienne en tête de laquelle marchait le capitaine, il fonce sur cette compagnie, saisit le capitaine au collet, le désarme et l'entraîne prisonnier. Cette compagnie veut délivrer son officier, et met en joue l'audacieux Français. Celui-ci, voyant le danger qui le menace, ne lâche point le capitaine, mais il le place devant lui, s'en couvre tout entier, effectue sa retraite à reculons, et, à l'abri de ce bouclier d'un nouveau genre, échappe à la décharge des soldats, qui n'osent tirer dans la crainte de tuer leur capitaine, que l'adroit et intrépide caporal emmène au camp français.

*

Claude Durand, soldat sous la république, était depuis huit jours dans un hôpital, retenu alité par une grave pleurésie. Le lit qu'il occupait se trouvait placé près d'une fenêtre qui donnait sur une rivière.

Au moment où le chirurgien venait de lui recommander de se tenir le plus chaudement possible, Durand aperçoit par la fenêtre un enfant que le courant entraînait. Sans hésiter alors, il saute à bas de son lit, ouvre la fenêtre, se jette à l'eau, et nage vers l'enfant, qu'il parvient à saisir et à ramener sur la berge, aux applaudissements d'une foule rassemblée par l'accident.

Dieu permit que le brave soldat, aussitôt réinstallé dans son lit, et entouré des plus grands soins, ne payât pas de sa vie un pareil élan d'humanité.

*

Pendant la campagne du Tyrol, en 1797, le général Alexandre Dumas, — père et grand-père des deux célèbres écrivains du même nom, — se porta un jour en avant des opérations qu'il dirigeait, avec une vingtaine de dragons, pour observer les mouvements de l'ennemi. Il avait donné ordre à un général de brigade de se mettre en bataille derrière un ravin, afin de le soutenir; la cavalerie autrichienne, voyant le petit nombre d'hommes qu'elle avait devant elle, les charge vivement. L'escorte de Dumas est mise en déroute, sans qu'il lui soit possible de la rallier. Arrivé au pont de Clausel, village en avant de Brixen, Dumas se précipite seul à la tête du pont, et y arrête pendant plusieurs minutes un escadron de cavalerie ennemie, qu'il força à la retraite. Entouré par une vingtaine d'Autrichiens, il en tua trois, en blessa d'autres, et ne reçut que trois légers coups de sabre.

Depuis, le général Dumas resta surnommé Coclès, en souvenir du Romain qui, aux temps antiques, s'était illustré par un exploit analogue.

✶

Junot, qui devait devenir maréchal de l'Empire et duc d'Abrantès, du nom d'une petite victoire remportée par lui en Espagne, était simple sergent, quand Bonaparte, alors simple commandant d'artillerie, dirigeait à Toulon les opérations qui avaient pour but de reconquérir la ville et le port sur les Anglais.

Ayant une dépêche ou un ordre à expédier, Bonaparte demande quelqu'un pour écrire sous sa dictée. Junot se présente, s'installe sur le talus même de la batterie, et commence à écrire ce que lui dicte son chef. Tout à coup un boulet vient frapper à leurs pieds et couvre de terre la page que le secrétaire allait retourner : « Bonne affaire! s'écrie-t-il en souriant, je n'avais pas de sable pour sécher mon écriture, en voilà! »

Cette saillie, qui ne témoignait pas seulement d'un esprit plaisant, fixa, dit-on, dès lors sur ce sous-officier l'attention du futur empereur, qui en fit un des plus assidus compagnons de sa fortune.

✶

LE MOUSSE PERRET

En décembre 1856, les pilotes du port d'Agde aperçurent en mer un navire d'environ cent tonneaux, la goélette *la Reprise* qui faisait voile pour rentrer dans le port. La mâture semblait en désordre, et les flancs du navire portaient les traces du choc violent d'un récent abordage. Quand les pilotes approchèrent, ils reconnurent avec étonnement que le bâtiment marchait pour ainsi dire tout seul, tout au moins le pont semblait désert. Un mousse, un enfant, allant, venant de tribord à bâbord, de l'avant à l'arrière, faisait à lui seul tout le service d'un équipage. Dans un coin, un pauvre homme couché, pâle, défait, était hors d'état de se tenir debout. Bientôt *la Reprise* entrait à Agde, et la ville apprenait que, trente-six heures auparavant, la nuit, par une épaisse brume, ce petit bâtiment, étant au large, avait subi le choc d'un grand brick de fort tonnage. Le capitaine, croyant le salut de *la Reprise* impossible, s'était élancé sur le brick avec son équipage. Seul, le mousse, de tous pourtant le plus agile, avait refusé de suivre l'exemple. Il y avait à bord un malheureux, un malade, incapable de se sauver : Perret, c'était le nom du mousse, n'avait pas voulu l'abandonner.

Dans le premier instant, lorsque les deux navires se séparèrent avec un craquement effroyable, il se crut au moment de mourir, et recommanda en pleurant son âme à Dieu. Mais lorsqu'il vit que le bâtiment, malgré ses avaries, flottait encore et pouvait naviguer, un courage surnaturel s'empara de ce jeune cœur. La mer était houleuse et le vent grossissait : il dispose les voiles, il va au gouvernail. Son compagnon ne peut lui prêter aucun secours matériel, mais c'est un vieux marin, il peut le conseiller, le guider. Si l'enfant allait à lui seul, en quelque sorte, sauver ce navire que le capitaine lui-même a cru perdu !... Cette pensée double ses forces, et d'un enfant de treize ans fait un matelot consommé. Le jour fut bien long à venir, le vent poussait à la côte d'Espagne. Il fallait rester le plus possible sur le lieu de l'abordage. Le brick, auteur du mal, voudrait peut-être le réparer ; il reviendrait au jour naissant. On se mettrait à sa remorque. L'attente fut vaine, la journée se passa, le brick ne reparut pas.

Cependant la nuit tomba et les fatigues redoublèrent. Le lendemain, trois navires parurent à l'horizon, mais aucun ne vit les signaux de la goëlette. Par bonheur, le ciel fut clément, le vent tourna et souffla du sud. En manœuvrant habilement, on pouvait être avant la nuit en vue d'un port de France. Perret est seul, mais il se multiplie : il court de vergue en vergue ; toutes les voiles, même les plus hautes se déroulent, se gonflent coup sur coup, et poussent le navire comme par enchantement. Il était temps, l'effort était suprême, notre petit navigateur se sentait à bout de forces... Mais enfin il aperçoit les côtes de Provence, qui peu à peu sortent des eaux et grandissent devant lui.

Une fois à terre, ce brave enfant raconta ce qui s'était passé. Capitaine par intérim, il dut faire devant le tribunal de commerce « son rapport de relâche ». Dans ce rapport, pas un mot de reproche à ceux qui ont abandonné *la Reprise*, tout l'honneur de sa belle conduite est rapporté aux avis de son vieux compagnon.

L'Académie décerna le prix Monthyon au jeune mousse de *la Reprise*, et le gouvernement, bien inspiré, le fit admettre à l'école navale de Brest.

*

On lisait dernièrement les lignes suivantes dans un journal d'Algérie :

« M. D.... et sa fille, âgée de seize ans, et deux Arabes chargés de gibier revenaient d'une chasse à la gazelle, lorsqu'un énorme lion, attiré par l'odeur du gibier, paraît au détour de la route en poussant de terribles rugissements. Les chevaux s'arrêtent épouvantés ; seul, celui de M. D...., fou de terreur, se précipite en avant ; le lion s'élance sur lui d'un bond.

« M. D.... lâche les deux coups de sa carabine et atteint le féroce animal, sans autre résultat que de redoubler sa fureur. Le malheureux était perdu, quant tout à coup une détonation retentit, et le lion tombe en arrière, le crâne traversé d'une balle qui était entrée dans l'œil gauche.

« C'était Mlle D.... qui venait d'accomplir cet acte d'intrépidité. Emue et tremblante, elle s'agenouilla, tenant à la main sa carabine encore fumante, et remerciant Dieu qui venait par son bras de sauver son père. »

*

C'était à Metz, en 1870, alors que l'armée ne voyait déjà plus d'issue au sort qui la menaçait; et cependant, le 7 octobre (combat de Ladonchamps), on lui demandait un effort qui faisait seulement briller d'un dernier éclat l'intrépidité de nos régiments. On sait que ce jour-là, la 1re division d'infanterie de la garde (chasseurs et voltigeurs) enlevait à l'ennemi les Maxes et les Tapes, grandes fermes occupées par lui en arrière de ses avant-postes. Les chasseurs de la garde s'emparaient vers une heure du village de Bellevue, où ils faisaient prisonniers plus de 300 Prussiens, mais non sans essuyer des pertes cruelles; la route qui menait à ce village était semée des cadavres des assaillants. Quand les zouaves de la garde vinrent relever les chasseurs plus que décimés, ils croisèrent en chemin quelques soldats portant sur une claie de branchages un officier de chasseurs blessé; cet officier était le capitaine Ropert, frappé de deux balles, dont l'une lui avait brisé une clavicule, tandis que l'autre l'avait atteint au ventre. Cette dernière blessure était mortelle et faisait horriblement souffrir le blessé qui, cependant, souhaitait « bonne chance » à ceux qui allaient au feu. Plus d'un ami lui serra silencieusement la main au passage « Adieu, je suis mort, leur disait-il encore, faites votre devoir. » Il vécut encore pendant une longue heure sans proférer une plainte, et, arrivé au camp, on le coucha non loin d'un soldat blessé auquel la douleur, l'approche d'une mort qu'il redoutait, arrachaient des cris aigus « Mais tais-toi donc, l'ami, lui disait-il, ne vais-je pas mourir et m'entends-tu me plaindre? »

C'était le mot si connu de Gualimozin renouvelé, mais sous une forme familière. Ropert avait donc conservé son entière présence d'esprit, presque cette insouciante gaieté des moments les plus difficiles, qui, jointe aux brillantes qualités du soldat, l'avait rendu l'idole de sa compagnie. Avant de rendre le dernier soupir, il fit don à celle-ci de tout ce qu'il possédait sur lui en argent, — une somme assez ronde, — et n'oublia pas non plus une pauvre petite fille d'une dizaine d'années, qui, réduite à une profonde misère, parcourait chaque jour le camp en invoquant la pitié des soldats, et avec laquelle, plus d'une fois, il avait partagé la ration de biscuit des derniers jours du blocus. Il ordonna qu'on lui remît après sa mort, avec quelque argent et quelques vêtements, l'ameublement de sa tente, c'est-à-dire son lit de campagne, une peau de mouton, une couverture. Il mourut ainsi, estimé et regretté de tous, et faisant bon visage ; son dernier acte fut le soulagement d'une infortune et une action essentiellement chrétienne, puisque la charité y présida. Nature ardente, loyale et généreuse, Ropert méritait que son souvenir fût conservé, et qu'un dernier et juste hommage fût rendu à sa mémoire. Il repose au cimetière du Ban-Saint-Martin, au milieu des soldats frappés autour de lui et qu'il était si digne de commander.

*

Un peu plus tard le baron Thénard, le célèbre chimiste, était dans son château de Talmay ; un officier prussien est envoyé pour l'arrêter :

« Toutefois, dit celui-ci, si vous voulez prendre l'engagement d'user de votre légitime influence pour nous faire rendre nos marins prisonniers, j'ai ordre de vous laisser en liberté aussi longtemps qu'il le faudra pour mener à fin cette négociation. »

Le baron Thénard, chez qui l'âge n'a amorti ni le patriotisme, ni le franc-parler, répond gravement :

« Si vous avez besoin de la peau d'un baron et d'un membre de l'Institut, prenez-la ; si c'est à ma fortune que vous en voulez, volez-la. Quant à mon honneur, il est au-dessus de la portée du roi de Prusse lui-même. Allons, partons. »

Et l'on partit ; c'est-à-dire que ce vieillard et plusieurs personnes de sa famille, auxquelles on laissa à peine le temps de prendre de l'argent et des vêtements, furent tout aussitôt acheminés vers le fond de l'Allemagne.

✱

Quand les Prussiens se furent rendus maîtres de l'Alsace, le préfet allemand écrivit au grand manufacturier, M. Jean Dollfus, maire de Mulhouse, qu'il tenait à sa disposition, pour la ville et les ouvriers, alors sans travail, une somme de deux millions.

M. Dollfus, vieillard de quatre-vingt-deux ans, se contenta de répondre :

« Tant que Jean Dollfus vivra, pas un sou ne sera donné à la ville par les Prussiens.

— Et si vos ouvriers meurent de faim? répondit le préfet.

— Tant que Jean Dollfus vivra, répondit encore le vieillard, il saura bien nourrir les ouvriers de Mulhouse sans recourir à l'étranger. »

CHAPITRE VII

DÉVOUEMENT — DEVOIR — FORCE MORALE

Quelque chers que soient votre patrimoine, l'honneur, la vie, soyez prompt à tout sacrifier au devoir s'il exige de pareils sacrifices.

Silvio Pellico.

*

Dans une sédition qui s'éleva à Syracuse, la famille entière du roi de Gélas, objet de la fureur populaire, se trouva réduite à une seule fille, nommée Harmonia. Comme on la cherchait partout pour ne laisser subsister aucun membre de la maison royale, une jeune fille, sa sœur de lait, revêtue d'habits conformes au rang qu'elle devait feindre d'avoir, se présenta aux assassins, et reçut la mort sans proférer un seul mot de nature à détruire l'erreur qu'elle voulait voir tourner au profit d'Harmonia.

Mais celle-ci, qui, étant cachée, fut témoin de cet acte sublime de dévouement, ne put supporter l'idée de survivre à une amie aussi fidèle. Elle sortit de sa cachette, rappela les assassins, se nomma, et mourut avec celle qui avait voulu la sauver de la mort.

Ainsi, — remarque l'historien qui a conservé ce trait, — l'une périt en faisant un héroïque mensonge, l'autre en déclarant une fatale vérité.

*

A la bataille de Sempach, livrée à l'époque où les Suisses combattaient encore pour secouer le joug de la maison d'Autriche, le chevalier d'Underwald, nommé Arnold de Winkelried, se dévoua pour faire triompher ses concitoyens.

Voyant que les Suisses ne pouvaient enfoncer les Autrichiens, qui, armés de toutes pièces, et formant un bataillon serré, présentaient un front couvert de fer, hérissé de lances et de piques : « Mes amis, leur dit-il, alors qu'ils commençaient à se rebuter, je vais donner ma vie : je vous recommande seulement ma famille. Suivez-moi et agissez en conséquence de ce que vous me verrez faire. »

A ces mots, il les range en forme de triangle dont il occupe la pointe, marche vers le centre des ennemis, et embrassant le plus de piques qu'il peut saisir, il se jette à terre, ouvrant à ceux qui le suivaient un chemin pour pénétrer dans cet épais bataillon. Il est tué, mais sa mort est le signal de la défaite des Autrichiens, qui, une fois entamés, furent vaincus, la pesanteur de leurs armes leur devenant funeste.

*

La peste qui, au dix-septième siècle, fit périr à Marseille plus de cinquante mille personnes sur cent mille environ qui formaient alors le chiffre de la population de cette ville, est un des événements les plus tristement fameux dans l'histoire des calamités publiques.

On peut se faire une juste idée de l'état dans lequel se trouvait cette malheureuse cité en relisant un passage du mandement que Belzunce, alors évêque de Marseille, adressait quelque temps après aux fidèles du diocèse pour les inviter à secourir les misères causées par le fléau.

« Dès le milieu d'août, écrit l'évêque, la désolation était générale. Sans entrer dans le secret de tant de maisons désolées par la peste et par la faim, où l'on n'entendait que des gémissements et des cris; où des cadavres que l'on n'avait pu faire enlever pourrissaient depuis plusieurs jours auprès de ceux mêmes qui n'étaient pas encore morts, et souvent dans le même lit, ce qui était pour ces malheureux un supplice plus dur que la mort elle-même ; sans parler de toutes les horreurs qui n'ont pas été publiques, de quels spectacles affreux, pendant quatre mois, n'avons-nous pas été témoins ! Nous avons vu tout à la fois les rues de cette ville bordées des deux côtés de morts à demi décomposés et si remplies de hardes et de meubles pestiférés, jetés par les fenêtres, que nous ne savions où mettre les pieds.

« Toutes les places publiques, toutes les portes des églises étaient traversées de cadavres entassés, et en plus d'un endroit mangés par les chiens. Combien de fois, dans notre douleur très-amère, nous avons vu les moribonds tendre vers nous leurs mains tremblantes pour nous témoigner leur joie avant que de mourir !...»

« Le 24 août, — ajoute un magistrat marseillais qui avait tracé jour par jour les détails de ce terrible désastre sur un registre conservé depuis dans les archives de la ville, — le 24 août, le nombre des morts s'éleva à plus de mille.... Le 31, les hôpitaux de peste ne sont plus assez grands pour recevoir le nombre des malades qui s'y présentent en foule. Sitôt que dans une maison une personne se sent frappée de ce mal, elle devient aussitôt un objet d'horreur et d'effroi à ceux mêmes qui lui sont les plus proches. La nature oubliant les lois de la chair et du sang, on prend le barbare parti, ou de jeter le pauvre malade hors de la maison, ou de l'abandonner tout seul, sans secours, en proie à la maladie, à la soif, à tout ce qui peut rendre la mort plus cruelle. C'est de là que l'on voit ce nombre infini de malades de tout âge, de toutes conditions, étendus dans les rues et les places publiques. »

Le nom de l'évêque de Belzunce, qui fit preuve en cette circonstance de la plus héroïque charité, est resté inséparablement attaché au douloureux souvenir de cette période funèbre. Le document que nous avons déjà cité atteste en ces termes le zèle sans bornes du prélat : « Le 4 septembre, presque tous les religieux et prêtres qui assistaient les pestiférés ont péri. On compte parmi les victimes quarante deux capucins, trente-deux observantins, vingt-neuf récolets, vingt-deux augustins réformés, vingt et un jésuites, dix carmes déchaussés, et la plupart des vicaires des chapitres et des paroisses. Le clergé marseillais n'a d'ailleurs qu'à prendre exemple sur son évêque. Dès le commencement de la contagion, on l'a pressé de sortir de la ville pour se conserver au reste de son diocèse. Il a rejeté tous ces conseils ; il demeure avec une inébranlable fermeté prêt à donner sa vie pour cette partie de son troupeau que Dieu éprouve si cruellement ; mais il ne se borne pas à rester aux pieds des autels prosterné, et à lever les mains au ciel. Sa charité est active, il est tous les jours dans tous les quartiers de la ville et va partout visiter les malades dans les plus hauts et les plus sombres appartements des maisons, dans les rues, à travers les cadavres, sur les places publiques, sur le port, sur le cours. Les plus misérables, les plus hideux, les plus abandonnés sont ceux auxquels il va avec le plus d'empressement et sans craindre ces souffles mortels qui portent le poison. Il les approche, les confesse, les exhorte à la patience, les dispose à la mort, verse dans leurs âmes des consolations célestes, et laisse à tous des fruits abondants de sa généreuse charité, répandant de l'argent partout. Plus de vingt-cinq mille écus provenant de sa fortune personnelle ont coulé en deux mois de ses mains, et il cherche à engager, à vendre ce qu'il a pour pouvoir répandre davantage.... La mort a respecté ce nouveau Charles Borromée [1], mais elle a fauché impitoyablement autour de lui. La peste gagne son palais, la plupart de ses officiers et domestiques sont frappés. Il est contraint d'aller prendre asile en l'hôtel du premier président. La peste l'y poursuit encore et n'atteint pas

---

[1] Charles Borromée, que l'Église a placé à juste titre parmi ses saints, avait donné, cent ans plus tôt, l'exemple évangélique d'un pareil dévouement, lors de la grande peste de Milan.

seulement le reste de ses domestiques, mais deux personnes qui lui sont très-chères par leurs mérites distingués, et qui sont ses aides dans ses saintes peines : le père La Faro, jésuite, et le chanoine Bougerel. Il a la consolation de voir réchapper le premier, mais il a la douleur de voir expirer l'autre. Tout cela ne l'arrête pas.... »

On le voit, c'est avec raison que le nom du courageux, du charitable pasteur a été voué à la reconnaissante admiration des âges ; mais il serait injuste d'attribuer à l'évêque seul le privilége du dévouement en ces funèbres circonstances....

Les noms du gouverneur Viguier, des échevins Estelle, Moustier, Audimar et Dieudé, et du *conseil* de la communauté Pichatty de Croissainte, ont droit de rester inscrits dans la mémoire des hommes. C'est à ce dernier qu'est dû le récit circonstancié auquel nous avons déjà fait plusieurs emprunts. Après le dénombrement qu'il fait des religieux martyrs de leur courage, citons encore avec lui « le père Milay qui, ne trouvant jamais trop à faire pour cette fervente charité dont il a toujours été animé, vient offrir de se charger des fonctions de commissaire à la rue de l'Escale et environs, quartier que personne n'a encore osé prendre, parce que c'est le plus enflammé siége de la peste, et qui est même comme interdit et barricadé avec des corps de garde aux avenues pour que personne n'y puisse entrer et n'en puisse sortir. On y établit le saint religieux, qui ne cessa d'y faire des actes de la piété la plus héroïque, jusqu'au moment où le fléau l'atteignit lui-même.... »

Pendant que l'évêque et les membres du clergé ou des congrégations remplissaient en véritables apôtres du Christ la mission dévolue à leur saint caractère ; pendant que les administrateurs de la cité montraient qu'ils étaient dignes des fonctions à eux confiées, un citoyen, que n'engageait aucun vœu pieux, que ne retenait dans les murs de Marseille aucune charge publique, se faisait spontanément l'émule des plus dévoués, des plus audacieux.

Cet homme, dont le nom est ordinairement uni dans l'histoire de ce navrant épisode des misères humaines à celui de Belzunce, le chevalier Rose, envoyé comme consul de France en Morée, venait d'y séjourner trois ans pendant lesquels la peste, qui n'avait presque cessé de sévir, l'avait toujours trouvé prêt à porter en tous lieux des secours et des consolations.

Enfin relevé de ce poste, et rentrant en France pour y goûter un repos légitimement acquis, il arrive à Marseille en même temps que le navire qui y apportait la terrible maladie.

D'abord restreinte aux infirmeries du Lazaret, la peste ne tarda pas à gagner la ville. L'épouvante et la fuite sont le résultat de ses premières atteintes. C'est alors que le chevalier Rose se présente à l'hôtel de ville, et offre ses services aux magistrats.

Tandis qu'on divise la ville en cent cinquante districts confiés à autant de commissaires, il demande à être nommé pour le quartier le plus menacé.

Le voilà organisant à ses frais des infirmeries, des distributions de remèdes, de secours, et enfin se dévouant plus spécialement au dangereux service des inhumations, car les masses de corps en putréfaction qui encombrent les places, les rues, sont autant de nouvelles causes d'infection.

Un quartier entre autres, où le funèbre déblaiement n'avait pu être entrepris assez tôt, était devenu en quelque sorte inabordable; par un soleil torride gisaient sur le sol douze cents cadavres dont les plus récents étaient déposés là depuis au moins trois semaines, et chargeaient l'air de miasmes mortels.

Le chevalier Rose, qu'aucun danger ne rebute, a compris, en visitant cet horrible lieu, que, si les choses restent en cet état, la ville peut se trouver à jamais sous la redoutable influence de ce foyer pestilentiel. Aucune fosse ne peut être creusée en cet endroit, et d'ailleurs le travail serait aussi long que pénible. On ne doit pas songer non plus à transporter ailleurs ces hideuses dépouilles. En explorant les environs, il remarque du côté de la mer deux anciens bastions creux, voûtés et recouverts. Il décide d'en faire deux vastes tombeaux, en les ouvrant par dessus et en y précipitant les corps qu'on recouvrira ensuite de terre et de chaux....

Il expose son projet aux administrateurs, qui mettent à ses ordres une compagnie de soldats et cent forçats. Deux citoyens nommés Souchon et Gombert s'adjoignent à lui.

Arrivé aux abords de l'infect charnier humain, la troupe s'arrête. Rose fait distribuer du vin, fait ceindre la tête des soldats et des forçats de mouchoirs trempés dans le vinaigre, et voyant que les uns et les autres hésitent, s'effrayent, il saisit lui-même par les jambes le premier corps qui se présente, et, le traînant jusqu'au bastion, indique la route qui doit être suivie. L'exemple est donné, en quelques minutes tous les cadavres sont précipités dans les tombeaux qu'on referme.... Mais ce peu d'instants a suffi pour que tous ceux qui ont accompagné le chevalier soient mortellement infectés. Deux ou trois des soldats seulement, et le chevalier Rose qui fut légèrement malade, en réchappèrent.

Ce grand acte accompli, qui ne fut pas sans résultat appréciable sur l'état de la ville, le chevalier Rose n'attendit que d'être rétabli pour reprendre jusqu'à la cessation du fléau le rôle où il s'était jusque-là si particulièrement distingué

Il est bon de noter qu'après la fin des désastres, ce grand, ce noble citoyen qui, volontairement, avait combattu le malheur public, rentra volontairement dans la plus humble, dans la plus modeste obscurité, sans s'inquiéter même si ses concitoyens garderaient un souvenir de son nom.

✳

« La Garonne, raconte de Graincourt dans l'*Histoire des marins français*, était débordée; les matelots les plus hardis n'osaient s'exposer à la violence du courant, qui semblait devoir tout entraîner. M. de Cornick, capitaine de vaisseau, fut réduit à forcer, le pistolet à la main, quatre des plus vigoureux entre ses matelots, de monter avec lui dans un canot qu'il tenait près de la maison qu'il habitait aux environs de Bordeaux. Avec ce canot il alla successivement dans toutes les maisons de l'île de Saint-Georges, d'où il retira les habitants à demi noyés et mourant de frayeur.

« Il transporta en terre ferme plus de six cents personnes de tout sexe et de tout âge, et ne cessa, pendant trois jours, de passer et repasser la rivière, pour sauver les effets de ceux qu'il avait mis en sûreté et pour leur porter des subsistances. Quoique M. de Cornick ne fût pas riche, qu'il fît même par suite de cette inondation une perte considérable, il nourrit à ses frais, pendant plusieurs jours, les malheureux qu'il avait sauvés. Le danger passé, M. de Cornick se retira chez lui, et s'y tint constamment renfermé, se refusant aux applaudissements et aux remercîments de la ville de Bordeaux. »

✳

Un pauvre demande un jour la charité à Molière, qui met la main dans sa poche et en tire une pièce de monnaie qu'il donne au mendiant.

Et il passe son chemin.

Mais à peine a-t-il fait quelques pas qu'il est rappelé et rejoint par le pauvre: « Monsieur, lui dit celui-ci, vous avez certainement commis une erreur, car c'est un louis d'or que vous m'avez donné. »

Pour réponse à cet acte de probité, le poëte met un second louis dans la main du pauvre. Puis, en s'éloignant, il dit à un ami qui l'accompagnait: « Voyez, je vous prie, où la vertu va se nicher. »

En dépit de cette boutade restée fameuse et à laquelle on a voulu attribuer plus de portée que l'auteur n'y en attachait lui-même, il devait être certainement démontré, au temps de Molière comme au nôtre, que la vertu peut se *nicher* partout. Si l'on en doutait, l'exemple suivant, emprunté aux annales des concours Monthyon à l'Académie française, suffirait, croyons-nous, à lever les doutes :

« Nicolas Plège, natif de Troyes, et acrobate de province, avait manifesté dès l'enfance un excellent naturel, qui s'est fortifié avec l'âge. Le pauvre funambule, à peine adulte, s'avisa tout à coup que sa vigueur et sa dextérité pouvaient être bonnes à autre chose qu'à l'amusement du peuple, et que le plus beau des tours de force était celui qui sauvait la vie d'un homme. A dix-huit ans, et sachant à peine nager, il retire du Rhône, à Lyon, deux ouvrières qui allaient périr. Un an après, il se distingue, à Chinon, dans un incendie, et arrache aux flammes des valeurs considérables qu'il remet intactes à leur propriétaire. En 1835, un incendie plus désastreux se déclare à la halle au blé d'Alençon. Plège, exercé à marcher sur des surfaces étroites et mobiles, se trouve partout où il y a des secours à porter. Le nommé Gérard est tombé, suffoqué par une épaisse fumée, dans une pièce que le feu entoure de toutes parts. Plège le rapporte vivant dans ses bras, et le plancher s'écroule derrière eux. Le nommé Alleaume est renversé par une poutre brûlante qui le blesse grièvement; Plège le ramène vivant au milieu d'une pluie de feu qui n'est pas factice et inoffensive comme celle de son théâtre. Pour la troisième fois de cette nuit, le feu a gagné ses vêtements.

« La troupe de Plège est dissoute à Caen. Le funambule regagne Alençon, où il a laissé d'autres souvenirs que ceux de son agilité. La multitude est accourue pour le voir encore ; mais il a donné sa représentation de clôture. Il doit partir le lendemain, quand, pendant la nuit du 30 au 31 mai, un nouvel incendie se manileste dans les écuries d'un commissionnaire de roulage.

« Vous imaginez bien que Plège y est encore; où serait Plège s'il n'était là où est le danger? Un honnête ouvrier l'a cependant devancé pour détacher un solivau que la flamme menace. La fumée l'entoure et le suffoque; il tombe et disparaît, Plège se précipite et le sauve pour la seconde fois, car c'était ce brave Gérard qu'il avait déjà sauvé, Gérard qui lui doit deux fois la vie.

« Ce n'est pas tout. Pour diriger plus utilement le jet d'une pompe, il monte sur un toit près de crouler, qui surmonte encore, par une espèce de miracle, le foyer de l'incendie. Un autre digne homme, Hurel neveu, y était seul debout alors sur une solive qui se rompt. Plège le soutient d'un bras assuré au-dessus d'un abîme de feu, et redescend avec lui du milieu des flammes, au grand étonnement et à la grande joie du peuple. Il était temps, car le toit s'affaissait tout entier au moment où ils sont reparu.

« L'auteur innocent de cette catastrophe, un domestique nommé François Brebion, en a été la première victime, et l'infortuné laisse une femme et trois petits enfants. Plège, à demi privé de l'usage de ses pieds et de ses mains, Plège, couvert de brûlures et de contusions, retarde son départ d'un jour, et donne une représentation à leur bénéfice. Il est assez touchant de voir cet homme qui vient d'accomplir les devoirs d'un héros, se croyant en arrière avec les malheureux, et leur payant pour adieu le tribut du funambule.

« Plège a des mœurs douces et pures; il est honnête homme et bon père de famille. Quel que soit son rang dans la société, il s'est donné dans l'ordre moral une place qui n'a rien à envier aux honneurs et aux dignités du monde. »

✳

Un enfant, le jeune Joseph Serre, habitant Gimont, dans le Gers. Il avait douze ans à peine.

Un jour le 2 mai 1839, il entend un grand bruit. Deux enfants âgés de quatre ans jouaient ensemble sur la place publique, exposés à tous périls. Montés en jouant sur le puits de la ville, ils s'y étaient précipités.

Tout le monde accourt; mais que fera-t-on?

On délibère, on se lamente. « Nous avions perdu tout sang-froid, » disent naivement les habitants, qui rapportent ensuite ce fait. Le jeune Serre a conservé le sien. Il demande une échelle : elle est trop courte, on la tiendra. Il descend; elle était trop courte en effet. Mais l'un des deux enfants est debout, tend les mains, aide à sa propre délivrance; en se penchant, Serres peut le saisir. Il remonte péniblement, mais ne faiblit pas, ne se décourage pas, et le rend à sa mère. Et le second? il n'a point paru, il est sous l'eau, il est perdu. Serres redescend, sans que, de tous ces hommes, aucun se soit avisé, du moins, d'avoir une échelle moins périlleuse pour l'intrépide enfant Cependant il va, il se baisse, il n'arrive point jusqu'à l'eau. Que fera-t-il? Il se suspend, il se tient du pied au dernier échelon; puis il plonge, il cherche avec effort. On tremble pour tous les deux. Un moment on ne sent plus rien : on le croit perdu. Cependant il a trouvé le petit malheureux, il l'a saisi sans connaissance, mort peut-être. N'importe, il le rendra à sa mère. Comment s'y prend-il? Il ne le sait pas lui-même. Dans les actions généreuses, on a, quand il le faut, une force surhumaine. Enfin, il reparaît avec son fardeau. Tout deux sont sauvés, car le second enfant peut à la longue être rappelé à la vie.

Nicolas Plôge et Joseph Serres ont tous deux reçu de l'Académie française un des prix que M. de Monthyon l'a chargée de décerner annuellement.

✦

On a dit que la force morale était le principal moteur des armées. Le fait suivant montre que ce n'est point à tort.

Au siége de Sébastopol, le général Trochu commandait une brigade d'infanterie composée des 9ᵉ bataillon de chasseurs, 21ᵉ de ligne et 42ᵉ de ligne. Le rôle assigné à ces troupes dans l'assaut définitif était des plus difficiles. Il s'agissait pour elles d'attaquer le bastion central et de l'enlever par escalade sous le feu d'une défense formidable. L'entreprise était presque désespérée, mais elle devait être poussée à fond pour retenir de ce côté tous les Russes qui s'y trouvaient, et favoriser par cette puissante diversion l'effort des divisions lancées contre des points plus vulnérables. La veille de l'assaut, 7 septembre, le général Trochu voulut former un corps de volontaires voués au rôle d'*enfants perdus*. Il réunit sa brigade, épuisée et réduite de moitié par onze mois d'efforts non interrompus, les officiers et les drapeaux au centre, et dit :

« Je vous apporte une grande nouvelle. Demain nous donnerons l'assaut. La tête de colonne sera détruite en éclairant et ouvrant la marche, mais j'ai le ferme espoir que la queue franchira l'obstacle. Pour former cette tête de colonne, votre général demande deux cents hommes d'un dévouement et d'un courage supérieurs.

« Je ne vous ai jamais trompés, et à tous ceux des braves qui survivraient, je ne puis assurer une décoration ou un grade. Mais je leur promets ici solennellement la plus haute récompense qui soit pour de tels soldats. Leurs états de services recevront aujourd'hui l'inscription : *Volontaires à l'assaut de Sébastopol*. Et quand ils seront rendus dans leurs foyers, portant avec eux ce titre d'honneur, j'affirme qu'ils verront leurs concitoyens, et les vieillards eux-mêmes, s'incliner avec respect devant eux. »

À cette conclusion, les troupes firent éclater une indicible émotion. Cependant plusieurs heures de réflexion leur furent laissées, et dans la soirée, alors que tous les esprits étaient rendus au calme, *cinq cent soixante officiers, sous-officiers et soldats, soit le quart de l'effectif présent*, vinrent se faire inscrire sur la liste des volontaires. Le général eut tous les embarras d'un choix difficile pour la réduire au chiffre de deux cents hommes, qui furent prêts pour la grande destruction du lendemain.

Bien peu d'entre eux revirent leurs foyers, et, « en avant des plus ardents de ces intrépides soldats, » le général Trochu tomba l'un des premiers, atteint d'une blessure effroyable à la jambe.

*

Ne peut-on croire que le même général avait dans le cœur le souvenir de cette journée terrible et de l'admirable conduite de ses soldats, quand plus tard il écrivit les belles pages dans lesquelles il a décrit d'une façon saisissante l'aspect d'un champ de bataille pendant la lutte : « Pensez-vous *qu'à ce moment* l'appât de la gloire pour quelques-uns, des récompenses pour quelques autres, suffise à soutenir les cœurs soumis à de telles épreuves? Non, il leur faut un plus noble excitant. Il leur faut le sentiment des grands devoirs et du sacrifice. C'est alors que, dans leur liberté, ils marchent fermement et dignement à la mort. »

*

Dans sa séance solennelle du 22 août 1858, l'Académie française décernait un des prix Monthyon à Simon Faivre, *éclusier* à Paris, et les titres de ce lauréat du bien étaient énumérés à peu près de la sorte par M. Saint-Marc Girardin, un des Quarante :

« A dix ans, habitant les bords de la Saône, il sauve un de ses frères plus jeune que lui. L'année suivante, il sauve un autre de ses frères qui, comme le premier, se noyait dans la Saône.

« En 1833, il voit un caporal qui vient de tomber dans le fleuve; il se jette tout habillé dans l'eau et l'arrache à une mort presque certaine.

« Depuis, il ne s'est pas écoulé une année sans que Faivre, soit en les retirant de l'eau, soit en allant les chercher à travers les flammes, n'ait sauvé deux ou trois personnes.

« En 1845, il sauve d'un incendie une pauvre veuve et ses deux enfants; puis il dispute au feu pièce à pièce le petit mobilier de cette femme, et quand on lui remet une récompense en argent, il ne la reçoit que pour la donner aussitôt à celle qui lui doit la vie.

« En mars 1850, en plein hiver, un bateau que montaient six mariniers allait couler bas, à la suite d'un choc qui avait crevé sa membrure. Aux cris que poussaient les hommes, Faivre ne prend conseil que de son courage, il se jette dans l'eau glacée, nage, disparaît sous le bateau et parvient à boucher la voie d'eau. Les six mariniers lui doivent la vie, mais il fait une maladie de six mois.

« Il n'était pas encore entièrement remis quand, un jour où il faisait son service à l'écluse de la Monnaie, un prêtre tombe dans le bassin. Il s'élance et sauve ce prêtre.

« Un mois plus tard, il plonge huit fois pour retirer de l'eau un pauvre charretier qui venait d'y tomber avec ses chevaux, mais il ne peut ramener qu'un cadavre. On lui offre la prime de sauvetage; il la distribue aux pauvres.

« Le 9 février 1857, à huit heures du soir, un homme tombe par accident dans cette même écluse de la Monnaie, qui tant de fois déjà a été le théâtre de son dévouement. Faivre se précipite, plonge, trouve au fond l'homme que la submersion a déjà privé de mouvement; il remonte, soutient son fardeau au-dessus de l'eau jusqu'à ce qu'un sergent de ville vienne l'aider à sortir de l'eau avec le corps qu'il en a retiré.

« Il fait un froid très-vif; mais Faivre ne songe encore qu'au malheureux qui est étendu immobile sur la berge; il l'emporte dans sa maison, le couche sur son propre lit, lui prodigue des soins et a enfin le bonheur de le voir se ranimer.

« Mais ce n'est pas tout: joignant l'active compassion à l'héroïque dévouement, quand il apprend que celui qu'il vient de rappeler à l'existence est un brave père de famille plongé dans la plus triste misère, il s'emploie, il sollicite, il intrigue, — si l'on peut se servir d'une pareille expression, — pour que ce malheureux trouve quelques ressources, et il a le bonheur de réussir.

« Ainsi, il a mieux fait que conserver le chef d'une pauvre famille, il a encore contribué à lui avoir du pain....

« Cent trente-trois personnes doivent la vie à Simon Faivre. »

Ainsi s'exprimait M. Saint-Marc Girardin en 1858.

*

Et maintenant, transportons-nous au 30 mai 1868, devant le tribunal correctionnel de la Seine, qui est appelé à juger les auteurs d'un vol commis avec un caractère d'autant plus odieux que les voleurs avaient profité, pour accomplir leur mauvaise action, du moment où celui qu'ils en rendaient victime exposait sa vie pour sauver celle d'un de ses semblables.

« Avant l'ouverture de l'audience, dit un journal judiciaire qui rend compte du procès, les huissiers de service aperçoivent, perdu dans les derniers rangs de la foule, un homme encore dans la force de l'âge, de belle stature, aux traits mâles, tempérés par un regard plein de douceur; il est revêtu d'un uniforme constellé de médailles d'or et d'argent, au milieu desquelles brille l'étoile de la Légion d'honneur. Près de lui se tient modestement un grand et beau jeune homme de dix-neuf ans, aux cheveux blonds, au teint de jeune fille, dont il semble avoir la timidité. Le premier, c'est Simon Faivre, dont nous venons de dire la vie. Le second, c'est son fils, Amédée Faivre, qui, à quinze ans, faisait ses premières armes dans les eaux de la Seine, et disputait à son père les joies du sauvetage. De cela, il y a quatre ans à peine, et déjà le nombre de ceux qu'il a sauvés est de dix-sept; il n'a encore que quatre médailles, et il en rougit quand ses yeux osent s'élever jusqu'à la poitrine de son père.

« En les voyant se faire petits au milieu de l'auditoire, les audienciers, qui les ont reconnus, vont à eux et les invitent à venir se placer sur la première banquette, réservée au barreau, et tout le monde d'applaudir.

« La cause est appelée. Deux accusés sont présents, à qui la justice reproche le vol d'une montre au préjudice d'Amédée Faivre.

« On appelle le premier témoin. Amédée Faivre, invité par un audiencier, se place à la barre.

« M. LE PRÉSIDENT. — Dites au tribunal les circonstances dans lesquelles on vous a volé votre montre et votre chaîne.

« Amédée parle, mais si bas, qu'on ne l'entend pas, pas même M. le président; on ne retient que ces quelques lambeaux de phrases : « Vous savez... se noyait... alors moi... »

« M. LE PRÉSIDENT. — Parlez plus haut, parlez bien haut! c'est une trop belle action que vous avez faite pour que le public ne l'entende pas. Le tribunal est heureux de vous féliciter du dévouement et du courage que vous avez montrés cette circonstance; parlez donc; tout le monde sera heureux de vous entendre.

« AMÉDÉE (encore trop bas). — C'est à la fin d'avril, je ne me rappelle pas le jour; j'étais à une fenêtre du tribunal de commerce avec mon père, quand nous avons entendu crier qu'un homme venait de tomber à l'eau, en aval du pont Notre-Dame. Nous sommes vite descendus, mon père et moi, en courant. J'ai ôté mon paletot et mon gilet que j'ai laissés au bas de l'escalier, et je me suis jeté à l'eau. Comme mon père, qui me surveillait, voyait que le noyé n'était pas facile, il s'est jeté à l'eau tout habillé au moment où nous allions passer sous un bateau; d'une main il nous a attrapés, tandis qu'il se tenait de l'autre à la corde du bateau,

8.

et il a manqué avoir les quatre doigts coupés par la corde, qui éraflait la pierre de la pile du pont.

La parole est donnée au ministère public.

« M. L'AVOCAT IMPÉRIAL. — Messieurs, la modestie du jeune Amédée Faivre et la brièveté qu'il a mise à vous raconter sa belle action du 24 avril m'obligent, et j'en suis heureux, à vous donner quelques détails plus circonstanciés. Permettez-moi d'abord de vous dire quels sont les Faivre, le père et le fils.

« Le père, vous le voyez, sa poitrine est trop étroite pour y étaler toutes les distinctions que son mâle courage lui a méritées; il a toutes les médailles possibles, la croix de la Légion d'honneur. Déjà, en 1857, comme il n'y avait plus de récompenses honorifiques à lui décerner, on lui a donné le prix Monthyon. Le père, c'est Simon Faivre, l'ancien éclusier de la Monnaie: c'est tout dire. Dans ce service, il a sauvé cent trente-trois personnes : voilà le bilan dont nous sommes heureux d'avoir à le féliciter. Ce brave des braves est aujourd'hui chef des gardiens du tribunal de commerce.

« Son fils Amédée est un tout jeune homme de dix-neuf ans, dont la vie si courte est déjà bien remplie; marchant sur les traces et sous l'œil de son père, il a déjà sauvé dix-sept personnes. Voilà les hommes; quels sont maintenant les faits?

« Le père et le fils étaient à leur fenêtre, ils voient dans la Seine un homme sur le point de se noyer; ses mouvements désordonnés indiquaient les besoins les plus pressants de secours. Le père et le fils descendent aussitôt, le fils, cette fois, précédant le père; tout en courant, il se dépouille de ses vêtements, qu'il jette au milieu de la foule, les abandonnant à la foi publique. Le père, resté sur le quai, regardait, surveillant son fils, lui donnant des conseils. A un moment donné, il le voit en danger : le noyé l'entraînait. Simon n'hésite plus : il se jette à l'eau, et, malgré son grand âge, soutenu par son immense courage et sa longue expérience, il les sauve tous deux au moment où ils étaient perdus, où ils allaient disparaître sous l'avant d'un bateau. Pendant ce temps-là, la circulation sur le pont au Change était arrêtée, tant était nombreuse et serrée la foule qui suivait les péripéties de ce drame; et cette foule d'acclamer le père et le fils quand on les voit dans les bras l'un de l'autre!

« Pendant que retentissaient ces acclamations, il y avait deux hommes qui se regardaient, se devinaient, et, de concert, commettaient la plus lâche, la plus ignoble action : ils fouillaient les poches des vêtements qu'Amédée avait abandonnés à la foi publique et lui volaient sa chaîne et sa montre. Ces deux hommes sont des repris de justice; mais, si flétris qu'ils soient, ne devaient-ils pas s'arrêter devant une telle infamie? Si la vertu est soumise à de telles épreuves, ne serait-il pas à craindre qu'elle fût étouffée dans son germe? Cette crainte, nous ne l'avons pas pour cette forte race des Faivre. Le père a son bâton de maréchal; on ne peut plus rien lui donner. Le fils, qui a déjà plusieurs médailles, est porté pour avoir celle de première classe... »

Il est inutile d'ajouter que les juges, ainsi que tous les assistants, s'associèrent à un hommage si bien mérité. Les deux voleurs, qui en avaient fourni l'occasion, furent condamnés à treize mois d'emprisonnement. C'était bien le moins qui leur était dû.

*

Plusieurs maçons se trouvaient sur un échafaudage mal assuré. Le dangereux plancher, surchargé de matériaux et de bois, se brise, entraîne dans sa chute les travailleurs, excepté deux qui eurent le temps de se cramponner à une poutre à moitié brisée. Les deux malheureux sentaient leur appui fléchir.

« Jean, dit l'un d'eux, nous sommes trop de deux, un seul pourrait attendre du secours!... — C'est vrai, Pierre; qui se dévouera? — J'ai quatre enfants, mur-

mura le premier. — Alors, adieu, Pierre! » reprit le second ; et il se laissa tomber en jetant un regard résigné vers le ciel. Les passants qui ramassèrent le corps mutilé de Jean ne surent que plus tard le dévouement sublime de ce pauvre ouvrier.

Auguste Brizeux, le poète de *Marie* et des *Bretons*, a fait de cet acte de dévouement sublime le sujet d'une de ses pièces de poésie.

*

Pendant la terrible insurrection de 1848, Mgr Affre, archevêque de Paris, étant venu (le 25 juin vers 4 heures du soir) offrir au général Cavaignac d'aller au faubourg Saint-Antoine, où s'étaient concentrés les efforts des insurgés, dans l'espoir de les amener à cesser le feu, le général Cavaignac, tout en remerciant avec effusion le digne prélat de sa noble et généreuse intervention, n'avait pas cru devoir prendre la responsabilité soit de l'engager à donner suite à une démarche dont il n'espérait pas le succès, soit de l'en décourager.

Mgr Affre prit congé du général.

« Cependant, dit-il, à mi-voix, à un de ses amis qui occupait en ce moment les fonctions de secrétaire général du pouvoir exécutif et qui, du cabinet du général Cavaignac, le reconduisait jusqu'aux marches du perron de la présidence, cependant, si cela pouvait être utile, si cela pouvait contribuer à arrêter l'effusion du sang? Même dans le doute, je dois le tenter.

— Votre démarche, lui répondit son ami, ne me paraît pas pouvoir, dans l'état des choses, avoir l'effet que vous désirez. D'ailleurs l'insurrection est refoulée, elle va être vaincue; elle touche à son dernier effort, mais le faubourg est encore hérissé de barricades : avant d'avoir pénétré jusqu'aux insurgés, vous pouvez être atteint par une balle, vous serez blessé, tué peut-être.

— Parlez-moi en vieil ami, reprit le prélat; pensez pour moi, rien que pour moi; mettez-vous en toute franchise de cœur de mon seul côté; eh bien! est-ce que ma mort même ne serait pas utile, utile à la religion?

— Eh! mon Dieu! lui répondit son ami, emporté plus qu'il ne l'eût voulu par l'évidence, cela n'est pas contestable. Ce serait la plus belle des morts pour un archevêque de Paris. Mais la vie d'un homme comme vous, sage, droit, mesuré, conciliant, peut être dans des temps comme ceux-ci plus utile cent fois que la plus belle, que la plus noble des morts. »

Le prélat se tut. Il sembla se recueillir un instant. Hésitait-il? Hélas! non. Sa résolution était prise.

« Adieu, dit-il à son ami en l'embrassant. J'y vais. »
Il y alla.

Une heure après, il tombait sur une barricade, frappé d'une balle qui, espérons-le, l'avait rencontré et non pas cherché.

Jamais grand sacrifice, jamais devoir ne fut accompli plus simplement. Mgr Affre n'était pas un héros que le danger attire, c'était un juste qui allait, au péril de sa vie, où l'appelait ce qu'il sentait être son devoir d'archevêque de Paris. Mgr Affre était accompagné de deux de ses vicaires généraux : M. Ravinet, depuis archevêque de Troyes, et M. Jacquemet, depuis évêque de Nantes.

Le danger était égal pour eux et pour l'archevêque : leur sacrifice était le même, et leurs noms doivent être associés à l'action de Mgr Affre. Je tiens ce récit de M. Hetzel, secrétaire général du pouvoir exécutif pendant la fatale insurrection de juin. Je n'ai eu garde de l'oublier dans un livre où je voudrais pouvoir réunir tout ce qui honore le cœur humain. La dernière parole de Mgr Affre mourant avait été celle-ci : « Que mon sang soit le dernier versé. »

*

Ce souvenir ramène naturellement ici celui de quelques nobles paroles que nous empruntons à la dernière proclamation du général Cavaignac à l'armée, quand l'insurrection fut vaincue.

« Ce matin encore l'émotion de la lutte était légitime, inévitable. Maintenant, soyez aussi grands dans le calme que vous venez de l'être dans le combat. Dans Paris, je vois des vainqueurs, des vaincus ; que mon nom reste maudit si je consentais à y voir des victimes....

« Prêt à rentrer au rang de simple citoyen, je reporterai au milieu de vous ce souvenir civique, de n'avoir, dans ces graves époques, repris à la liberté que ce que le salut de la république lui demandait lui-même, et de léguer un exemple à quiconque pourra être à son tour appelé à remplir d'aussi grands devoirs. »

*

Pendant la guerre de 1870-71, des francs-tireurs avaient tué quelques soldats ennemis dans un village voisin de Domremy, dans les Ardennes. Les Allemands, comme représailles, exigèrent que six habitants leur fussent livrés pour être fusillés.

Les six malheureux que le sort avait désignés furent livrés à cinq heures du soir et enfermés dans la salle d'école au rez-de-chaussée de la mairie.

L'officier prussien autorisa le curé à porter à ces hommes les consolations de la religion. Ils avaient les mains attachées derrière le dos. Une même corde leur liait les jambes.

Le prêtre trouva ces hommes dans un tel état de prostration qu'ils comprenaient à peine ses paroles. Deux d'entre eux semblaient évanouis, un autre était en proie au délire de la fièvre. A l'extrémité de la corde, la tête haute et le front calme en apparence, se trouvait un homme de quarante ans, veuf et père de cinq enfants en bas âge, dont il était l'unique soutien.

Il sembla d'abord écouter avec résignation les paroles du prêtre ; mais, saisi par le désespoir, il se laissa bientôt aller aux plus violentes imprécations. Il maudissait la nature entière. Passant du désespoir à l'attendrissement, il pleurait sur ses enfants voués à la mendicité, à la mort peut-être. Alors, il voulait que ses enfants fussent, avec lui, livrés aux Prussiens; puis d'un air désespéré, il s'écriait : « Oui, c'est le petit Bernard, âgé de trois ans, qui a tiré sur ces gredins! »

Tous les efforts du prêtre furent inutiles pour ramener la paix dans cette âme brisée. Le curé sortit et marcha lentement vers le corps de garde où se tenait l'officier. Celui-ci fumait dans une grande pipe de faïence. Il écouta le curé sans l'interrompre, laissant échapper de ses lèvres ces légers tourbillons que le soleil colore.

« Monsieur le capitaine, dit le curé, on vous a livré six otages qui, dans quelques heures, seront fusillés. Aucun d'eux n'a tiré sur votre troupe. Les coupables s'étant échappés, votre but n'est pas de punir ceux qui ont attaqué, mais bien de faire un exemple pour les habitants des autres localités. Peu vous importe donc de fusiller Pierre ou Paul, Jacques ou Jean. Je dirai même que plus la victime sera connue, plus l'exemple sera conforme à vos desseins. Je viens, en conséquence, vous demander la faveur de prendre la place d'un pauvre père de famille, dont la mort plongera dans la misère cinq petits enfants. Lui et moi sommes innocents, mais ma mort vous sera plus profitable que la sienne.

— Soit, dit l'officier. »

Quatre soldats conduisirent le curé dans la prison; il fut garrotté avec les autres victimes.

Heureusement que là ne finit pas cet horrible drame.

Un commandant prussien apprit ce qui s'était passé et, en faveur de l'héroïsme du prêtre, fit grâce aux six otages.

*

Le 8 octobre 1870, tandis que les Prussiens marchaient sur Soissons, quelques gardes nationaux furent chargés de surveiller le passage de l'Aisne. Ils se portèrent au village de Pommiers, là où l'on supposait que l'ennemi établirait un pont.

A la tête des gardes nationaux était un homme jeune encore et d'un grand mérite, Jules Debordeaux, instituteur dans un village voisin, à Pasly. Après avoir échangé de nuit, à travers la rivière, quelques coups de fusil avec les Prussiens, Debordeaux, ne recevant pas un renfort que la garnison de Soissons n'avait pu lui envoyer, replia sa petite troupe et rentra dans sa commune.

Aucune défense n'était plus possible. Le maire de Pasly, résigné à la dure nécessité de pourvoir aux exigences et aux besoins des vainqueurs, attendit avec Debordeaux, sur la place publique, l'arrivée de l'ennemi.

Le premier officier prussien qui parut demanda l'instituteur. Debordeaux s'avança, — l'officier le souffleta violemment. Cette infamie est de l'histoire :

« Donnez-moi la liste des gardes nationaux.

— Je ne l'ai pas.

— Donnez-la, reprit l'officier en le frappant de nouveau, ou vous serez fusillé. »

Fidèle au devoir, que deux misérables, habitant Pommiers, avaient trahi en le dénonçant aux Prussiens, Debordeaux refusa de livrer les noms de ses camarades. En vain le maire, qui a publié lui-même ce triste récit, réclama-t-il pour lui, comme garde national régulier, les privilèges auxquels, dans tout pays civilisé, ont droit les troupes régulières. Jules Debordeaux, accablé de mauvais traitements, refusant toujours de sauver sa vie au prix d'une lâcheté, fut fusillé, le 10, avec deux jeunes gens de Pasly.

Le lendemain, 11, à Vauxrezis, un autre instituteur, Louis Poulette, garde national, était également fusillé, sous les yeux de sa femme, comme accusé d'avoir pris part à la résistance.

Enfin, au nord de ce même département de l'Aisne,

à Vendières, près de Château-Thierry, encore un instituteur, Jules Leroy, payait aussi de sa vie, le 22 janvier 1871, sa courageuse fidélité au devoir. Aucune résistance n'avait pu être tentée dans sa commune. Quelques vieux fusils hors de service furent découverts dans le grenier de la mairie. Cela donna à l'ennemi l'idée de réclamer la liste des gardes nationaux. L'instituteur la refusa. Il subit les plus cruels traitements sans faiblir. Transporté à Châlons, où l'évêque intercéda vainement pour lui, son attitude resta héroïque jusqu'au bout. Pendant qu'il se rendait au lieu du supplice : « Venez, disait-il aux spectateurs consternés qui remplissaient les rues, venez, et souvenez-vous. »

Jules Leroy fut fusillé avec trois autres habitants. Il avait vingt-cinq ans, et laissait une jeune femme et deux petits enfants.

Dans la cour de l'école normale de Laon, le conseil général de l'Aisne a fait placer une table de marbre qui consacre la mémoire de ces humbles mais glorieux patriotes :

DEBORDEAUX, Jules-Denis, instituteur à Pasly ;
POULLTTE, Louis-Théophile, instituteur à Vauxrezis ;
LEROY, Jules-Athanase, instituteur à Vendières.

Que Dieu veuille donner aux enfants de notre pays beaucoup d'instituteurs capables d'enseigner par leurs exemples, comme par leurs paroles, le patriotisme, l'honneur et le dévouement !

*

Le curé de Neuville, département des Ardennes, était M. l'abbé Cor, âgé de plus de quatre-vingts ans. Accusé d'avoir favorisé la marche des Français et retardé celle des Prussiens, le vieillard fut arrêté. Les Prussiens l'attachèrent à la queue d'un cheval et le traînèrent ainsi sur les chemins et dans les terres labourées. Souvent le vieillard tombait, mais un cavalier prussien, qui avait attaché une corde à la jambe du curé, tirait cette corde. Ses mains et son visage étaient ensanglantés, ses membres meurtris, ses vêtements en lambeaux.

Les Prussiens le jetèrent enfin dans un fossé de la route.

Malgré son grand âge et ce long martyre, l'abbé Cor revint à la vie.

En le voyant ainsi couvert de boue et de sang, un de ses paroissiens lui dit :

« Monsieur le curé, dans quel état vous voilà !

— Oh ! répondit le curé, c'est ma vieille soutane. »

*

Pendant la campagne, les frères de la doctrine chrétienne ont eu dix-neuf morts.

Le 19 décembre 1870, le frère Néthelme, professeur à l'école de Saint-Nicolas, fut atteint par une balle prussienne. Après deux jours de souffrances, il mourut.

Le frère Néthelme était à peine enseveli qu'un jeune homme se présenta au frère Philippe, le supérieur.

« Je suis, dit-il, du département de la Lozère, je voudrais prendre la place de mon propre frère Néthelme, qui a été tué par les Prussiens.

— Vous êtes vous assuré, mon enfant, que votre famille approuve une résolution qui peut les laisser sans enfant ? lui demanda le frère Philippe.

— Mon père et ma mère, répondit le jeune homme, m'ont embrassé et béni avant de me laisser partir. »

*

De nombreux actes de dévouement, accomplis pendant les inondations qui, en 1875, ont désolé le midi de la France, ont prouvé que l'esprit de sacrifice n'est pas éteint dans notre pays.

A Toulouse, au plus fort du danger, une barque conduite par deux mariniers et un gendarme, va se diriger au secours des inondés de la rue de la Viguerie.

Le marquis d'Hautpoul s'embarque avec ces hardis sauveteurs; on veut le retenir. « Laissez-moi, dit-il; la vie d'un gentilhomme ne vaut pas plus que celle d'un soldat. »

Quelques instants après, la barque, chargée de quinze inondés, revenait péniblement; mais, repoussée par le courant et heurtée par un grand bachot portant une quarantaine de personnes, elle alla chavirer contre le mur de l'Hôtel-Dieu. Les quinze infortunés qu'on venait d'arracher à la mort périrent sans exception et avec eux M. d'Hautpoul. Les deux mariniers et le gendarme purent être sauvés. Le corps du marquis fut retrouvé quelques jours après; on lui fit à Toulouse de touchantes funérailles.

Pendant que le fléau sévissait, il ne restait plus, dans une des rues de Moissac les plus atteintes, qu'une seule chambre qui fût occupée; il y avait là une femme dangereusement malade et, veillant près de son lit, une jeune sœur de l'ordre des sœurs gardes-malades de Notre-Dame-Auxiliatrice.

Quoique depuis une heure de la nuit elle eût de l'eau jusqu'aux genoux, la sœur Joseph avait continué à prodiguer des soins et des consolations à la malade qui lui était confiée. Quand le jour parut, elle se mit à la fenêtre et appela du secours, mais longtemps inutilement. Ce ne fut qu'à neuf heures du matin qu'on l'aperçut. Une barque s'approche de la maison. Il n'y avait qu'une place. On engage la sœur à la prendre en abandonnant la malade, vouée déjà à une mort certaine. La religieuse repousse avec énergie cette proposition. D'autres barques suivent celle ci : même impossibilité de recevoir la malade; mêmes invitations adressées à la sœur, qui n'y répond que par le même refus. Elle veut être sauvée avec la malade; sinon elle mourra avec elle.

La plupart des maisons environnantes étaient déjà écroulées sous les eaux, lorsqu'enfin arriva une barque où la malade et la sœur purent être toutes deux recueillies. Au moyen d'une échelle, on fit passer la première par la fenêtre ; la sœur descendit ensuite, et la barque put les conduire sans encombre en lieu de sûreté.

*

Dans les derniers jours d'avril 1876, deux ouvriers travaillaient au sommet d'une tour, à Ville-sur-Ourthe, dans la Meuse, pour poser un paratonnerre. L'un d'eux dut monter sur les épaules de son compagnon pour faire une soudure ; mais, gêné par le vent, en ce moment très-violent, il versa mal le plomb liquide, qui tomba en gouttes de feu sur la main et l'avant-bras de celui qui le portait. Ce dernier se laissa brûler jusqu'au vif sans broncher. Le moindre mouvement de sa part eût précipité son camarade d'une hauteur d'au moins soixante-dix pieds.

L'auteur de cet acte de courage est le nommé Karis, ardoisier à Anthisne. On peut certainement mettre son stoïcisme à côté et même au-dessus de celui de Mucius Scœvola posant sa main sur un brasier devant le roi Porsenna. L'acte de celui-ci ne fut point cependant une vaine fanfaronnade. Il montrait par là quels hommes étaient les Romains et donnait à penser à Porsenna qu'il valait mieux les avoir pour amis que pour ennemis. Toutefois Scœvola s'était préparé à se conduire en héros, la souffrance qu'il affronta ne fut point pour lui une surprise. L'ardoisier d'Anthisne n'était pas dans la même situation, et il a dû improviser son dévouement et l'énergie physique qui lui était nécessaire pour n'y pas faillir.

CHAPITRE VIII

POLITESSE — URBANITÉ — SAVOIR-VIVRE

Si la politesse n'inspire pas toujours la bonté, l'équité, la complaisance, la gratitude, elle en donne du moins les apparences, et fait paraître l'homme au dehors comme il devrait être intérieurement.

La Bruyère.

Je ne sais comment on peut se dispenser de civilité et de propreté, lorsqu'il ne faut qu'un verre d'eau pour être propre, qu'un coup de chapeau pour être civil.

Henri IV.

N'être que poli là où il conviendrait d'être cordial, est de l'impolitesse. La politesse qui intimide ou embarrasse celui qui en est l'objet, la politesse froide, celle qu'on a appelée « glaciale », est, suivant l'occasion, un manque de savoir-vivre, un manque de cœur, de la sottise ou de l'impertinence.

Stahl.

✱

Philippe III, roi d'Espagne, était malade et assis dans un fauteuil devant une cheminée où l'on avait mis une grande quantité de bois. La chaleur devenant trop forte, le roi dit à des seigneurs qui étaient présents de retirer quelques bûches de l'âtre; mais le grand d'Espagne qui seul avait le droit de toucher au feu royal n'étant pas là, il fallut l'aller chercher. On aurait pu reculer le fauteuil du roi, mais celui qui seul était investi d'une telle prérogative était absent, aussi bien que le grand *boute-feu*.... Enfin il était alors défendu, sous peine du dernier supplice, de toucher à la royale personne. Or, de par l'étiquette et en présence des courtisans, le roi se grilla si bien, qu'il en mourut le lendemain.

L'excès en tout est un défaut.

*

Louis XIV, très-jaloux, comme on le sait, de maintenir envers lui-même les règles de l'étiquette et qui a dit le mot si connu : « Messieurs, j'ai failli attendre », était aussi un scrupuleux observateur des formes de la politesse. Jamais il n'adressait la parole à une femme, quelle que fût sa condition, sans se découvrir, et il gardait son chapeau à la main aussi longtemps qu'elle restait en sa présence.

*

Catinat, qui était instinctivement ennemi du faste, se promenait un jour, seul, à pied, très-simplement vêtu, dans ses terres. Un jeune Parisien s'en allait chassant sans plus de façon sur le domaine du maréchal. Rencontrant ce bonhomme qu'il ne connaissait pas et qui paraissait le regarder avec quelque étonnement, il va résolûment à lui, et, gardant son chapeau sur la tête, pendant que le bonhomme se découvre civilement : « Eh bien, oui! fait-il du ton le plus impertinent, je ne sais pas à qui est cette terre, mais tu peux dire au seigneur, si tu le connais, que j'ai pris la permission d'y chasser. »

Des paysans qui étaient à quelque distance et qui l'entendaient riaient aux éclats. Le chasseur, se dirigeant ensuite vers eux, leur demanda de quoi ils s'égayaient ainsi :

« Eh! pardienne, dit l'un d'eux, de la façon insolente don vous parlez à M. de Catinat. »

Effrayé, le jeune homme courut sur les pas du

maréchal et s'excusa très-humblement, donnant pour raison qu'il n'avait pas l'honneur de le connaître.

« Mon Dieu! repartit le maréchal, je ne vois pas qu'il soit nécessaire de connaître quelqu'un pour lui ôter son chapeau quand on lui adresse la parole. »

*

On a vu quelquefois la politesse conserver ses droits au sein de la guerre et jusque dans le fort d'une action. En voici un exemple qui se rattache à l'un des faits glorieux de notre histoire. A la bataille de Fontenoy, les troupes anglaises, sous les ordres du duc de Cumberland, ayant déjà rompu les lignes françaises, on fit marcher contre elles la maison du roi qui formait la réserve. On n'est plus qu'à cinquante pas. Les officiers anglais saluent en ôtant leur chapeau; les nôtres rendent le salut militaire. Alors le capitaine, lord Hay, d'une voix forte : « Messieurs les gardes françaises, tirez. » Le comte d'Anteroche, lieutenant aux grenadiers, s'avance et répond : « Messieurs les Anglais, nous ne tirons jamais les premiers.... » A la première décharge, dix-neuf officiers des gardes françaises tombent frappés à mort, mais la bataille se termina par la défaite complète des Anglais.

*

Les pensées, les méditations écrites de Nicole eurent tant de succès à l'époque où elles parurent, que Mme de Sévigné, dans ce style qui n'appartient qu'à elle, disait qu'elle « voudrait pouvoir en faire un bouillon pour les avaler ».

Or le célèbre penseur, qui n'avait guère vécu qu'avec les livres et les réflexions, n'était rien moins qu'homme du monde. Un jour une dame, qui désirait depuis longtemps faire la connaissance de l'écrivain dont elle admirait les ouvrages, pria un abbé, qui était son ami en même temps que celui de Nicole, de le lui amener à dîner

Nicole vint, émerveilla la dame par la profondeur de ses graves et pieux discours. Enfin, étant sur le point de sortir, et se croyant obligé à quelque compliment pour la bonne chère qu'il avait faite et pour les égards dont il s'était vu l'objet : « Ah! madame, dit-il, veuillez me croire tout pénétré de vos bontés et de vos politesses. Rien n'est si gracieux que vous, et l'on ne peut qu'admirer vos beautés et surtout vos *jolis petits yeux.* »

L'abbé qui avait présenté Nicole, et qui avait plus d'usage du monde, ne manqua pas, dès qu'ils furent sortis de l'appartement, et en descendant l'escalier, de lui faire des reproches sur sa simplicité :

« Ne savez-vous pas, lui dit-il, que les dames ne veulent pas avoir de petits yeux? Il fallait, au contraire, si vous vouliez la flatter, lui faire entendre qu'elle les avait très-grands en même temps que très-beaux.

— Croyez-vous?

— Comment! si je le crois? assurément.

— Ah! mon Dieu! que je suis donc mortifié de ma balourdise! mais, attendez, je vais la réparer. »

Et tout de suite, notre bon personnage, sans que l'autre pût le retenir, remonte chez la dame et lui dit : « Ah! madame, pardonnez la faute que j'ai involontairement commise vis-à-vis d'une personne aussi aimable. Mon digne confrère, qui est plus poli que moi, vient de me la faire apercevoir. Oui, je vois que je me suis trompé en effet, car vous avez de très-beaux *grands yeux, le nez, la bouche et les pieds aussi.* »

*

L'historiette fort connue d'ailleurs de l'abbé Cosson et de l'abbé Delille est, si nous pouvons parler ainsi, de la même famille.

Autre Nicole, l'abbé Cosson, professeur de belles-lettres au collége Mazarin, couronné dans l'art de l'enseignement, saturé de grec, de latin, se croyait avec raison un puits de science, et ne supposait pas qu'un homme familier avec Homère, Virgile, Sophocle et Térence, fût capable de commettre la moindre sottise dans le monde. Un jour, il avait dîné à Versailles chez l'abbé de Radonvilliers en compagnie de gens de la cour, de cordons bleus, de maréchaux de France. Il se vantait d'avoir déployé une rare connaissance de l'étiquette et des usages reçus. L'abbé Delille, présent à ce discours, paria qu'il avait fait cent inconvenances.

« Comment! s'écria l'abbé Cosson, j'ai fait comme tout le monde.

— Quelle présomption! reprit Delille; je suis sûr au contraire que vous n'avez rien fait comme personne. Voyons, au reste, ne parlons même que du dîner. D'abord, que fîtes-vous de votre serviette en vous mettant à table?

— Comme tout le monde, je l'étendis sur moi, en l'attachant par un coin à ma boutonnière.

— On n'étale pas sa serviette, on se contente de la mettre sur ses genoux. Et comment fîtes-vous pour manger votre soupe?

— Comme tout le monde; je pris une cuiller d'une main, ma fourchette de l'autre.

— Votre fourchette, bon Dieu! personne ne prend de fourchette pour manger la soupe. Mais poursuivons: après la soupe, que servit-on?

— Des œufs frais; j'en mangeai un.

— Et que fîtes-vous de la coquille?

— Comme tout le monde, je la laissai au laquais.

— Sans la briser?

— Sans la briser.

— Eh bien! mon cher, on doit toujours briser la coquille de l'œuf que l'on vient de manger. Mais après l'œuf?

— Je demandai du bouilli.

— Du bouilli! Personne ne dit du bouilli. On demande du bœuf. Et ensuite?

— Je priai qu'on me fît passer un morceau d'une très-belle volaille.

9.

— De la volaille, malheureux, de la volaille! on demande du poulet, du chapon, de la poularde. On ne parle de volaille qu'à la basse-cour. Mais vous ne me dites rien de votre manière de demander à boire?

— Eh bien! j'ai, comme tout le monde, demandé du bordeaux, du bourgogne.

— Sachez qu'on dit du vin de Bordeaux, du vin de Bourgogne. Mais, j'oubliais, de quelle façon coupâtes-vous votre pain?

— A la façon de tout le monde : très-proprement avec mon couteau.

— Bon! l'on doit rompre son pain, non le couper. Avançons : après dîner, vous dûtes prendre le café; comment fîtes-vous?

— Il était brûlant, je le versai par petites portions dans la soucoupe de ma tasse.

— Eh bien! vous fîtes comme certainement ne fit personne. Tout le monde boit son café dans la tasse, sans le verser jamais dans la soucoupe. Vous voyez, mon cher ami, que vous n'avez pas dit un mot, pas fait un mouvement qui ne fût contre l'usage. »

*

Un général de l'empire, parti simple soldat, avait conservé dans le monde où son rang lui donnait accès quelques-unes de ses vieilles habitudes militaires. Un jour qu'il dînait chez une dame de la cour, un domestique galonné s'apprêtait à lui verser à boire, lorsque le général, au lieu de tendre son verre, souffle dedans, le ternit de son haleine, et l'essuie vigoureusement avec sa serviette.

La maîtresse de la maison, croyant à une maladresse de domestique, fait signe à celui qui se trouve derrière elle.

On donne un autre verre au général, qui l'essuie de nouveau. On lui en apporte un troisième, il recommence à souffler dedans et à l'essuyer comme le premier. Au quatrième, le général impatienté se penche vers sa voisine, femme d'un ministre, et lui parlant à l'oreille :

« Ah çà! dit-il, est-ce qu'on se moque de moi ici? est-ce qu'on m'a invité à dîner pour me faire essuyer les verres? »

La voisine eut quelque peine à démontrer au général que, si on pouvait essuyer un verre à la cantine, où il se peut qu'ils ne soient pas nets, on devait s'en dispenser dans le monde, où il est à supposer qu'ils le sont.

*

Le duc de Bourgogne, élève de Fénelon, commandait en Flandre; un officier qui connaissait mieux son métier que les usages de la cour, se trouvant invité à la table du prince, s'assit sans que celui-ci en eût donné le signal. On l'avertit de sa gaucherie. Il en demanda pardon. « Monsieur, lui dit le duc de Bourgogne, nous ferons, si vous le voulez bien, un compromis : je vous apprendrai la cour, et vous m'apprendrez la guerre. »

*

Si l'on pouvait douter que l'urbanité est, en certain cas, profitable à celui qui l'exerce, ce trait que Montaigne raconte lui-même, sans en tirer la conclusion, suffirait, croyons-nous, à lever ces doutes.

Le célèbre écrivain, — qui vivait au temps des plus grands troubles religieux, — était alors retiré dans son château de Périgord. Certain jour, un homme se présenta devant les fossés du château, feignant d'être poursuivi par des religionnaires. Introduit par Montaigne, il lui raconta que voyageant avec plusieurs de ses amis, une troupe de gens de guerre les avait attaqués, que leur bagage avait été pillé, que ceux qui avaient opposé de la résistance avaient été tués, et qu'on avait dispersé les autres. Montaigne ne soupçonna pas un instant la bonne foi de cet homme. C'était néanmoins un chef qui était convenu avec sa troupe d'employer ce stratagème pour s'introduire dans le château. Un moment après, on vint avertir Montaigne qu'il paraissait deux ou trois autres cavaliers. Celui qui avait été admis le premier dit qu'il les reconnaissait pour ses camarades. Montaigne, touché de compassion, ne fit aucune difficulté de les recevoir. Ceux-ci furent suivis de plusieurs autres, en sorte que la cour du château fut bientôt remplie d'hommes et de chevaux. Montaigne s'aperçut alors de la faute qu'il avait faite ; mais le mal était sans remède. Il paya de bonne contenance, et ne changea rien dans ses manières. Il s'empressa de procurer à ses hôtes tout ce dont ils feignaient d'avoir besoin, leur fit distribuer des rafraîchissements, et en agit avec tant de cordialité et de politesse, que leur chef, séduit par ses bons procédés, n'eut pas le courage de donner le signal dont il était convenu pour mettre la maison au pillage, et se retira avec sa bande en avouant franchement à son hôte que le cordial accueil qu'il avait reçu de lui était la seule cause qui les empêchait de mettre à exécution le dessein en vue duquel ils étaient venus.

*

C'est un des secrets de l'esprit et du goût, de savoir faire entendre une vérité à des esprits mal disposés qui s'en trouveraient choqués si elle leur était énoncée sans ménagement. Ainsi la fable *des Membres et de l'Estomac*, au moyen de laquelle Menenius Agrippa persuada au peuple romain, retiré sur le mont Aventin, de rentrer dans Rome et de se réconcilier avec le sénat. Ainsi cet apologue, qui n'a jamais été achevé, de *Cérès voyageant en compagnie de l'Anguille et de l'Hirondelle*, lequel servit à Démosthène d'exorde pour éveiller l'attention des Athéniens et leur faire écouter une de ses patriotiques harangues contre Philippe de Macédoine. L'un et l'autre de ces apologues célèbres ont été mis en vers par La Fontaine, et se trouvent aux livres II et VIII de son recueil.

Du temps même de notre grand fabuliste il fut fait,

dans une circonstance, il est vrai, beaucoup moins importante, un emploi de l'apologue qui montrait, chez celui qui s'en avisa, autant de savoir-vivre que d'esprit. Après la mort de l'académicien Conrart, un des plus grands seigneurs de la cour, mais qui n'avait guère d'autre mérite que l'éclat de sa fortune et de sa naissance, se présenta à l'Académie française pour solliciter la place qui se trouvait vacante par ce décès. Plusieurs membres de la célèbre compagnie paraissaient tout disposés en sa faveur. M. Patru, qui était alors directeur, ouvrit l'assemblée par ces paroles : « Messieurs, un certain Grec avait une lyre admirable ; il s'y rompit une corde. Au lieu d'en remettre une en boyau tout simplement, il voulut une corde d'argent, et sa lyre, avec cet ornement, perdit toute son harmonie. » Cette improvisation coupa court aux débats. Les académiciens en tirèrent d'eux-mêmes la morale ; on remercia poliment le trop brillant candidat, et la place fut donnée à M. Huet, l'auteur modeste, mais utile, de nombreux ouvrages d'érudition sacrée et profane, qui furent très-appréciés en leur temps.

CHAPITRE IX

BIENFAISANCE — CHARITÉ — PHILANTHROPIE
BON EMPLOI DES RICHESSES

La nature nous ordonne d'obliger nos semblables. L'occasion de faire du bien se présente partout où il y a des hommes.
Sénèque.

L'homme bienfaisant se fait du bien à soi-même.
Salomon.

Un bienfaiteur délicat doit songer qu'il y a dans le bienfait une partie matérielle dont il faut dérober l'idée à celui qui est l'objet de sa bienfaisance. Il faut pour ainsi dire que cette idée se perde dans le sentiment qui a produit le bienfait.
Chamfort.

Soyez riche pour autrui, et vous sentirez se doubler votre richesse.
Charron.

Le bonheur du riche ne doit pas consister dans le bien qu'il a, mais dans le bien qu'il peut faire.
Fléchier.

Quand on n'est pas assez riche pour consacrer beaucoup d'argent à de bonnes œuvres, il faut user d'adresse, afin de faire le plus possible avec peu.
Franklin.

Le rôle de la charité est de chercher les misères qui se cachent, et de se souvenir de celles qu'on oublie.

La pitié fait siennes les douleurs des autres.

STAHL

*

Bessarion, le pieux solitaire, portait toujours sous son bras son petit livre d'évangiles. Un jour, ayant rencontré un corps mort, il le couvrit de son manteau. Quelque temps après, un pauvre qui était nu s'étant présenté à lui, il se retira dans un coin et lui donna sa tunique. Un homme de qualité, qui le vit ainsi dépouillé, lui demanda qui l'avait mis en cet état. « C'est celui-ci, répondit-il en montrant l'Evangile. » Enfin il vendit ce livre même pour fournir aux besoins des pauvres[1].

On s'étonna.

« Que voulez-vous? dit-il; toujours il me répétait : Vends tout ce que tu as pour donner aux malheureux. Je l'ai vendu comme le reste, quand il m'est resté seul. »

*

En l'an 383 de Jésus-Christ, la moisson ayant manqué dans toute l'Italie, Rome se vit livrée à la plus cruelle famine.

Dans cette extrémité, tous les étrangers reçurent l'ordre de sortir de la ville. Ces malheureux bannis, errant sans secours dans les campagnes stériles et desséchées, étaient réduits à se nourrir de glands et de racines sauvages. Leur sort attendrissait ceux qui, dans leurs propres maux, conservaient encore quelque sensibilité de l'infortune d'autrui. Parmi ceux-là se trouvait Anicius Bassus, préfet de la ville, vieillard aussi énergique que généreux, et rempli de l'esprit de charité qui est le signe du véritable chrétien.

Il assembla les plus riches citoyens : « Que faisons-nous? leur dit-il; pour prolonger notre vie, nous lais-

---

1. Il est bon de faire remarquer qu'à cette époque, où l'imprimerie n'existait pas, un livre d'évangiles manuscrit avait une assez grande valeur.

sons périr ceux qui ont travaillé à la soutenir. Ces étrangers que nous chassons du milieu de nous, ne sont-ils pas une partie de l'Etat, et non pas même la moins précieuse, la moins nécessaire? Artisans, serviteurs, marchands, n'ont-ils pas droit à nos égards, à notre reconnaissance? Nous consentons à nourrir nos chiens, nos chevaux, et nous plaignons la subsistance à des êtres humains! Ah! que la crainte de la mort fait commettre de sottes lâchetés!

« La faim qui va consumer ces malheureux fera-t-elle cesser la nôtre? Nous épargnons quelques morceaux de pain, nous achetons un répit de peu de jours au prix de la vie de tant d'infortunés, semblables à ces malheureux navigateurs qui, dans un naufrage, pour éloigner la mort de quelques instants, se dévorent les uns les autres. Eh! que ne sacrifions-nous nos fortunes jusqu'à la dernière obole? ce sera subsister à meilleur compte que par la perte d'un seul homme. Nous n'avons de secours à attendre que du ciel; il sera impitoyable pour nous, si nous sommes impitoyables pour nos frères. Ouvrons les bras à ces misérables, contribuons à leur subsistance, et qu'il ne soit pas dit que des hommes ont laissé des hommes livrés aux tortures de la faim, alors qu'ils pouvaient les en garantir. »

Les paroles du charitable vieillard produisirent l'effet qu'il s'en était promis. Le premier il apporta une somme importante; l'avarice même ouvrit ses trésors. On put faire chercher hors de l'Italie des blés qui arrivèrent pour rétablir l'approvisionnement, au partage duquel furent admis les bannis. Le superflu des riches, versé sur les pauvres, procura à ceux-ci le nécessaire, et ainsi, — dit l'historien qui rapporte ce fait, — la charité d'un seul homme fut assez féconde pour suppléer à la stérilité de la terre et sauva la vie à un peuple nombreux.

✶

« Au temps où les Vandales ravageaient la Campanie, rapporte saint Grégoire, ces barbares ayant emmené nombre d'habitants en captivité, Paulin, évêque de Nole, donna pour le soulagement des captifs et des pauvres tout ce qu'il avait à sa disposition. Lorsqu'il eut entièrement épuisé ses ressources, il survint encore une veuve qui le supplia avec instances de lui fournir les moyens de racheter son fils, devenu l'esclave du gendre du roi des Vandales. L'évêque se trouva dans une grande perplexité; n'ayant plus rien, il lui était impossible de rien donner, et pourtant il ne pouvait se résoudre à renvoyer ainsi cette malheureuse femme. Il fit alors réflexion qu'après avoir donné tous ses biens, il lui restait encore sa propre personne, et il offrit à la veuve de feindre qu'il était son esclave, afin qu'elle pût l'échanger contre son fils. La veuve se refusa longtemps à cette proposition; mais Paulin l'obligea à l'accepter. Elle le mena donc en Afrique, et le présenta au maître de son fils. Ce prince fit d'abord difficulté de le prendre en échange; mais lui ayant demandé ce qu'il savait faire, et Paulin ayant répondu qu'il s'entendait bien au jardinage, il l'accepta, et renvoya libre le fils de la veuve. Paulin servant avec fidélité et prudence, son maître ne tarda pas à le prendre en affection, et quittait souvent la compagnie des seigneurs de la cour pour venir s'entretenir avec son jardinier. Il eut occasion de le présenter au roi, son beau-frère, qui, ayant reconnu tout son mérite, lui rendit la liberté ainsi qu'à tous les esclaves de son diocèse, et en outre il lui fit don d'une grande quantité de blés pour la nourriture des habitants de Nole. »

Saint Paulin, qui a donné ce sublime exemple de charité, était issu de la famille des Aniciens, une des plus illustres de Rome, et comptait parmi ses ancêtres des consuls et des sénateurs. Il avait hérité de grands biens de ses parents; mais, avant même d'être entré dans les ordres, il s'en était entièrement dépouillé au profit des pauvres, ayant rendu la liberté à ses esclaves et vendu ses terres et ses maisons pour délivrer des prisonniers, relever des familles ruinées, marier des filles sans dot et venir en aide à des veuves, à des orphelins, à des malades, enfin à tous les nécessiteux qu'il pouvait connaître.

*

La petite ville ou plutôt le bourg de Châtillon-les-Dombes, situé dans la province de Bresse, avait au xviie siècle une population si misérable qu'un jour, le desservant étant mort, aucun ecclésiastique ne pouvait se trouver pour accepter une cure dont les revenus assuraient à peine un morceau de pain noir à celui qui l'occupait.

Après plusieurs semaines d'attente cependant, il en arriva un qui, en prenant possession de ses fonctions pastorales, avoua une singulière joie de s'en voir investi.

On put donc tout d'abord supposer qu'il avait fallu que ce prêtre se trouvât dans une condition bien précaire, puisqu'il se félicitait d'être en possession d'une aussi misérable charge; mais, informations prises, les paroissiens durent être fort étonnés en apprenant que l'abbé Vincent de Paul, leur nouveau curé, était un homme aussi instruit qu'éloquent, qui, après avoir été l'aumônier de Marguerite de Valois et le précepteur des enfants de Gondy (dont l'un devait devenir le célèbre cardinal de Retz), venait d'obtenir devant un noble auditoire de magnifiques succès comme prédicateur, avait recherché cette pauvre cure de campagne pour échapper à l'éclat qui semblait vouloir s'attacher à son nom, et aux opulents bénéfices qui lui étaient offerts.

Or, quelque temps après son installation au sein du troupeau qui n'avait pas tardé à reconnaître les hautes vertus évangéliques de son pasteur, un jour de fête, comme il allait monter en chaire, une dame l'avertit qu'une famille de cultivateurs indigents était tout enlière frappée par une même maladie. Usant de l'onction qui lui était coutumière quand la compassion avait ému son cœur, l'abbé Vincent fit un appel à la charité de tous en faveur des pauvres malades.

Après la prédication, un grand nombre de ceux qui l'avaient entendu prirent le chemin de la maison où gisaient ces malheureux; et il va sans dire que nul n'y alla sans porter quelques provisions.

Le curé, s'y rendant lui-même après les offices, rencontra des troupes de gens sur les chemins. Il loua leur zèle, mais non sans quelque restriction :

« Voilà, dit-il, une grande et méritoire charité, mais elle aurait pu être mieux réglée. Ces malades vont avoir trop d'aide à la fois ; l'abondance même rendra inutile une partie des provisions qu'on leur a portées. Celles qui ne seront pas consommées seront perdues, et la misère reviendra dans la pauvre maison. »

Cette réflexion suggéra à l'abbé Vincent l'idée de rechercher, de concert avec celles de ses paroissiennes qui avaient du bien et des sentiments charitables, par quel moyen on pourrait secourir avec ordre, non-seulement cette malheureuse famille, mais encore tous ceux qui, par la suite, se trouveraient dans une situation analogue.

Il dressa donc un projet de règlement qu'il proposa de mettre à l'essai, et qui, au bout de quelques mois, démontra la possibilité de désarmer pour ainsi dire la misère par la seule association des personnes animées d'une véritable piété. Cette association, que le curé de Châtillon fit approuver par ses supérieurs ecclésiastiques, reçut le nom de *Confrérie de la Charité*.

Au nombre des prescriptions du règlement dressé par le bon curé figurent quelques articles singulièrement touchants :

« Les personnes qui s'uniront pour soulager les pauvres, les malades, se proposeront pour modèle Jésus-Christ, qui a dit : « Soyez miséricordieux comme « votre Père du ciel est miséricordieux. »

« On n'admettra à cet emploi que des femmes et des filles dont la vertu et la sagesse soient reconnues.... Elles n'auront d'autre nom que celui de *servantes des pauvres*, et elles se feront gloire de le porter.

« Elles prépareront la nourriture des malades et les serviront de leurs propres mains. Elles en useront à leur égard comme une mère pleine de tendresse à l'égard de son fils unique. Elles leur diront quelques mots de Notre-Seigneur, et elles tâcheront de les égayer, de les distraire, s'ils paraissent trop frappés de leur mal.... »

Ce fut ainsi que s'établit dans une des plus pauvres paroisses de France le principe d'une institution qui devait bientôt se répandre non-seulement aux environs, mais encore dans la plupart des provinces de France et au delà des frontières.

Toutefois, — dit un biographe du saint prêtre, — ce qui rendit ces confréries plus brillantes contribua peu à peu à en diminuer l'utilité. Les premières dames qui s'y étaient engagées l'avaient fait par choix, et elles servaient les pauvres en personne. Il n'en fut pas ainsi de celles qui les remplacèrent. Quelques-unes y entrèrent parce que la mode était alors à la charité, d'autres agirent par des motifs plus purs, mais leur position d'épouse et de mère ne leur laissa pas la liberté dont elles avaient besoin. Les unes et les autres s'en rapportèrent à leurs domestiques, et l'on voyait chaque jour dépérir cet établissement. Pour remédier à ce désordre, Vincent de Paul, qui, en dépit de son humilité, avait dû quitter sa cure rustique pour venir donner l'exemple de la charité dans la première cité du monde, jugea qu'il était nécessaire d'avoir des *servantes* qui, uniquement occupées du soin des pauvres malades, leur distribuassent chaque jour la nourriture et les médicaments dont ils avaient besoin.

Plusieurs pieuses filles se présentèrent à lui. Il en choisit trois ou quatre qu'il plaça, pour être instruites et formées dans l'emploi qu'elles devaient remplir, entre les mains d'une dame charitable qui, depuis longtemps, s'était faite son auxiliaire pour la fondation dont il ne cessait de s'occuper.

Ce fut l'origine de cette grande et héroïque communauté dont les membres se vouent au soulagement de toutes les misères; car, après les avoir établies pour le soin des malades, le fondateur fit encore rentrer dans leurs pieuses attributions l'éducation des enfants trouvés et l'instruction des jeunes orphelines.

« Quoiqu'elles ne soient, dit-il dans la constitution de l'ordre nouveau, ni ne puissent être religieuses cloîtrées, elles doivent cependant mener une vie aussi parfaite qu'elle l'est dans les cloîtres, car elles n'auront ordinairement pour monastères que les maisons des malades, pour cellule qu'une chambre de louage, pour chapelle que l'église de leur paroisse, pour cloître que les rues de la ville ou les salles des hôpitaux, pour clôture que l'obéissance, pour grille que la crainte et l'amour de Dieu, pour voile que la sainte modestie. »

Aujourd'hui le nom de saint Vincent de Paul, — car l'Eglise a, non sans raison, canonisé l'ancien curé de Châtillon-les-Dombes, — est un de ceux que prononcent avec respect, avec vénération, toutes les lèvres humaines; son œuvre multiple de charité subsiste féconde et puissante, et nul ne saurait en nier les immenses bienfaits.

Fénelon appelait Vincent de Paul son maître, et Bossuet (qui devait se connaître en éloquence émue), se rappelant à soixante-douze ans les sermons de l'apôtre de charité qu'il avait entendu dans sa jeunesse, disait qu'il « lui semblait alors entendre Dieu parler. »

★

La charité se lassait, les subsides manquaient à l'œuvre des Enfants trouvés de saint Vincent de Paul; Vincent convoqua alors une assemblée générale de toutes les dames qu'il avait associées à cette œuvre, et là, montrant les enfants assistés jusque là par elles, il les conjura de ne point laisser périr une institution si secourable. La péroraison restée célèbre de son discours mérite certes d'être enregistrée par l'histoire :

« Or, sus, mesdames, leur dit-il, la compassion et la charité vous ont fait adopter ces petites créatures pour vos enfants ; vous avez été leurs mères selon la grâce, depuis que leurs mères selon la nature les ont abandonnées ; voyez maintenant si vous voulez aussi les abandonner.

« Leur vie et leur mort sont entre vos mains ; je m'en vais prendre les voix et les suffrages ; il est temps de prononcer leur arrêt, et de savoir si vous ne voulez plus avoir de miséricorde pour eux. Ils vivront si vous continuez d'en prendre un charitable soin ; et, au contraire, ils mourront infailliblement si vous les abandonnez. »

L'œuvre des Enfants trouvés était fondée pour toujours.

★

Depuis longtemps déjà les asiles pour les *Enfants trouvés* ou plutôt *perdus* étaient ouverts en France par suite de l'exemple qu'avait donné la puissante charité du bon Vincent de Paul, que l'Angleterre manquait encore complètement d'institutions analogues.

Les pauvres petits êtres que leurs parents, plongés dans la dernière misère, ne pouvaient élever, étaient voués par l'abandon au sort le plus affreux. Si le hasard n'envoyait pas pour les recueillir quelque honnête et généreux bienfaiteur, ils n'avaient guère d'autre chance que de mourir de faim, de froid, ou d'aller grossir, après une misérable enfance, la horde des gens sans aveu, sans principes, et partant sans avenir.

Or, dans le quartier populeux, habité par les ouvriers du port et les matelots, venait prendre séjour, dans les intervalles de ses voyages, un capitaine de navire marchand nommé Thomas Coram.

Ce Thomas Coram, l'homme endurci au physique par les fatigues de la vie maritime, et au moral par les dangers sans cesse affrontés, ne put voir sans une profonde émotion le misérable spectacle de l'enfance livrée à d'aussi navrantes éventualités, et Thomas Coram le marin rêva de devenir et devint en effet le Vincent de Paul de l'Angleterre.

Dénué de fortune personnelle, et obligé par métier de quitter souvent le pays, Coram ne laissa pas cependant que de mener à bonne fin son philanthropique projet. Il lui fallut dix-sept ans pour gagner la cause de l'humanité, mais il la gagna ; et ce fut par ses soins, grâce à ses sollicitations auprès des riches, auprès du pouvoir, grâce aux sacrifices matériels qu'il s'imposa, que fut fondé à Londres le premier hospice des *Enfants trouvés* de l'Angleterre.

Il fit même si bien, il s'oublia tellement pour le soulagement de ses semblables, qu'arrivé à la vieillesse, et incapable de se suffire, il se trouva dans la plus complète indigence. Mais alors une souscription publique s'ouvrit spontanément pour assurer une rente modeste au brave marin qui, ne l'ayant pas demandée, l'accepta sans fausse honte : « Mon Dieu, dit-il à ceux qui venaient lui transmettre le résultat du concours public, on sait comment j'ai vécu. On sait à quoi j'ai employé mon petit patrimoine et le peu d'économies que j'avais faites. Aussi est-ce sans rougir que, dans mes vieux jours, j'avoue que je suis pauvre, et que j'accepte le bon souvenir de mes concitoyens. »

Quand il mourut, il fut enterré, selon son désir, dans un caveau bâti sous la chapelle de l'hôpital des *Enfants trouvés*. Une inscription placée sur sa tombe rappelle à la reconnaissance de ceux qui trouvent dans cette maison l'assistance du corps et de l'esprit, le nom et les travaux de l'homme de bien qui se sacrifia pour leur épargner les souffrances.

★

Un jeune Français, attaché en qualité d'aide-pharmacien à l'armée que Louis XV envoya batailler en Hanovre contre celle de Frédéric II, fut fait prisonnier de guerre des Prussiens et mis à la ration, qui consistait uniquement en pommes de terre bouillies à l'eau avec un peu de sel.

En ce temps-là, la pomme de terre, bien que connue depuis longtemps en France, n'y était encore cultivée que pour l'alimentation du plus grossier bétail. L'opinion commune était que, éminemment malsaine, la pomme de terre engendrait chez les hommes qui en faisaient usage les plus funestes maladies : fièvre, lèpre, rachitisme.

L'expérience que, ainsi que ses compagnons de captivité, il dut en faire obligatoirement sur lui-même, ayant démontré au prisonnier français que les propriétés nuisibles attribuées à cette plante n'existaient qu'en vertu d'un très-ridicule et très-déplorable préjugé, il se promit de ne pas mettre en oubli les ressources qu'elle pouvait offrir à l'humanité, quand, rendu à la liberté, il reverrait sa patrie.

De retour à Paris, Antoine Parmentier, c'était le nom de ce jeune homme, s'occupa presque aussitôt, et sans relâche, d'amasser les armes qui devaient l'aider à vaincre la vieille erreur si regrettablement accréditée.

Il dit ce qu'il a vu ; il s'efforce de rallier à son opinion des cultivateurs, des savants. Il fait planter des pommes de terre aux uns, il les analyse avec les autres ; il s'en nourrit constamment lui-même, il en conseille l'usage à ses intimes, qui s'en trouvent bien, et qui l'affirment publiquement ; il répand, par toutes les voies de publicité qui peuvent lui être ouvertes, l'éloge mérité de sa chère plante ; il va répétant partout, à tous, sur tous les tons, que la pomme de terre est « un don céleste » qui doit à l'avenir conjurer les disettes, lesquelles alors ne revenaient que trop souvent décimer et torturer les populations.

Mais le préjugé est tenace ; il ne lâche pied un instant que pour se dresser plus hostile, plus acharné l'instant d'après. C'est une lutte de tous les jours, de toutes les heures. Parmentier ne cesse de parler, d'écrire, de prouver ; mais ses adversaires, et pourquoi put-il avoir des adversaires sur un semblable terrain ? reviennent toujours à la charge, espérant toujours sa défaite, se moquant de ses succès mêmes, le livrant aux risées des ignorants.

Les disettes de grains, question alors d'une actualité presque permanente, suggèrent à l'Académie de Besançon de mettre au concours un mémoire sur la plante qui pouvait en temps de rareté suppléer le mieux aux céréales.

Parmentier envoie à l'Académie un travail aussi complexe que remarquable, où, pour répondre au programme indiqué, une longue suite de plantes indigènes sont mentionnées avec le résumé d'une étude expérimentale sur chacune ; mais, en tête de toutes, il fait figurer la pomme de terre, et Dieu sait avec quel élan il la prône, avec quelle conviction il la propose, avec quelles actions de grâces, si l'on peut dire ainsi, il célèbre les bienfaisants miracles qu'elle doit accomplir, lorsqu'elle sera généralement cultivée.

Ce mémoire, où l'émotion du sincère ami des classes malheureuses, qui tremble de ne pas voir accueillir le moyen de salut qu'il propose, perce à chaque passage, remporte le prix ; il est couronné avec un véritable éclat. Mais le préjugé tient encore ; alors il n'est pas de moyens, d'expédients que la passion, que le génie du bien ne conseille à Parmentier. C'est d'abord un nombreux repas qu'il donne, auquel il convie toutes les célébrités de l'époque, et la pomme de terre à elle seule fournit la substance des mets et même des liqueurs.

Le roi Louis XVI, un des premiers convaincus, il faut le dire à sa louange, avait porté dans une fête la fleur de la pomme de terre à sa boutonnière, et s'était fait le champion de la plante de Parmentier... Les grands, les riches, par imitation, par mode, s'étaient amendés. Le peuple restait encore à convaincre. Parmentier, qui savait l'inutilité des exhortations, crut avoir trouvé un meilleur moyen de propagande.

Une grande plaine des environs de Paris avait été mise par le roi à sa disposition pour ses expériences de culture. Il la fait ensemencer de tubercules, qui végètent, qui fleurissent et qui enfin vont atteindre leur maturité. Alors tous les matins, à l'aube, un détachement de soldats vient s'échelonner autour du champ et ne discontinue sa faction qu'après le coucher du soleil.

La curiosité est excitée; la présence de ces gardes met au plus haut prix la récolte dont la conservation leur est confiée. On les questionne, on commente leurs réponses ambiguës. Enfin l'un des soldats vient un matin apprendre à Parmentier que, pendant la nuit, un vol considérable a été évidemment commis dans la plantation; et Parmentier, au comble de la joie, donne une forte récompense à celui qui lui apporte la bonne nouvelle.

Le naïf subterfuge avait produit son effet, Parmentier triomphait; en d'autres termes, la France était « à jamais préservée des disettes » qui jusqu'alors l'avaient si souvent désolée; car dès ce moment la culture et la consommation de la pomme de terre allèrent se vulgarisant de plus en plus.

Un savant, qui était ministre, proposa d'appeler *parmentière* la plante que Parmentier avait si vaillamment, si efficacement patronnée. L'usage ne consacra pas cette pensée de reconnaissance; mais le nom et la mémoire de Parmentier n'en resteront pas moins pour la postérité synonymes d'infatigable bienfaisance et d'entier désintéressement.

★

Un jour, pendant les guerres de l'Empire, l'abbé Caron, prêtre français, était à Londres, et il s'était donné la tâche d'y rassembler des secours pour ses compatriotes prisonniers de guerre des Anglais. Un riche alderman, auquel il s'était adressé, lui ayant refusé son offrande, il insista d'une façon si pressante que l'Anglais impatienté lui donna un soufflet. Alors, sans se déconcerter et sans montrer la moindre humeur : « Ceci est pour moi, dit l'abbé, mais n'oubliez pas mes pauvres, je vous prie. »

L'Anglais stupéfait donna une somme considérable; et l'abbé disait en riant qu'il aurait voulu avoir souvent de pareilles aubaines.

★

Lacépède, le célèbre naturaliste, continuateur de Buffon, directeur du Jardin des plantes et chancelier de la Légion d'honneur, se croyait comptable envers le public de tout ce qu'il recevait comme traitement. Chaque jour il avait occasion de voir des légionnaires pauvres, des veuves laissées sans moyens d'existence. Son ingénieuse générosité les devinait avant toute demande. Souvent il leur laissait croire que ses bienfaits venaient de fonds publics qui avaient cette destination.

Un employé dans les bureaux de la grande chancellerie de la Légion d'honneur venait de subir des pertes relativement considérables. Faute de dix mille francs il était perdu. Le même jour il recevait cette somme, par une voie anonyme. Devinant qu'il était l'obligé de Lacépède, il s'empressa d'aller lui exprimer sa reconnaissance et voulut prendre envers lui des engagements pour acquitter sa dette. « Vous ne me devez rien, lui dit Lacépède ; vous savez, mon ami, que je ne prête jamais. » — Il avait raison, il donnait toujours.

*

Voici comment l'abbé de l'Epée raconte lui-même la cause qui le conduisit à se consacrer à l'éducation des sourds et muets :

« Le père Varrin, prêtre de la doctrine chrétienne, avait entrepris l'éducation de deux sœurs jumelles sourdes-muettes de naissance. Ce respectable pasteur étant mort, ces deux pauvres filles se trouverent sans aucun secours, personne n'ayant voulu se charger d'entreprendre, de continuer ou de recommencer cet ouvrage. Croyant donc que ces malheureuses enfants vivraient et mourraient dans l'ignorance de leur religion, si je n'essayais pas de la leur apprendre, je fus touché de compassion pour elles, et je dis qu'on pouvait me les amener, que j'y ferais tout mon possible. »

Telles furent les simples, les humbles commencements de la magnifique institution qui devait, non sans lutte toutefois, répandre un jour tant de bienfaits.

Un premier pas accompli, un premier succès obtenu, l'abbé de l'Epée ne s'arrête plus dans la voie qu'il avait découverte, et aucun sacrifice ne lui coûta pour la propagation de sa méthode. Non seulement il donnait gratuitement ses leçons, mais encore, jouissant d'un revenu de douze mille livres environ, il le consacrait tout entier à l'entretien des pauvres enfants qu'il avait réunis dans sa maison ; et il s'imposait des privations pour en épargner à sa famille d'adoption.

Il publiait des ouvrages sur l'art dont il était le promoteur, et faisait appel aux philanthropes du monde entier. Il apprit, à un âge avancé, plusieurs langues étrangères, afin de pouvoir par lui-même rendre praticable son système dans les diverses nations. Il s'offrait pour guide à tous, et avait soin de faire répandre l'avis qu'il entendait ne recevoir aucune récompense, de quelque nature qu'elle pût être.

L'empereur Joseph II d'Autriche, pendant son séjour en France, voulut assister aux leçons de l'abbé de l'Epée. Frappé d'admiration, il lui offrit une riche abbaye dans ses Etats. « Je suis déjà vieux, répondit de l'Epée; si Votre Majesté veut du bien aux sourds-muets, ce n'est pas sur une tête déjà courbée qu'il faut le placer, c'est sur l'œuvre elle-même. »

Joseph II saisit la portée de ses paroles. Aussitôt de retour dans ses États, il lui envoya l'abbé Storck, qui, après avoir recueilli ses leçons, alla fonder l'institution des sourds-muets de Vienne.

Le bruit des merveilles qu'il opérait étant venu aux oreilles de Catherine II de Russie, cette souveraine chargea son ambassadeur à Paris de lui porter de riches présents. Il les refusa, en faisant dire à l'impératrice que, pour toute faveur, il la priait de lui envoyer un sourd-muet qu'il instruirait, et qui irait porter son système en Russie.

Cet homme de bien et de génie s'éteignit à l'âge de soixante-dix-sept ans, après avoir formé un ensemble relativement nombreux de disciples qui ont continué son œuvre. Pendant l'hiver rigoureux au milieu duquel il mourut, il poussa, dit-on, le zèle charitable jusqu'à se refuser du feu dans sa chambre pour ne pas être une charge trop lourde à la communauté qu'il soutenait de ses deniers. Les élèves durent le contraindre à s'acheter du bois. Quand les soins qu'exigeait son grand âge nécessitaient quelque dépense supplémentaire : « Mes amis, disait-il, sincèrement contrarié, à sa chère maisonnée, mes amis, je vous ai fait tort de tant d'écus. »

La ville de Versailles, patrie du saint prêtre, lui a élevé une statue.

Plût à Dieu que le bronze des canons fût souvent consacré à des hommages de ce genre!

✶

Oberlin, pasteur protestant du Ban-de-la-Roche, grande paroisse des Vosges, est devenu célèbre dans l'histoire de la bienfaisance par les prodiges de civilisation et d'amélioration matérielle que la généreuse initiative de cet homme de bien réalisa dans une région jusqu'alors presque inculte et à demi sauvage.

Isolé au milieu de l'Alsace par de hautes montagnes, tout couvert de rochers qui ne justifient que trop le nom de la contrée, le Ban-de-la-Roche, avant la venue d'Oberlin, ne présentait que quelques maigres traces de culture. Les rares habitants disséminés dans ce désert y trouvaient à peine une chétive nourriture; ignorants, de mœurs rudes, ils savaient à peine se faire comprendre et habitaient de véritables huttes des temps primitifs. Le pasteur Oberlin arrive, et tout se transforme graduellement. Les esprits s'éclairent, les landes arides se défrichent et se fertilisent, les maisons se construisent, l'industrie naît et se développe, les routes se tracent, les ponts se jettent.... la population enfin s'accroît considérablement....

Pendant que l'apôtre du progrès est à l'œuvre, une simple fille du pays, Louise Scheppler, à peine âgée de quinze ans, vivement frappée des vertus du vénérable pasteur, lui demande d'entrer à son service. Il l'accueille, et dès lors elle ne le quitte plus, sans vouloir jamais recevoir aucun salaire.

Cette humble villageoise avait compris tout ce qu'avaient d'élevé les pensées du maître auquel elle était heureuse de s'être attachée par les purs liens de la charité : souvent même elle l'étonnait par ses heureuses inspirations. C'est ainsi que, remarquant la difficulté que les cultivateurs éprouvaient à se livrer en même temps à la culture de leurs champs et au soin de veiller sur leurs enfants en bas âge, elle imagina, par une sorte de sublime instinct, de rassembler ces petits enfants dans des salles spacieuses où, pendant que les parents vaquaient à leurs travaux, elle les gardait, les amusait et commençait à leur montrer les lettres ou quelque exercice manuel.

Ainsi prirent naissance les *salles d'asile* dans une gorge des Vosges, ces refuges aujourd'hui ouverts à tous ces petits êtres dont la présence sous le toit maternel pouvait faire obstacle à la tâche que la femme de l'ouvrier est trop souvent obligée d'accomplir.

L'idée trouvée, Louise consacra à la faire réussir non-seulement le peu qu'elle possédait en propre, mais encore sa jeunesse, sa santé. Ce fut la création de son cœur, l'œuvre dont elle se passionna pour toute la vie, et qu'elle eut d'ailleurs la joie de voir porter en tous lieux les plus heureux fruits. A soixante-cinq ans, elle réunissait chaque jour encore autour d'elle une centaine d'enfants à qui elle donnait une instruction appropriée à leur âge.

Quand Oberlin mourut, on trouva dans son testament les lignes suivantes :

« Mes chers enfants, je vous lègue celle qui vous a élevés, l'infatigable Louise. Elle a été pour vous garde soigneuse, mère fidèle, institutrice, tout absolument. Son zèle s'est étendu plus loin. Véritable apôtre du Seigneur, elle est allée dans les villages assembler les enfants autour d'elle, les instruire de la volonté de Dieu, leur apprendre à chanter de beaux cantiques, leur montrer les œuvres de ce Dieu paternel et tout-puissant dans la nature, prier avec eux et leur communiquer toutes les instructions qu'elle avait reçues de moi et de votre excellente mère. Les difficultés innombrables qu'elle rencontrait dans ces saintes occupations en auraient découragé mille autres. Le caractère revêche des enfants, leur langage patois, les mauvais chemins, les rudes saisons, pierres, eaux, pluies abondantes, vents glacés, grêle, neiges profondes, rien ne la retenait. Elle a sacrifié son temps et sa personne au service de Dieu. Jugez, mes chers enfants, de la dette que vous avez contractée envers elle et moi ! Encore une fois, je vous la lègue.... Vous ferez voir, par les soins que vous prendrez pour elle, si vous avez du respect pour la dernière volonté d'un père. Mais oui, vous remplirez mes vœux : vous serez pour elle, à votre tour, tous ensemble et chacun de vous en particulier, ce qu'elle fut pour vous. »

Les enfants d'Oberlin, fidèles au vœu de leur père, voulurent l'admettre au partage de famille, mais ne purent déterminer la modeste et bonne créature à accepter rien. Elle demanda seulement la permission d'ajouter à son nom celui d'Oberlin, mariant ainsi par un naïf et touchant élan d'admiration pour l'homme de bien dont elle avait été plus d'une fois la prudente et ingénieuse conseillère, deux noms qui ont également mérité de vivre dans le pieux souvenir de la postérité.

*

Ainsi que Perrette avec son pot au lait, un petit gâte-sauce de treize à quatorze ans, portant sur sa tête une manne remplie d'œufs et de beurre, revenait de la halle en se livrant sans doute à des rêveries couleur de rose, qui faisaient épanouir sa mine fraîche et futée. Un chien malencontreux, qui vint se jeter étourdiment dans ses jambes, le fit trébucher. La manne roula dans le ruisseau. Le beurre se mêla à la boue; les œufs firent sur le pavé une gigantesque omelette. En présence de ce désastre, le pauvre enfant resta pétrifié, et deux ruisseaux de larmes coulèrent silencieusement de ses yeux : il s'attendait à être grondé, battu, renvoyé peut-être par son patron, et il faudrait en tous cas payer le dégât !

Témoin de sa douleur, un bon gros maraîcher, à la figure large et réjouie, lui mit une pièce de 1 franc dans la main, en disant à la foule qui s'était amassée : « Que chacun en fasse autant et le mal sera réparé; il faut s'entr'aider, autrement ce n'est pas la peine d'être des hommes. »

Cet exemple et ces paroles brèves, mais bien senties, produisirent leur effet : les gros sous et même les pièces de 50 centimes tombèrent dans le bonnet du petit pâtissier. Il compte : il y avait 25 fr. 50 c. On pensait qu'après avoir remercié il s'en irait joyeux avec cette somme dépassant certainement sa perte; mais on fut trompé.

Le petit bonhomme tira de sa poche la facture de ce qu'il venait d'acheter : elle se montait à 13 fr. 25 c.; il mit soigneusement cet argent de côté, puis, avisant parmi les spectateurs une femme d'aspect misérable, avec un enfant dans ses bras et un autre tenant ses jupes, il alla droit à elle et lui remit, après en avoir d'un geste demandé l'autorisation à l'assistance, les 12 fr. 25 c. restant, en disant :

« Tenez, vous en avez plus besoin que moi. »

Après avoir accompli cette action d'une façon toute naturelle, l'enfant se déroba rapidement aux félicitations de la foule.

*

« Une fois, à Marly, dit Bernardin de Saint-Pierre, je fus voir, dans les bosquets de ce magnifique parc, un cabinet couvert où Louis XV allait quelquefois faire collation. Comme c'était dans un temps de giboulées, j'y entrai un moment pour me mettre à l'abri. J'y trouvai trois enfants. C'étaient d'abord deux petites filles fort jolies, et fort bien mises, qui s'occupaient, avec beaucoup d'activité, à ramasser des bûchettes de bois sec, qu'elles arrangeaient dans une hotte placée sur la table du roi, tandis qu'un petit garçon, mal vêtu et très-maigre, dévorait dans un coin un morceau de pain. Je demandai à la plus grande, qui avait huit à neuf ans, ce qu'elle prétendait faire de ce bois qu'elle ramassait avec tant d'empressement. Elle me répondit : « Vous voyez bien, monsieur, ce « petit garçon-là, il est fort misérable; il a une belle- « mère qui l'envoie tout le long du jour chercher du

« bois. Quand il n'en rapporte pas à la maison, elle le
« bat. Quand il en emporte, il arrive souvent que le
« garde le lui ôte à la porte du parc, et le prend pour
« lui. Il meurt de faim. Nous lui avons donné notre
« goûter. »

« Après m'avoir parlé ainsi, elle acheva avec sa
compagne de remplir la petite hotte ; à elles deux elles
la chargèrent sur le dos de leur malheureux ami, et elles
coururent devant lui à la porte du parc, pour savoir
s'il pouvait y passer en sûreté. »

*

Pline le Jeune dépensait des sommes considérables
pour le service de ses amis ; il remettait toute sa dette
à l'un, acquittait celle d'un autre, faisait de riches
cadeaux aux jeunes époux qui, pauvres, lui semblaient
dignes de sympathie. Il fournissait à celui-ci l'équipement de chevalier, à celui-là vendait une terre au-dessous de sa valeur. Il donnait à des étrangers qui
habitaient Rome de quoi retourner finir tranquillement
leurs jours dans leur pays. Il faisait présent à la
ville d'une magnifique bibliothèque avec un revenu
pour l'entretenir. Il payait des professeurs pour
l'instruction de la jeunesse, et fondait un établissement
pour élever les orphelins et les enfants des pauvres. Il
est bon de remarquer que ce généreux Romain arrivait à faire tout ce bien avec une fortune relativement
modeste. Mais sa frugalité, son amour de la vie simple, étaient le fonds qui suppléait à la médiocrité de
son revenu.

*

Le trait suivant, qui met en relief le beau caractère
d'un des écrivains français les plus renommés pour
la profondeur de ses pensées et la noble fermeté de
son style, a été rapporté pour la première fois dans le
Calendrier des anecdotes de 1755

Un jeune homme, nommé Robert, attendait sur le rivage, à Marseille, que quelqu'un entrât dans son canot. Un inconnu s'y plaça ; mais un instant après, il fit mine d'en sortir, malgré la présence de Robert, qui ne lui paraissait pas devoir en être le patron, et lui dit que, puisque le conducteur de cette barque ne se montrait point, il allait passer dans une autre.

« Mais, lui répondit le jeune homme, cette barque est la mienne, et nous pouvons sortir du port.

— Non, répliqua le promeneur, il n'y a plus qu'une heure de jour. Je voulais seulement faire quelques tours dans le bassin, pour profiter de la fraîcheur et de la beauté de la soirée.... Mais, vous n'avez pas l'air d'un marinier, ni le ton d'un homme de cet état.

— Je ne le suis pas, en effet, ce n'est que pour gagner de l'argent que je fais ce métier les fêtes et les dimanches.

— Quoi ! avare à votre âge ? cela dépare votre jeunesse, et diminue l'intérêt qu'inspire d'abord votre heureuse physionomie.

— Ah ! monsieur, si vous saviez pourquoi je désire si fort de gagner de l'argent, vous n'ajouteriez pas à ma peine celle de me croire un caractère si bas.

— J'ai pu vous faire tort ; mais vous ne vous êtes point expliqué. Faisons notre promenade, et vous me conterez votre histoire. »

L'inconnu s'assied.

« Eh bien ! poursuit-il, dites-moi quels sont vos chagrins ; vous m'avez disposé à y prendre part.

— Je n'en ai qu'un, dit le jeune homme, celui d'avoir un père dans les fers sans pouvoir l'en tirer. Il était courtier dans cette ville ; il s'était procuré, de ses épargnes et de celles de ma mère dans le commerce des modes, un intérêt sur un vaisseau en charge pour Smyrne : il a voulu veiller lui-même à l'échange de sa pacotille et en faire le choix. Le vaisseau a été pris par un corsaire et conduit à Tétuan, où mon malheureux père est esclave avec le reste de l'équipage.

Il faut deux mille écus pour sa rançon, mais comme il s'était épuisé afin de rendre son entreprise plus importante, nous sommes bien éloignés d'avoir cette somme. Cependant, ma mère et mes sœurs travaillent jour et nuit, j'en fais de même chez mon maître, dans l'état de joaillier que j'ai embrassé, et je cherche à mettre à profit, comme vous voyez, les dimanches et les fêtes. Nous nous sommes retranché jusque sur les besoins de première nécessité; une seule petite chambre forme tout notre logement. Je voulais d'abord aller prendre la place de mon père et le délivrer en me chargeant de ses fers; j'étais prêt à exécuter ce projet, lorsque ma mère, qui en fut informée, je ne sais comment, m'assura qu'il était aussi impraticable que chimérique, et fit défense à tous les capitaines du Levant de me prendre à leur bord.

— Et recevez-vous quelquefois des nouvelles de votre père? savez-vous quel est son patron à Tétuan, quel traitement il y éprouve?

— Son patron est intendant des jardins du roi. On le traite avec humanité, et les travaux auxquels on l'emploie ne sont pas au-dessus de ses forces; mais nous ne sommes pas avec lui pour le consoler, pour le soulager! Il est éloigné de nous, de notre mère et de ses trois enfants qu'il aime toujours avec tendresse.

— Quel nom porte-t-il à Tétuan?

— Il n'en a point changé... Il s'appelle Robert comme à Marseille.

— Robert.... chez l'intendant des jardins?

— Oui, monsieur.

— D'après vos sentiments, reprend l'étranger, j'ose vous présager un meilleur sort, et je vous le souhaite bien sincèrement... En jouissant du frais, je voulais me livrer à la solitude.... Ne trouvez donc pas mauvais, mon ami, que je sois tranquille un moment. »

Lorsqu'il fut nuit, Robert eut ordre d'aborder. Alors l'inconnu sort du bateau, lui remet une bourse entre les mains, et sans lui laisser le temps de le remercier, s'éloigne avec précipitation. Il y avait dans cette bourse huit doubles louis en or et dix écus en argent.

Six semaines après cette époque, cette famille honnête, qui continuait sans relâche à travailler pour compléter la somme dont elle avait besoin, prenait un repas plus que frugal, composé d'amandes sèches, quand, soudain, elle voit arriver celui-là même qu'on pleurait, qu'on croyait pour longtemps encore esclave à Tétuan. Qu'on juge de l'étonnement de sa femme et de ses enfants, de leurs transports, de leur joie! Le bon Robert se jette dans leurs bras, et s'épuise en remercîments sur les cinquante louis qu'on lui a comptés en s'embarquant dans le vaisseau, où son passage et sa nourriture étaient acquittés d'avance, sur les habillements qu'on lui a fournis, etc. Il ne sait comment reconnaître tant de zèle et tant d'amour.

Une nouvelle surprise tenait cette famille immobile ils se regardaient les uns les autres. La mère rompt le silence; elle imagine que c'est son fils qui a tout fait; elle raconte à son père comment, dès l'origine de son esclavage, il voulut aller prendre sa place, et comment elle l'en avait empêché. Il fallait six mille francs pour sa rançon.

« Nous en avions, poursuit-elle, un peu plus de la moitié, dont la meilleure partie était le fruit de son travail.... il aura trouvé des amis qui l'auront aidé. »

Devenu tout à coup rêveur et taciturne, le père reste consterné; puis, s'adressant à son fils:

« Malheureux, qu'as-tu fait?... A ton âge, fils d'un infortuné, d'un esclave, on ne se procure point naturellement les ressources qu'il te fallait. Je frémis de penser que l'amour filial a pu te rendre coupable.... Rassure-moi, sois vrai, et mourons tous, si tu as pu cesser d'être honnête.

—Tranquillisez-vous, mon père, répondit-il en l'embrassant; votre fils n'est pas indigne de ce titre, ni assez heureux pour avoir pu vous prouver combien il lui est cher.... Ce n'est point à moi que vous devez

votre liberté. Je crois connaître notre bienfaiteur....
Souvenez-vous, ma mère, de cet inconnu qui me donna
sa bourse ... Il m'a fait bien des questions.... Je passerai ma vie à le chercher; je le trouverai, et je le déciderai à venir jouir du spectacle de ses bienfaits. »

Ensuite il raconte à son père l'anecdote de l'inconnu, et le rassure ainsi sur ses craintes.

Rendu à sa famille, Robert trouva des amis et des secours. Le succès surpassa son attente. Au bout de deux ans, il avait acquis de l'aisance; ses enfants, qu'il avait établis, partageaient son bonheur entre lui et sa femme, et il eût été sans mélange, si les recherches continuelles du fils avaient pu faire découvrir ce bienfaiteur qui se dérobait avec tant de soin à leur reconnaissance et à leurs vœux. Il le rencontre enfin un dimanche matin, se promenant seul sur le port. « Ah! monsieur! » Ce fut tout ce qu'il put prononcer, en se jetant à ses pieds, où il tomba sans connaissance. L'inconnu s'empressa de le secourir et de lui demander la cause de son état.

« Pouvez-vous l'ignorer? lui répondit le jeune homme. Avez-vous oublié Robert et sa famille infortunée, que vous rendîtes à la vie en lui rendant son père?

— Vous vous méprenez, mon ami, je ne vous connais point et vous ne sauriez me connaître : étranger à Marseille, je n'y suis que depuis peu de jours.

— Tout cela peut être; mais souvenez-vous qu'il y a vingt-six mois vous y étiez aussi : rappelez-vous votre promenade dans ce port, l'intérêt que vous avez pris à mon malheur, les questions que vous me fîtes sur ce qui pourrait vous aider à être notre bienfaiteur. Pouvez-vous oublier qu'en délivrant mon père vous avez été le sauveur d'une famille entière, qui ne désire plus rien que votre présence? Ne vous refusez pas à ses vœux, et venez voir les heureux que vous avez faits....

— Je vous l'ai déjà dit, mon ami, vous vous méprenez.
— Non! non, je ne me trompe point. »

En même temps, il le prenait par le bras et lui faisait une sorte de violence pour l'entraîner.

La foule s'amassait autour d'eux; alors l'inconnu, d'un ton plus grave et plus ferme:

« Monsieur, dit-il, mettons fin à cette scène. Quelque ressemblance occasionne votre erreur, rappelez votre raison, et allez dans votre famille profiter de la tranquillité dont vous semblez avoir besoin.

— Quelle cruauté! s'écrie le jeune homme. Pourquoi gâter, par votre résistance, le bonheur que nous vous devons?... Resterai-je en vain à vos pieds? serez-vous inflexible pour refuser le tribut que nous réservons depuis si longtemps à votre générosité?... Et vous qui êtes ici présents, vous que le trouble et le désordre où vous me voyez doivent attendrir, joignez-vous à moi pour que l'auteur de notre salut vienne contempler lui-même son propre ouvrage.... »

A ces mots, l'inconnu paraît se faire quelque violence; mais, comme on s'y attendait le moins, réunissant toutes ses forces et rappelant son courage, il s'échappe comme un trait au milieu de la foule, et disparaît en un instant.

Cet inconnu le serait encore aujourd'hui, si ses gens d'affaires, ayant trouvé dans ses papiers, à la mort de leur maître, une note de six mille cinq cents livres envoyées à M. Main, de Cadix, n'en eussent pas demandé compte à ce dernier, mais seulement par curiosité, puisque la note était bâtonnée et le papier chiffonné comme ceux que l'on destine au feu. Le fameux banquier répondit qu'il en avait fait usage pour délivrer un Marseillais nommé Robert, esclave à Tétuan, conformément aux ordres de Charles de Secondat, baron de Montesquieu, président à mortier au parlement de Bordeaux. On sait que l'illustre Montesquieu aimait à voyager, et qu'il visitait souvent sa sœur, madame d'Héricourt, mariée à Marseille.

D'ailleurs, Montesquieu a dit dans le *portrait* qu'il a tracé de lui-même :

« Je n'ai jamais vu couler de larmes sans en être attendri. »

✶

Né en 1733, le baron de Monthyon, dont le nom est devenu synonyme d'encouragement au bien et de récompense aux actes de vertu, était fils d'un maître des comptes qui possédait une fortune considérable.

Une solide éducation, en développant son esprit naturel, lui apprit à diriger l'extrême et instinctive sensibilité de son cœur vers le but que devraient se proposer tous ceux pour qui la destinée se montre facile et souriante. Nommé dès l'âge de 22 ans avocat au Châtelet, il fit à la fois preuve dans ce poste d'une grande aptitude aux affaires, d'une parfaite probité et d'un désintéressement sans bornes, qualités qui lui valurent, à cette époque où l'exemple qu'il donnait n'était pas une loi très-généralement observée, le surnom significatif de *Grenadier de la Robe*.

Appelé en 1768 à l'intendance de la province d'Auvergne, il trouva dans l'exercice de ces fonctions une carrière favorable au développement de sa passion pour la bienfaisance. — Dès l'époque de sa majorité, il avait pris chaque année sur ses revenus une somme de 20,000 livres. Mais à Paris, il n'avait guère pu employer cette somme qu'en aumônes proprement dites, tandis qu'installé dans son intendance, il lui fut loisible par sa position même de donner à ses généreux sacrifices un tout autre caractère.

Nommé à l'époque d'une famine, non-seulement il prit administrativement toutes les mesures qui devaient contribuer à en diminuer la rigueur, mais encore, anticipant sur ses revenus, aliénant des biens, il organisa, de ses deniers, des travaux publics qui, tout en nourrissant ceux qui y prenaient part, profitaient encore à l'assainissement et à l'embellissement de plusieurs localités.

Quand il dut se démettre de ses fonctions par suite d'une fière résistance aux ordres iniques d'un ministre, Monthyon, qui, d'ailleurs, était alors entré en possession de toute la fortune paternelle, vint se fixer à Paris, et là, tout en se consacrant à de sérieux travaux intellectuels, en publiant des ouvrages fort remarqués, il prit l'initiative des fondations de prix à décerner par les diverses Académies.

Dès 1780, il dote l'Académie des sciences pour qu'elle puisse récompenser les expériences ou découvertes jugées les plus utiles aux arts industriels. En 1782, il augmente la dotation avec application à un prix pour un mémoire ou une expérience ayant pour but de rendre les opérations mécaniques moins malsaines ou dangereuses aux artisans. La même année, il chargeait l'Académie française de récompenser le livre « dont il pouvait résulter un plus grand bien pour la société. » L'année d'ensuite, il instituait le prix « pour un acte de vertu d'un Français pauvre », puis il faisait aussi les frais d'un prix de médecine ; ce qui ne l'empêchait pas d'assurer simultanément une rente viagère à un homme de lettres qui ne sut jamais d'où lui était venu ce secours, et d'envoyer des sommes importantes aux pauvres du Poitou et du Berry, contrées cruellement éprouvées par la famine et les maladies.

La Révolution vint, à l'approche de laquelle, prévoyant sans doute la profonde commotion qui allait avoir lieu, Monthyon mit en sûreté à l'extérieur la fortune dont il faisait un si généreux emploi.

Monthyon devint hors de France la Providence de ses compagnons d'exil. Quand il rentra, en 1814 seulement, son premier soin fut de rétablir les fondations qui, dans les troubles de la Révolution, avaient eu le sort des Académies elles-mêmes, et qui depuis ont reçu régulièrement chaque année leur généreuse destination.

Ce qui distingue surtout Monthyon comme fondateur d'institutions d'utilité ou de bienfaisance, c'est que, pour disposer libéralement d'une fortune dont il aurait pu retirer personnellement tous les avantages matériels, il n'attendit point les conseil tardifs de l'âge ou des approches de la mort.

La différence est grande entre l'homme qui remet ses libéralités à une époque où, endormi dans la tombe, elles ne sauraient lui imposer le moindre sacrifice, la plus infime privation, puisqu'elles ne sont faites qu'aux dépens de ses héritiers, et l'homme qui, maître d'un opulent revenu, sait en distraire la majeure part pendant sa vie pour la consacrer aux bonnes œuvres.

Il va sans dire que, l'heure venue où il dut disposer de sa fortune par testament, Monthyon couronna par plusieurs legs de bienfaisance les actes d'intelligente libéralité accomplis pendant sa vie. Il n'eut en quelque sorte alors qu'à partager le fonds relativement modeste qu'il s'était réservé; et encore commença-t-il l'écrit de ses dernières volontés en demandant chrétiennement pardon aux hommes de ne leur avoir pas fait tout le bien qu'il pouvait et que par conséquent il devait leur faire.

Puisse son exemple, dit un biographe, enseigner aux heureux de la terre l'emploi qu'ils doivent faire de leurs biens! Puisse l'imitation de sa noble conduite être un hommage rendu à sa mémoire!...

★

Sedaine raconte le fait suivant :
« M. S..... perd un ami qui, en mourant, laisse des dettes et deux enfants en bas âge. L'ami qui survit retranche son train, son équipage, et va se loger très-humblement dans un faubourg. Il est aussitôt soupçonné d'avarice, de mauvaise conduite; il est en butte à mainte calomnie. Enfin, au bout de trois ans, il

reparaît dans le monde, car il avait accumulé, en épargnant sur sa dépense habituelle, une somme de vingt mille livres qu'il avait placée au nom des deux enfants de son ami. »

*

Au commencement de l'année 1756, un jeune et très-riche Anglais nommé John Howard s'embarquait sur un navire marchand à destination du Portugal, dont la capitale venait d'être ruinée de fond en comble par un terrible tremblement de terre.

Autant qu'on peut le croire, car aucun document n'est resté pour attester le véritable but du voyage entrepris par le jeune homme, ce n'était pas le seul désir de visiter une cité désolée qui le poussait à faire ce long voyage; il est même permis de supposer au contraire que, maître d'une fortune considérable et s'étant déjà exercé à la bienfaisance, il alla chercher là des occasions de se livrer à un penchant naturel.

Quoi qu'il en soit, comme la guerre existait alors entre la France et l'Angleterre, le navire sur lequel il était fut attaqué et capturé par un corsaire français. Ayant été à même d'apprécier par expérience tout ce que les prisonniers pouvaient endurer, John Howard sentit s'éveiller en lui, pour employer ses propres paroles, « la vocation à laquelle il devait dès lors se consacrer. »

Il résolut de devenir, et il devint en effet *l'ami, le consolateur des prisonniers*, dénomination qui lui est acquise dans le souvenir de la postérité.

Dès qu'il eut reconquis la liberté, sa noble mission commença, pour n'être interrompue que par la mort.

Ce fut d'abord sur les seules prisons de son propre pays qu'il fit porter ses études et ses efforts pour l'amélioration du sort des prisonniers. Il poussa ses recherches, il agit avec tant d'élan que le Parlement anglais ne tarda pas à prendre en considération ses remontrances et à voter deux bills pour la réforme de l'affreux système pénitentiaire alors en vigueur. Ces deux bills furent le commencement des grandes réformes que devait susciter, non-seulement en Angleterre, mais dans le monde entier, le génie philanthropique d'Howard.

Au moment de publier un ouvrage important sur *l'État des prisons d'Angleterre*, il comprit que son travail serait rendu bien plus significatif s'il pouvait établir des comparaisons avec ce qui se faisait dans les autres nations.

Ce fut alors qu'il entreprit dans toutes les contrées ces voyages de minutieuse observation qui sont à juste titre devenus fameux dans l'histoire de la bienfaisance.

En l'espace de quinze ans, Howard, outre ses explorations nombreuses dans l'intérieur de son pays, visita cinq fois la Hollande, quatre fois l'Allemagne, trois fois la France, deux fois l'Italie, une fois l'Espagne et le Portugal, poussa jusqu'en Turquie, et parcourut aussi la Russie, le Danemark, la Suède....

Comme d'autres consacrent une saison de l'année à rechercher les sites pittoresques ou les monuments superbes, Howard, lui, passa la plus grande partie de son existence en quête des mystères que recèlent les cachots, et au milieu des hideuses misères que les hôpitaux renferment; partout s'apitoyant, partout prodiguant les consolations et les secours; partout cherchant l'enseignement qui pouvait ramener les ordonnateurs des peines à des sentiments plus humains, ou les administrations charitables à une organisation meilleure.

On raconte que, lorsqu'il visita l'Autriche, l'empereur Joseph II voulut le voir et l'entretenir. Howard, qui faisait instinctivement profession d'une grande dignité personnelle, ne consentit à se rendre auprès du souverain qu'à la condition d'être dispensé de fléchir le genou devant lui, comme l'exigeait l'étiquette de la cour.

L'empereur s'empressa d'accueillir son excuse, et même supprima par un édit la formalité humiliante à laquelle Howard n'avait pas cru devoir se soumettre. L'empereur et le philanthrope eurent un entretien de plusieurs heures. Howard déclara à Joseph II que les hôpitaux de Vienne étaient mal tenus, et s'éleva surtout avec une véritable indignation contre la rigueur de certaines prisons.

« Mais en Angleterre, dit l'empereur, ne pendez-vous pas les malfaiteurs par douzaines ?

— Sire, répondit l'Anglais, j'aimerais mieux être pendu en Angleterre que de vivre dans vos donjons. »

Quand il fut sorti, Joseph II dit à un Anglais qui s'était trouvé présent à l'entretien :

« Voilà, certes, un petit homme qui n'est pas flatteur. »

Quand il vint en France, Howard obtint de visiter la Bastille et n'en sortit que pour déclarer qu'il n'avait vu nulle part rien de plus horrible, de plus odieux. Cette déclaration lui valut une sorte de persécution de la part des autorités françaises; aussi *l'ami des prisonniers* laissa-t-il éclater ouvertement sa joie quand, neuf ans plus tard, et quelques jours seulement avant sa mort, il apprit que cette citadelle venait d'être renversée.

Howard, auteur de plusieurs ouvrages très-importants sur la question qui était l'objet de sa constante préoccupation, faisait imprimer et répandre partout à ses frais ces ouvrages dont l'influence devait opérer une véritable révolution dans les différents systèmes pénitentiers de l'univers.

Consacrant tous ses revenus à propager ses idées humanitaires et à secourir les misères dont il était le compatissant témoin, Howard vivait avec la plus grande frugalité. Ne mangeant jamais de chair, ne buvant jamais de vin, il ne se nourrissait que de pain, de pommes de terre, de beurre et de thé, et pourtant on le vit en plusieurs cas donner des preuves de la plus grande énergie. Une fois, par exemple, il courut la poste pendant vingt nuits et vingt jours consécutifs sans se coucher, pressé qu'il était de rentrer à une époque fixée en Angleterre.

Modeste autant que dévoué et bienfaisant, un jour où il reçut la nouvelle que son pays voulait lui ériger une statue et que déjà la souscription était couverte, Howard fit publier une lettre aux souscripteurs dans laquelle il repoussait avec une sorte de douloureuse indignation l'honneur qu'on prétendait lui décerner : « N'ai je donc pas en Angleterre, disait-il, un seul ami sincère? »

La mort de l'intrépide philanthrope fut digne de sa vie. A la fin de son dernier ouvrage, il avait annoncé l'intention de visiter encore la Russie, la Turquie, et de pousser même jusqu'en Orient.

« Je viens d'arriver à Moscou, — écrivait-il en septembre 1780, — j'y ai vu les hôpitaux dans un triste état. Plus de soixante-dix mille personnes du peuple et de l'armée y sont mortes dans le courant de l'année dernière. J'espère porter le flambeau de la philosophie dans ces régions éloignées. Mes connaissances en médecine, il est vrai, me laissent peu d'espoir d'échapper à la peste qui sévit actuellement en Turquie, mais je ne regarde pas en arrière, et je suis prêt à affronter tous les dangers pour suivre *ma vocation.* »

Pour quitter la Russie, il se dirigea vers les rives de la mer Noire. Arrivé à Cherson, il y trouva régnant contagieusement les fièvres d'hôpitaux que des officiers russes y avaient apportées. Howard, soignant une jeune dame que le hasard lui avait donnée pour compagne de route quelques jours auparavant, contracta la dangereuse maladie qui l'emporta le 20 janvier 1790.

L'effigie d'Howard a été choisie par le Comité des prisons de Paris pour la médaille distribuée aux membres de la charitable association. En Prusse, une société pour l'abolition de la peine de mort s'est appelée Société Howard ; enfin les Anglais, que ne gênait plus l'intraitable modestie de leur généreux compatriote, lui ont élevé dans l'église Saint-Paul un monument où il est représenté tenant dans sa main des projets de bienfaisance, et foulant aux pieds des chaînes brisées.

Burke, célèbre orateur anglais, a dit d'Howard, dans l'éloge qu'il fit de lui quelques jours après sa mort :

« Il a visité toute l'Europe, non pour inspecter la pompe des palais ou la magnificence des temples; non pour mesurer les restes d'une ancienne grandeur; non pour réunir des médailles ou rassembler des manuscrits, mais pour plonger dans la profondeur des donjons, pour descendre dans l'infection des hôpitaux, pour inspecter les séjours de la douleur et de la tristesse, pour jauger les dimensions de la misère, de l'abaissement et du mépris, pour se souvenir de ceux qu'on oublie, pour soigner ceux qu'on néglige, pour visiter ceux qu'on abandonne, pour recueillir et comparer les infortunes des hommes dans tous les pays. »

✶

Sir Richard Wallace est, parmi nos contemporains, un des hommes qui savent faire de leur fortune le plus humain en même temps que le plus intelligent usage. Ami des arts et de la science, il se préoccupe sans cesse de venir en aide à toutes les honorables détresses, et chacun des sacrifices que son cœur lui conseille acquiert un plus haut prix par la forme délicate dont l'infatigable philanthrope sait le revêtir.

Resté dans Paris assiégé, où il avait conscience que sa présence devait être utile, le riche et libéral Anglais se trouva prêt à toutes les charitables initiatives. Voici, pour citer un exemple entre cent, ce qu'il écrivait au ministre des affaires étrangères au moment du bombardement, c'est-à-dire après avoir déjà pendant quatre mois versé de toutes parts des secours publics et privés et consacré à cet usage des sommes énormes :

Monsieur le ministre,

La conduite si admirable de la population des quartiers de Paris, si brutalement bombardés, me suggère une pensée que je vous demande la permission de vous soumettre....

Je désirerais qu'il fût ouvert sans retard, dans Paris, une souscription patriotique en faveur des malheureuses familles obligées de fuir leurs foyers, sous le feu de l'ennemi, afin de leur faire distribuer immédiatement les secours de toute nature dont elles ont un si pressant besoin.

Au cas où ma proposition recevrait l'approbation du gouvernement de la Défense nationale, je vous prierai de vouloir bien m'inscrire sur cette liste pour la somme de *cent mille francs*, que je ferai verser sur-le-champ au Trésor public, afin que la distribution des secours puisse commencer dès maintenant.

J'ai l'honneur d'être, etc.

RICHARD WALLACE

14 janvier 1871.

CHAPITRE X

RECONNAISSANCE

Le meilleur moyen de reconnaître un bienfait, c'est de ne l'oublier jamais.
J.-J. BARTHÉLEMY.

Que celui qui a donné se taise ; que celui qui a reçu parle.
Proverbe espagnol.

✱

Un marchand de soie, nommé Hervé, étant un jour dans sa boutique avec quelques autres bourgeois, il passa un petit garçon de quatorze à quinze ans qui avait peut-être pour quatre livres de marchandises dans une balle. Ce petit garçon leur dit en riant : « Messieurs, qui est-ce qui veut me prêter quelque chose sur ma bonne mine? J'ai bonne envie de faire fortune. » Hervé trouva ce petit garçon à sa fantaisie; il lui prêta dix écus, et lui fit, en riant, promettre que, lorsqu'il se serait enrichi, il lui tiendrait compte de moitié du profit.

Au bout d'une quinzaine d'années, comme Hervé dînait, on lui vint dire qu'un homme bien vêtu voulait lui parler.

Hervé se lève et va voir ce que désire cet homme.

L'autre, après lui avoir fait excuse du dérangement, lui demande s'il ne se souvient point d'un petit garçon à qui il avait jadis prêté dix écus.

Hervé ne s'en souvenait point; mais l'étranger lui rappela si bien les circonstances, qu'à la fin il retrouva la mémoire du fait.

« Eh bien, monsieur, c'est moi qui suis ce petit garçon. Voici mes livres; vous verrez ce que j'achetai ici, où je fus ensuite, comment je m'embarquai et m'en allai en Espagne, aux Indes, et comment tout m'a réussi assez heureusement, puisque, de compte fait, il y a près de 50 000 écus pour vous. »

Hervé répondit qu'en conscience il ne pouvait les accepter, parce qu'il avait eu l'intention de lui donner et non de lui prêter ces dix écus, et il se refusa absolument à recevoir l'argent.

L'autre sortit; mais le lendemain il envoya à Hervé deux crocheteurs chargés de vaisselle d'argent, le suppliant d'accepter du moins ce faible souvenir d'un cœur reconnaissant, et ajoutant que, puisqu'il refusait de le considérer comme son débiteur, il lui permettrait bien de rester son obligé.

*

L'auteur du *Paradis perdu*, le poëte Milton, venu dans une époque de bouleversements politiques, avait pris parti pour les ennemis de la royauté. Cromwell, qui gouverna l'Angleterre sous le nom de protecteur, et pendant la dictature duquel fut jugé et condamné à mort le roi Charles Ier, Cromwell avait nommé Milton, qui était un de ses plus zélés apologistes, secrétaire interprète près le conseil chargé de rechercher et de punir les royalistes insoumis.

Un jour que Milton était seul dans le lieu des séances de ce conseil, des soldats amenèrent un homme accusé d'avoir conspiré le retour de l'ancien régime. Le simple soupçon d'un tel fait pouvait alors être considéré comme l'équivalent d'une condamnation à mort; et cependant le prévenu, au lieu de se troubler devant son juge, semblait au contraire simplement préoccupé de le considérer avec admiration.

« Ton nom? demanda Milton, avec la brusquerie caractéristique d'un temps où s'entre-choquaient les plus austères et les plus implacables passions.

— Je m'appelle William Davenant. »

A ce nom, qui était celui d'un auteur dramatique à qui ses succès avaient valu d'être attaché à la cour de Charles Ier avec la qualité de *poete-lauréat*, Milton se lève et s'informe, plein d'une grande anxiété, si l'homme qui se trouve devant lui est bien celui qu'il croit.

Sur la réponse affirmative qui lui est faite, et sans songer qu'il peut en résulter pour lui-même les plus dangereuses conséquences, il dit aux soldats de se retirer en laissant à sa garde cet homme sur le compte duquel une erreur a évidemment été commise; car celui-ci, dit-il, n'est autre qu'un excellent citoyen qui s'est réjoui avec les patriotes du renversement de la royauté et de la mort du tyran.

Davenant veut protester contre cette allégation, qui n'est nullement d'accord avec sa conscience; mais Milton l'entraîne, le pousse dans une chambre voisine où il l'enferme à clef; puis il persuade aux gardes, auxquels d'ailleurs en les congédiant il distribue de l'argent, que l'erreur existe réellement, et qu'il assume la responsabilité de ce qui sera fait.

Il va ensuite rejoindre son prisonnier, et, oubliant le royaliste pour ne voir que le poète de talent, il prend avec lui toutes les mesures qu'exige sa situation, et et ne le quitte qu'après l'avoir aidé à gagner une retraite où il fût à l'abri des persécutions.

Davenant, toujours protégé par Milton, ne fut plus inquiété depuis.

Douze ans plus tard, les vicissitudes de la vie politique ayant ramené les Stuarts sur le trône d'Angleterre, le vieux républicain Milton fut à son tour poursuivi. Devenu alors aveugle, malade, et en même temps fort pauvre, il vivait caché dans un des faubourgs de Londres, avec ses filles, qui lui lisaient les antiques auteurs et transcrivaient les vers de son magnifique poème.

Un soir, le misérable réduit est envahi par des gens du roi qui viennent arrêter le poète. Digne dans le malheur comme dans la prospérité, Milton se dispose à les suivre, prêt à répondre sans faiblesse d'opinions auxquelles il est héroïquement resté fidèle. Déjà il est sur le seuil, exhortant ses enfants à la patience, à la résignation, quand il croit reconnaître la voix d'un homme qui parle à ceux qui l'emmènent. « C'est Davenant, s'écrie-t-il, c'est lui-même! Se peut-il que celui-ci, à qui j'ai sauvé la vie, soit aujourd'hui complice de ma perte? » Mais Davenant, pour toute réponse, remet à l'une des filles de Milton un parchemin qu'il la prie de lire à haute voix.

Elle lit: « Voulant témoigner à Davenant ma reconnaissance pour ses fidèles services, je lui accorde la grâce pleine et entière de Milton. Signé : CHARLES. »

Davenant avait retrouvé auprès de Charles II le crédit que lui accordait Charles Iᵉʳ. Ayant été instruit des poursuites dirigées contre Milton, il n'avait eu de repos qu'après les avoir fait révoquer; et, cette révocation obtenue, il s'était en hâte rendu à la maison du vieux poëte, où il n'avait pu arriver qu'au moment où déjà le premier ordre royal recevait un commencement d'exécution.

*

« Quand j'habitais la rue de la Madeleine, — dit Bernardin de Saint-Pierre, — j'avais pour porteur d'eau un Auvergnat appelé Christal, qui a nourri pendant cinq mois, *gratis*, un homme qui lui était inconnu, et qui était venu à Paris pour un procès, « parce que, — me dit-il, — cet homme, le long de la route, dans la voiture publique, avait aux montées, quand les voyageurs étaient invités à descendre de la diligence, donné de temps en temps le bras à sa femme, alors très-souffrante. »

*

Si nous descendons des hauteurs où brillent les célèbres personnalités historiques, une anecdote, rapportée par M. E. Legouvé dans son livre des *Femmes*, nous prouvera que le sentiment dont nous nous occupons peut aussi bien trouver au sein des classes les plus humbles une noble traduction.

« Une pauvre ouvrière est transportée dans un hôpital à cause d'une paralysie du larynx, qui lui ôte l'usage de la parole. Sa douleur, qui passe toute mesure, éclate en sanglots et en torrents de larmes. Le médecin en chef la soumet à un traitement rigoureux et longtemps inutile. Enfin, une nuit qu'elle essayait selon sa coutume de faire mouvoir son gosier rebelle, un mot s'en échappe. Elle parle, elle est sauvée! Que va-t-elle faire? Sans doute appeler ses compagnes d'infortune, et leur dire : « Je parle! » le leur dire pour entendre elle-même le son de sa propre voix!

Non, elle se tait. Six heures, sept heures sonnent. Les sœurs gardiennes lui apportent sa nourriture ; elle se tait toujours, et seulement parfois, la tête sous sa couverture, elle s'assure de sa guérison par quelques syllabes prononcées tout bas. Enfin la porte s'ouvre, le médecin entre et s'approche de son lit. Alors avec un sourire plein de larmes : « Monsieur, lui dit-elle, je parle ; et j'ai voulu garder ma première parole pour mon sauveur. »

*

Les journaux ont pour la plupart répété en ces derniers temps un fait accompli avec toute la spontanéité d'un bon cœur, et qui honore son auteur, simple caporal au 75ᵉ régiment d'infanterie.

Ce jeune soldat avait perdu son père quelque temps après sa naissance ; sa mère, qui s'était remariée, mourut aussi ; et il resta, à six ans, dans la maison de son beau-père, où on le maltraitait à tout propos, et où on le nourrissait à peine.

Un jour qu'on l'avait envoyé chercher du bois dans la forêt, il fut surpris par un orage, et revint dans un état pitoyable. Changer de vêtements était un soin auquel il ne pouvait songer ; mais, ayant faim, il demanda un morceau de pain, qu'on lui refusa, en le mettant à la porte.

Sa marraine, qui demeurait dans le voisinage, l'entendit pleurer, le recueillit et lui donna à manger en lui disant que, tant qu'il y aurait du pain chez elle, il y en aurait pour lui. De plus, l'enfant vit de grosses larmes couler sur les joues de la pauvre femme ; et il en fut touché au point que ce souvenir, dit-il, se grava dans son cœur pour ne s'en effacer jamais.

A vingt ans, l'enfant est devenu soldat, et quoique fort peu instruit, sa bonne conduite l'a fait nommer caporal. Son temps de service expiré, il s'est rengagé et a touché la somme de mille francs. Ayant obtenu une permission de quinze jours, il alla tout droit au pays et trouva, comme il l'avait bien prévu, sa marraine vieille et ne pouvant guère ajouter à ses faibles ressources par le travail.

« Quand j'étais petit et malheureux, lui a-t-il dit, vous avez eu pitié de moi; c'est à mon tour de vous venir en aide. »

Et le brave soldat a remis à sa marraine les mille francs de sa prime de rengagement.

*

A Pondichéry, un soldat avait coutume de donner à un éléphant, chaque fois qu'il touchait sa paye, une petite mesure de rhum, liqueur dont cet animal était très-friand. Un jour ce soldat, qui, paraît-il, n'aimait pas moins ce breuvage, en avait bu en assez grande quantité pour causer quelque désordre public. Les gardes de la ville voulurent le saisir pour l'emmener en prison, mais il se sauva, sans savoir assurément ce qu'il faisait, entre les jambes de l'éléphant. Ce fut en vain alors qu'on essaya de l'arracher de ce singulier asile; l'éléphant, avec sa trompe, écartait tous ceux qui approchaient. Enfin on laissa tranquilles et l'animal et le soldat, qui s'endormit du plus lourd sommeil, sous le ventre de son énorme protecteur. Le lendemain, ce ne fut pas sans terreur que, revenu de son ivresse, il se trouva en pareil lieu; mais l'éléphant, qui n'avait pas changé de place tant que son protégé avait dormi, le caressa pour le rassurer, et se mit à marcher, comme pour lui dire qu'il pouvait s'en aller.

*

Des déserts africains et des rives du Bengale à la banlieue parisienne, la distance est aisée à franchir pour le conteur. Or, voici le récit que nous avons dernièrement entendu faire par des gens qui offraient d'y joindre les indications précises pouvant permettre d'aller en vérifier l'authenticité.

Dans la plaine qui s'étend de Montrouge à Vaugirard, existent çà et là diverses maisons de cultivateurs; une entre autres où sont nourris plusieurs chevaux, dont un de trois ans. Cet animal est très-vif, fougueux même, excepté devant un petit enfant de cinq ans, qui a coutume de le caresser et de partager souvent avec lui les quelques sucreries et gâteaux qu'on lui donne.

Un jour, la bonne, restée seule à la maison avec l'enfant, était occupée aux soins du ménage, pendant que le petit garçon jouait dans la cour. Dans un coin de cette cour est un tonneau enfoncé en terre qui sert de réservoir pour les eaux de pluie.

Tout à coup un cri retentit. La bonne court à la fenêtre et voit l'enfant se débattant dans le tonneau. Elle se hâte de descendre, en appelant au secours; mais lorsqu'elle arriva dans la cour, ce fut pour recueillir l'enfant de la bouche du jeune cheval, qui, lui aussi, comprenant le danger signalé par les cris de son petit ami, était venu le saisir par sa blouse et le retirer du tonneau.

Le propriétaire du cheval, père de l'enfant, a juré que jamais il ne se déferait de cet animal.

*

M. Benson, un gentleman dont la véracité ne saurait être mise en doute, a constaté de la plus formelle façon la reconnaissance chez la race bovine.

Il avait été passer un mois chez un fermier dans le nord de l'Angleterre. Ce fermier avait un taureau si sauvage et si farouche qu'on était obligé de le tenir toujours enchaîné, excepté quand on le menait à l'eau. L'animal semblait avoir conçu une antipathie particulière pour M. Benson, qui, jeune et courageux, l'avait probablement irrité de temps en temps. Jamais il ne le voyait sans faire entendre de sourds beuglements et sans s'agiter, comme pour se jeter sur lui. Deux fois, au moment où il allait à l'abreuvoir, il guetta sournoisement une occasion pour s'élancer sur M. Benson, qui était dans la cour, et qui n'échappa pas sans peine à son dangereux agresseur.

Durant le séjour que fit M. Benson à la ferme, une affreuse tempête, éclairs et tonnerre, éclata. Ce voyageur, qui avait été dans les régions tropicales, affirma n'avoir jamais rien vu de plus terrible. Les éclairs ressemblaient à des nappes de feu, et chaque éclat de lumière était instantanément suivi de coups de tonnerre aussi bruyants qu'une décharge de cinq cents pièces d'artillerie. Mais ce qui l'affectait le plus au milieu de ce désordre, c'étaient les mugissements du pauvre taureau, qui, dans un hangar ouvert à la fureur des éléments, poussait à chaque instant des cris de terreur impossibles à décrire.

S'imaginant que c'étaient les éclairs qui causaient les alarmes de l'animal, M. Benson proposa aux domestiques de la ferme de conduire le taureau dans une étable fermée; mais les pauvres gens étaient à prier, qui dans un coin, qui dans un autre, aussi terrifiés que le taureau lui-même, dont les mugissements ne faisaient aucune impression sur eux.

Alors M. Benson passa son habit et seul entra dans la cour. Au moment où il approcha, le taureau, qui était couché sur le dos et qui avait brisé sa chaîne, se leva. Par tous ses mouvements, il exprima la joie que lui causait la vue d'un être humain, au milieu de cette scène d'horreur, et se laissa conduire le plus docilement du monde dans l'étable.

Le lendemain matin, M Benson, en traversant la cour, remarqua que son ancien ennemi, qui avait été replacé sous le hangar, ne le saluait plus avec son beuglement habituel. Il pensa que l'animal se souvenait du service qu'il lui avait rendu la nuit précédente. En conséquence, il se hasarda par degrés à s'approcher de l'animal.

Bien loin de montrer contre lui aucune malveillance, le taureau se laissa, cette fois, gratter la tête par son bienfaiteur, et, depuis ce jour-là, se montra envers M. Benson aussi doux qu'un agneau. Il poussa même la complaisance jusqu'à souffrir que M. Benson, qui voulait éprouver son amitié, lui jouât toutes sortes de tours. Aucune autre personne de la ferme n'aurait pu se permettre de telles privautés. Le taureau semblait même prendre plaisir à attirer, dans certains cas, l'attention de celui avec lequel il était maintenant réconcilié.

*

Quand Jésus, portant sa croix, s'achemina vers le Calvaire, tous ceux qui avaient vécu de sa parole s'étaient enfuis. Seul un petit oiseau auquel, le jour de la Cène, il avait jeté quelques miettes, suivait la victime et ses bourreaux. Seul des amis du fils de l'homme, il assista au lamentable drame du Golgotha. Quand Jésus sentit approcher sa délivrance, il baissa les yeux vers le buisson dans lequel l'oiseau agitait ses ailes, et il lui dit : « Tu es béni, toi qui n'as pas abandonné celui que son père lui-même abandonne. » Alors, volant sur la tête du Crucifié expirant, l'oiseau détacha une épine de la couronne ensanglantée et l'emporta dans son bec, et une goutte de sang qui suintait de la sainte relique descendit sur sa poitrine et la décora du plus glorieux de tous les stigmates.

Ce qui ne saurait être contesté, c'est que le rouge-gorge se montre digne de cette page de son histoire. Il a gardé la tradition du courage et de la fidélité au malheur. De mœurs douces, d'habitudes pacifiques, il est un vaillant entre les vaillants ; il semble que la tache de feu de son plastron s'étende a son cœur et l'embrase, il soutient le choc d'un ennemi trois fois gros comme lui. C'est l'ami des mauvais jours ; il se rapproche de nous quand ils commencent ; il nous quitte pour retourner à ses solitudes quand ils sont finis. Il vole du toit de chaume, sous lequel il s'abrite, à la fenêtre, osant quelquefois se hasarder dans l'intérieur de la maison, fixant sur nous ses grands yeux bruns, humides, parlants, qui nous disent : Courage ! tu ne peux pas succomber aux épreuves de ce cruel hiver, puisque moi, que Dieu a fait si frêle et si petit, je les brave pour ne songer qu'au printemps et aux beaux jours qui reviendront avec lui.

Mis DE CHERVILLE.

CHAPITRE XI

FRANCHISE ET FLATTERIE

Quand on n'ose pas dire ce qu'on pense, on finit par ne plus penser ce qu'on dit.

ZÉNON.

L'homme qui déguise sa pensée est un oiseleur qui tend des filets.

SALOMON.

Détestables flatteurs, présent le plus funeste
Que puisse faire aux rois la colère céleste.

RACINE.

Racine place ces deux vers dans la bouche d'une reine qui n'est arrivée aux plus fâcheuses extrémités qu'en cédant aux insidieuses flatteries d'une suivante.

Racine, qui mourut, dit-on, du chagrin d'avoir encouru la mauvaise humeur de Louis XIV[1], était mieux

---

1. Mme de Maintenon ayant conseillé à Racine de rédiger un Mémoire pour le roi sur l'état de la France, alors en proie à tous les désastres

que personne à même d'étudier sur nature les effets de la flatterie sur le flatteur et sur le flatté. Peut-être l'auteur de *Phèdre* put-il entendre un jour Louis XIV demander à l'un de ses courtisans l'heure qu'il était, et celui-ci répondre : « L'heure qu'il plaira à Votre Majesté. » Peut-être aussi était-il présent quand le roi, devenu vieux, se plaignait à table de n'avoir plus de dents, et qu'un des fidèles adorateurs du prince s'écria : « Eh ! Sire, qui est-ce qui a des dents ? » Cette dernière réponse pouvait toutefois n'être pas sérieuse, car l'abbé de Granchamps, de qui elle venait, possédait lui-même trente-deux dents bien intactes.

Une autre fois, le même prince demandant l'âge de ses officiers : « Mais, Sire, lui fut-il répondu, l'âge de tout le monde, soixante-dix ans ! » C'était alors justement l'âge du roi, à qui, comme à tous les souverains, il n'était pas loisible d'en rien dissimuler.

S'étonnera-t-on, en présence de telles adulations, que l'être qui s'en est vu l'objet depuis son enfance, pour peu que l'instinct de la vanité existe en lui, puisse arriver à se croire d'une autre nature que le commun des mortels ?

Mais ce ne sont encore là que de simples adulations verbales ; M. le duc d'Antin nous offre mieux ou davantage.

Sa Majesté, raconte un des chroniqueurs de la cour, était allée un soir coucher à Petit-Bourg ; elle trouva qu'une avenue de vieux arbres qu'on découvrait des fenêtres du château faisait mauvais effet. Le lendemain, à son réveil, le roi ne voyant plus l'allée, demanda ce

---

qui sont la suite inévitable d'une longue et ruineuse guerre, Racine avec son âme bonne, ardente, mit dans cette œuvre tout l'élan dont il était capable. Le roi, piqué de voir qu'un *rimeur* s'avisait de lui donner des conseils, quoiqu'ils fussent assurément très-respectueux : « Parce que Racine fait bien les vers, croit-il tout savoir ? Et parce qu'il est bon poëte, veut-il être ministre ? » Telle fut la réponse de Louis XIV, réponse qui frappa au cœur le poëte, et fit s'aggraver mortellement une maladie dont il était atteint.

qu'elle était devenue : « Sire, repartit le duc, comment eût-elle osé reparaître devant vous ! elle vous avait déplu. »

En une nuit on avait, par les ordres du duc, abattu, enlevé les arbres et aplani le terrain.

Ce même duc d'Antin témoigna une autre fois, par un exploit du même genre, qu'il était sans pitié pour les arbres qui « avaient le malheur de déplaire » à son maître. C'était à Fontainebleau. Le roi avait paru désirer qu'on fît disparaître quelque jour un quartier de forêt qui gênait un peu la perspective. M. d'Antin fit scier tous les arbres près de la racine de façon qu'ils tinssent à peine. Des cordes étaient attachées à chaque tronc, et douze cents hommes avaient été cachés dans le bois, n'attendant qu'un signal convenu pour tirer sur les cordes. Le roi vient se promener de ce côté. Le duc sait amener la conversation sur ce bois ; Louis XIV ne manque pas de répéter que ce coin de forêt lui déplaît.

« Votre Majesté, dit alors M. d'Antin, en sera débarrassée aussitôt qu'elle l'aura ordonné.

— Vraiment? dit le roi ; en ce cas, je l'ordonne.

— En ce cas, Sire, voyez ! »

Et M. d'Antin, ayant tiré un sifflet de sa poche, fit entendre le signal que les hommes attendaient, et la forêt tomba comme par enchantement.

On dit que la duchesse de Bourgogne, presque effrayée de ce « miracle », s'écria en se retournant vers les dames de sa suite : « Ah ! mon Dieu ! si le roi demandait nos têtes, M. d'Antin les ferait tomber de même. »

Quelquefois cependant, le *Dieu* de Versailles avait de débonnaires retours à la conscience de son *humanité*.

A un certain moment, il eut la fantaisie de rimer, à l'exemple des beaux-esprits dont il était entouré. MM. de Saint-Aignan et Dangeau lui montrèrent comment il fallait s'y prendre.

« Un matin, raconte Mme de Sévigné, il dit au maréchal de Gramont :

« Monsieur le maréchal, lisez, je vous prie, ce petit madrigal, et voyez si vous en avez jamais lu un si impertinent. Parce qu'on sait que depuis peu j'aime les vers, on m'en apporte de toutes les façons. »

Le maréchal, après avoir lu, dit au roi :

« Sire, Votre Majesté juge divinement bien de toutes choses : il est vrai que voilà le plus sot et le plus ridicule madrigal que j'aie jamais lu. » Le roi se mit à rire, et lui dit : « N'est-il pas vrai que celui qui l'a fait est bien fat ? — Sire, il n'y a pas moyen de lui donner un autre nom. — Oh ! bien, dit le roi, je suis ravi que vous m'en ayez parlé si bonnement ; c'est moi qui l'ai fait. — Ah ! Sire, quelle trahison ! que Votre Majesté me le rende, je l'ai lu brusquement. — Non, monsieur le maréchal, les premiers sentiments sont toujours les plus naturels. »

« Le roi, ajoute Mme de Sévigné, a fort ri de cette folie, et tout le monde trouve que voilà bien la plus cruelle petite chose que l'on puisse faire à un vieux courtisan. »

*

Dans une autre occasion, Louis XIV ne montra pas moins de bon sens en donnant une leçon du même genre au vieux duc de la Feuillade. Ce seigneur, qui était aussi maréchal de France, ayant rencontré Boileau dans la galerie de Versailles, lui récita un sonnet de Charleval que, pour sa part, il trouvait admirable, et il lui en demanda son avis. Boileau répondit qu'il n'y voyait rien de remarquable, bien au contraire. Là-dessus le maréchal, ayant aperçu la dauphine qui traversait la galerie, s'élança vers elle et lui lut le sonnet tandis qu'elle continuait à marcher. « Voilà un beau sonnet, monsieur le maréchal, » dit la princesse, qui vraisemblablement ne l'avait pas écouté avec une grande attention. Le maréchal revint aussitôt rapporter au poëte le jugement de la dauphine, et il ajouta d'un air moqueur qu'il était bien délicat de ne pas approuver des vers que le roi avait trouvés bons et auxquels la princesse avait pareillement accordé son suffrage. « Je ne doute point, répondit Boileau, que le roi ne soit très-expert à prendre des villes et à gagner des batailles. Je doute aussi peu que Mᵐᵉ la dauphine ne soit une princesse remplie d'esprit et de lumières; mais, avec votre permission, monsieur le maréchal, je crois me connaître en vers un peu mieux qu'eux. M. de la Feuillade accourt alors chez le roi et lui dit avec une impétuosité indignée : « Sire, n'admirez-vous pas l'insolence de Despréaux, qui dit se connaître en vers mieux que Votre Majesté? — Oh! pour cela, répondit tranquillement le roi, je suis fâché d'avoir à vous le dire, mais Despréaux a raison. »

✶

Joseph II, empereur d'Autriche, est un des souverains modernes qui parut le moins avide de flatterie, et qui, aussi souvent qu'il le put, déposa la gêne de l'étiquette pour tâcher de se perdre dans la simplicité de la vie ordinaire.

Un jour que, par un singulier hasard, certain pont qu'il venait de traverser s'écroula derrière lui : « Ah! s'écria-t-il, voilà de la belle besogne pour les flatteurs! Ils ne manqueront pas de dire que le pont m'a respecté. »

✶

Au milieu d'une discussion avec le poëte Santeuil sur une question littéraire, le grand Condé, qui trouvait sans doute que son fougueux interlocuteur ne se tenait pas dans la juste mesure de la contradiction : « Çà! fit le prince, sais-tu bien que je suis prince du sang?

— Oui, monseigneur, mais je sais aussi que je suis,

moi, prince de bon sens, et l'un vaut peut-être bien l'autre. »

On affirme que la réplique étonna Condé sans l'irriter.

★

Si Louis XIII prit une idée fausse de la grandeur royale, ce ne fut pas au moins à son premier précepteur, le marquis de Pisani, qu'on en doit faire remonter la faute. Un jour que le marquis et le jeune prince étaient ensemble à la chasse et qu'un paysan, auprès duquel ils passaient, s'était mis presque le ventre à terre sans que le prince le saluât même de la tête, le marquis l'en reprit fort aigrement : « Monsieur, lui dit-il, il n'y a rien au-dessous de cet homme et il n'y a rien au-dessus de vous; mais si lui et ses semblables ne labouraient la terre, vous et vos semblables seriez en danger de mourir de faim. »

Peut-être ce marquis de Pisani avait-il été donné pour mentor au prince sur la recommandation du duc de Sully, qui, à l'occasion, ne ménageait pas plus la vérité au père que le précepteur ne l'épargnait au fils.

Mais retournons quelque peu chez les anciens.

★

Crésus, assis sur son trône et revêtu des habits les plus riches, demanda à Solon si jamais il avait vu quelque chose de plus beau : « Oui, dit-il, les coqs, les faisans, les paons, qui brillent d'un éclat naturel, et dont le plumage est varié par des couleurs que l'art ne saurait imiter. »

★

Alexandre, qui s'en allait ravageant les provinces asiatiques dans le seul but d'asservir des nations afin de pouvoir s'en glorifier, et que la victoire favorisa presque sans cesse pendant sa marche dévastatrice, Alexandre, qui se fit reconnaître fils du dieu Jupiter, devait, on le comprend, priser fort la flatterie : mais il courut trop le monde pour ne pas rencontrer d'ici et de là quelques fiers esprits qui s'abstinrent de lui dissimuler la vérité : ce furent d'abord les ambassadeurs des Scythes, peuplades errantes et jusque-là indomptées, qui cherchaient en vain le motif en vertu duquel ce chef de légions venait guerroyer contre eux.

« Qui es-tu ? que veux-tu ? lui dirent-ils. Jamais nous n'avons songé à mettre le pied dans ton pays. N'est-il pas permis à ceux qui vivent dans les bois d'ignorer d'où tu viens ? Nous ne voulons, nous, ni obéir ni commander à personne. Nous avons pour tout bien reçu du ciel un joug de bœuf, un soc de charrue, un javelot et une coupe; c'est de quoi nous nous servons pour nos amis et contre nos ennemis. A nos amis, nous donnons du blé provenant du travail de nos bœufs tirant la charrue, et nous buvons avec eux du vin dans la coupe. Quant à nos ennemis, nous les combattons de loin avec les flèches, de près avec le javelot. Nous voyons bien que, si les dieux t'avaient donné un corps proportionné à ton ambition, tout l'univers serait trop étroit pour te contenir; quand tu aurais subjugué tout le genre humain, tu ferais la guerre aux rivières, aux forêts et aux bêtes sauvages.... Mais ne sais-tu pas que, si les grands arbres sont longs à croître, il ne faut cependant qu'un seul coup de vent pour les renverser ; que le lion sert quelquefois de pâture aux fourmis; que le fer est consumé par la rouille?...

« Si tu es un dieu, comme tu veux le faire croire, tu dois faire du bien aux mortels, et non pas leur ravir ce qu'ils ont. Si tu n'es qu'un homme, songe à ce que tu es. Ceux que tu laisseras en paix seront véritablement tes amis, parce que les plus fermes amitiés sont entre gens égaux, et ceux-là s'estiment égaux qui n'ont point éprouvé leurs forces l'un contre l'autre. Mais ne t'imagine pas que ceux que tu auras vaincus puissent t'aimer; il n'y a jamais d'amitié vraie entre le maître et l'esclave.... »

Ces discours, qu'Alexandre n'écouta d'ailleurs qu'avec un dédaigneux sourire, furent suivis d'une sanglante défaite de l'armée des Scythes.... Mais il faut se garder d'admettre que « la raison du plus fort soit toujours la meilleure », car le jugement ayant été porté devant la postérité, ce n'est pas du côté d'Alexandre qu'elle a mis la justice et le droit.

Callisthène, le philosophe, vint ensuite, qui fut aussi victime de sa franchise, mais qui n'en donna pas moins, et quoi qu'il dût lui en coûter, un bel exemple de dignité et de courageuse raison.

A la fin d'un repas où étaient réunis tous les familiers et les principaux des Perses, dans le pays desquels il se trouvait, Alexandre sortit. A peine eut-il quitté la salle que Cléon, un de ses plus chauds courtisans, se prenant à vanter les hautes vertus du maître, conclut à la divinité de celui-ci, et voulut faire décider que lorsqu'il rentrerait tous se jetteraient à ses pieds pour l'adorer en forme. C'était du reste une sorte de comédie arrangée entre Cléon et Alexandre, qui n'avait fait que se retirer derrière une tapisserie d'où il pouvait entendre tout ce qui se disait dans la salle.

L'avis ouvert par Cléon fut accepté unanimement par les convives, à l'exception d'un seul qui était le parent et le disciple d'Aristote, et qui avait été placé par ce philosophe auprès d'Alexandre, son élève, pour perpétuer en celui-ci, autant que faire se pourrait, les leçons et l'exemple de la sagesse. Tout ami qu'il fût lui-même de la vérité, Aristote, en amenant Callisthène au fils de Philippe, l'avait engagé, dans son intérêt, puisqu'il devait vivre à la cour, à veiller sur sa propension à ne rien taire de ses pensées, et à prendre soin d'en atténuer l'austère sincérité. Callisthène ne profita de cette recommandation que dans une certaine mesure; s'il adoucit quelquefois la forme de ses discours, il ne crut pas devoir en masquer le fond. Dès que Cléon eut achevé de parler, Callisthène prit la parole : « Si le roi avait entendu la proposition que tu viens de faire, dit-il, aucun de nous ne serait en peine de te répondre, car lui-même te l'aurait certainement interdite; il t'aurait défendu de rendre odieuses sa personne et sa gloire par une aussi indigne flatterie. Mais puisqu'il est absent, je te répondrai pour lui. De même qu'il ne faut pas rabaisser les dieux à la condition des mortels, de même il ne faut pas élever un mortel à la condition des dieux. Alexandre, si vous le voulez, est le plus grand des hommes dignes de recevoir tous les honneurs dus à un mortel; mais il n'est qu'un homme et non un dieu, et je déclare que je croirais l'outrager si je lui rendais les hommages qu'on rend aux hôtes du ciel. »

Le profond silence avec lequel Callisthène fut écouté montrait assez qu'il était le seul, sinon à avoir, du moins à oser laisser voir une telle pensée. Alexandre, qui n'avait pas perdu un mot de l'entretien, fit dire à Cléon que, sans insister davantage avec ses compatriotes, il se contentât d'amener les Perses à se prosterner devant lui selon qu'ils avaient coutume de faire devant leur roi, que d'ailleurs ils tenaient ordinairement pour dieu.

Bientôt après il rentra : aussitôt les Perses se jetèrent la face contre terre. Un des officiers d'Alexandre, voyant que l'un des adorateurs de son chef heurtait du menton le plancher de la salle : « Frappe plus fort, » ne put-il s'empêcher de lui dire en riant. Alexandre fit sur l'heure jeter cet irrévérend en prison; plus tard il lui pardonna cependant, mais il ne fit pas grâce à Callisthène.

Une conspiration contre la vie du roi ayant été découverte à quelque temps de là, et un de ceux qui en avaient été les meneurs étant l'ami de Callisthène, le philosophe fut par cela seul déclaré suspect et mis à la torture pour qu'il avouât sa prétendue participation au complot. Il mourut en protestant de son innocence, mais sans avoir rien rétracté de son opinion sur la divinité d'Alexandre.

Une autre fois, un pirate fut pris et amené devant le

conquérant, qui s'avisa de le traiter de voleur et lui demanda de quel droit il infestait les mers : « Voleur, dis-tu? répliqua le forban ; est-ce bien toi qui oses m'appeler ainsi? A la vérité, parce que tu fais le même métier que moi avec le titre de roi et des armées considérables sous tes ordres, on t'appelle grand, on t'honore, on te glorifie, tu es un conquérant! Moi, parce que je vais chassant sur les mers avec un pauvre petit navire et quelques hommes déterminés, on me méprise, et tu m'appelles voleur! Si cependant il ne fallait considérer que les motifs et l'action en elle-même, où serait la différence entre nous deux, et lequel l'emporterait s'il s'agissait de démontrer les droits en vertu desquels il agit? »

Cette fois Alexandre, dit-on, se montra bon prince. Le pirate eut la vie sauve, et fut même relâché sur-le-champ.

✶

Nous avons précédemment vu le maréchal de Gramont jeté dans un singulier embarras par la plaisante fantaisie de Louis XIV, passagèrement atteint de la manie du bel-esprit. Diodore de Sicile va nous montrer, aux temps antiques, la contre-partie de cette aventure.

En Sicile, Denys, tyran des Syracusains, délivré des guerres des Carthaginois, jouissait du repos dans une paix profonde. Il s'occupa avec ardeur à faire des vers Il fit venir auprès de lui les poètes les plus renommés, les traita avec distinction, et, profitant de leur société, trouva en eux des maîtres et des juges. Enivré des éloges qu'il reçut en raison des faveurs qu'il prodiguait, Denys en vint à tirer de ses vers une extrême vanité

Il envoya en conséquence son frère Théaride aux fêtes Olympiques, pour y disputer en son nom, à l'aide des pièces de vers qu'il lui avait données, le prix de poésie.

Il avait en outre fait choisir, pour dire et chanter ses

vers devant la solennelle assemblée, des déclamateurs à la voix pleine, sonore, agréable, qui savaient donner du poids et du nombre aux périodes qu'ils débitaient. Des musiciens les accompagnaient, et tous ces envoyés étaient somptueusement vêtus.

Quand ils parurent, la magnificence de leurs costumes frappa d'abord les regards; quand ils commencèrent à déclamer, la puissance et la beauté de leur organe enchantèrent d'abord les oreilles; mais, le premier étonnement passé, quand on en vint à apprécier la valeur même des vers du monarque, on en sentit bientôt le ridicule, la sottise. Les applaudissements cessèrent, remplacés par les cris moqueurs, les huées, et le peuple alla jusqu'à disperser brutalement les envoyés, dont il mit en pièces les riches pavillons. Pour comble de mésaventure, la galère qui ramenait à Syracuse ces déclamateurs fut assaillie d'une effroyable tempête et ne regagna qu'à grand'peine les rivages de Sicile. Les pilotes, au retour, ne se gênèrent pas pour aller répétant partout que c'étaient les mauvais poëmes du tyran qui, en indisposant les dieux, avaient valu aux lecteurs et aux matelots tant de fâcheux accidents.

Denys se montra furieux de l'affront qui lui avait été fait devant toute la Grèce; mais les flatteurs, dont sa cour était pleine, ne manquèrent pas de lui faire entendre qu'un tel déchaînement contre les produits si remarquables de son esprit ne pouvait être que l'effet de l'envie qui s'attache toujours à ce qu'il y a de plus excellent, et que tôt ou tard ses envieux, forcés par l'hommage universel, rendraient justice à son mérite et reconnaîtraient qu'il était le premier de tous les poëtes.

Les lettrés, qu'il avait attirés en foule autour de lui, s'évertuaient aussi à le louer, à l'accabler de flatteries. Tout, selon eux, dans les vers de Denys, était grand, était royal, ou pour mieux dire divin.

Un homme cependant se trouva mêlé à cette troupe hypocrite, qui fit acte de vaillante sincérité. Il s'appelait Philoxène ; il avait une grande réputation dans la poésie lyrique. Un jour, dans un festin, Denys récita une mauvaise pièce de vers qu'il avait composée, et qui excita parmi les flatteurs, convives du repas, une chaude admiration ; mais Philoxène gardait le silence. Denys, qui s'en aperçut, l'interrogea. Philoxène exprima un avis si totalement opposé à celui des autres convives, que le tyran poëte ordonna aussitôt de le saisir et de le mener aux *carrières*, prisons où les criminels étaient obligés à de rudes travaux.

Les amis de Philoxène supplièrent, pleurèrent et firent revenir de sa rigoureuse sentence Denys, qui pardonna au malavisé et l'invita même à son prochain banquet comme si rien ne se fût passé entre eux.

Ce jour-là encore, Denys ne manqua pas d'amener la conversation sur ses poëmes, desquels d'ailleurs il était ordinairement préoccupé. Il choisit donc certains morceaux qu'il avouait lui-même tenir pour les meilleurs de ceux que la postérité admirerait sous son nom, et les récita. De vifs applaudissements lui témoignèrent de nouveau tout l'enthousiasme que ses compositions pouvaient exciter en des esprits serviles, mais il manquait à ce concert d'éloges la voix de Philoxène, et après les rigueurs dont celui-ci s'était vu l'objet, le roi ne devait pas douter qu'il obtiendrait enfin de lui quelque approbation. Philoxène, engagé à se prononcer, loin de perdre contenance ou de démentir son premier jugement, se tourna tranquillement vers quelques gardes qui se tenaient à l'entrée de la salle, et, moitié grave, moitié riant : « Qu'on me ramène aux carrières, » dit-il.

Cette fois, Denys sut bien prendre la chose : il se mit à rire, et ses courtisans rirent avec lui.

Et pourtant Denys ne devint pas, tant s'en faut, plus traitable sur la question de ses vers ; car on affirme qu'ayant tenté une nouvelle expérience aux jeux Olympiques et y ayant éprouvé le même échec que la première fois, il tomba dans une profonde tristesse, dans une noire manie, qui le portait à croire que tout le monde était jaloux de sa gloire et de son génie. On dit même que le dépit l'égara jusque-là, qu'il fit mourir plusieurs de ses fidèles serviteurs, soupçonnés par lui d'avoir méconnu ses talents.

Toujours est-il qu'il faillit en coûter cher au célèbre philosophe Platon pour s'être laissé prendre à ses semblants d'amitié. Denys l'avait fait prier de venir à Syracuse, et, quand Platon y arriva, il fut en effet reçu avec toute la déférence et la distinction que pouvaient lui mériter ses talents et sa réputation de sagesse. Mais quand tout naturellement, lui, le noble penseur, il voulut user avec Denys du franc parler qui lui était coutumier, l'homme aux flatteurs fut bien vite dégoûté d'un pareil hôte. Un beau jour, sur un mot malsonnant, il le fit tout bonnement prendre par ses gens et mener au marché pour qu'il y fût vendu comme esclave [1], et si les autres philosophes ne se fussent cotisés pour le racheter, le *divin* Platon aurait fort bien pu se trouver réduit, pour le reste de ses jours, à la plus dure et la plus vile condition.

A vrai dire, qu'allait il faire, lui, homme libre et sage, chez ce tyran vain et détesté?

✱

Après que l'histoire ancienne nous a donné la contrepartie de l'histoire moderne, pourquoi ne demanderions-nous pas au moyen âge quelque fait contrastant avec l'un de ceux que nous avons empruntés aux siècles antiques?

De même qu'Alexandre, roi de Macédoine, Canut, roi de Danemark, avait mérité le surnom de *grand* par le nombre et l'importance de ses conquêtes.

---

1. Il y avait alors dans chaque ville un marché où étaient ainsi exposées en vente les personnes qui, par le droit de la guerre ou par quelque iniquité semblable à celle dont nous voyons ici un exemple, étaient devenues la propriété d'autres personnes.

Arrivé au faîte de la puissance, ce souverain professait un grand attachement pour la religion chrétienne, à laquelle il s'était nouvellement converti, et, en vertu des principes qu'il y trouvait enseignés, il affectait de réprimer les sentiments d'orgueil que sa haute condition et les inévitables adulations de ses courtisans devaient naturellement faire naître en lui.

Un jour, entouré de ses familiers, ayant poussé sa promenade au bord de l'Océan, il s'assit sur un rocher qui, pendant la marée basse, était à découvert, mais par-dessus lequel les eaux passaient à l'heure de la haute mer. Longtemps il s'oublia à cette place, les yeux fixés sur la mouvante immensité qui se déroulait devant lui. Pendant que cet imposant spectacle, en captivant son attention, lui inspirait peut-être de décevantes réflexions sur la prétendue puissance humaine, il pouvait entendre les gens de sa suite agiter très-sérieusement la question de savoir si leur maître, qui avait fait tant de choses surhumaines, ne méritait pas qu'on lui rendît un culte divin. Plusieurs même affirmèrent à l'envi que le roi était véritablement dieu, et se déclarèrent prêts à l'honorer comme tel.

Cependant la marée montait, dont les lames venaient en grondant écumer aux pieds du roi, qui ne paraissait nullement s'en apercevoir, absorbé qu'il semblait être encore par la contemplation d'un grandiose spectacle ou par ses profondes réflexions. Et nul de ceux qui étaient venus là avec le roi n'osait prendre sur soi d'interrompre la rêverie du prince, ou plutôt du dieu.... Force fut bien toutefois de s'en aviser quand l'eau vint baigner les pieds du monarque. Mais lui se retournant placidement vers ceux qui l'avertissaient du danger auquel il était exposé : « Que craignez-vous? leur dit-il; ne puis-je pas commander à la mer de se retirer, de me respecter? Moi, dieu, je n'aurais pas le pouvoir d'empêcher les flots d'envahir une terre qui est la mienne? » Puis, étendant les bras sur les eaux : « Vagues, reculez, c'est ici mon empire. » Il n'avait pas achevé qu'une lame plus haute le couvrit jusqu'à la ceinture.... Alors, se levant du rocher où jusque-là il était resté assis : « Eh bien ! dit-il avec une moqueuse dignité, comparerez-vous encore les rois de la terre avec le roi du ciel, qui seul peut dire aux eaux de la mer : « Vous n'irez pas plus loin ? »

*

L'impératrice Marie-Thérèse, mère de Joseph II, disant un jour qu'elle ne connaissait pas de gens plus méprisables que ceux qui achetaient la noblesse : « Et ceux qui la vendent, Madame ? » lui répliqua le prince de Ligne, qui était présent.

*

Le plus petit compliment que nous adressent les autres nous fait beaucoup plus de plaisir que le plus gros compliment que nous nous adressons nous-mêmes.

*

On raconte que la première fois que le père Séraphin, prédicateur en renom et chrétien austère, prêcha devant Louis XIV, il supprima le compliment que les orateurs étaient dans l'usage d'adresser au roi, et que ce religieux jugeait indigne d'être ainsi placé. « Sire, dit-il, je n'ignore pas la coutume; mais Votre Majesté permettra sans doute que je ne m'y conforme pas : j'ai cherché un compliment dans les saintes Écritures, et j'ai eu le malheur de n'y en point trouver. »

CHAPITRE XII

ACTIVITÉ — PUISSANCE DU TRAVAIL ET DE LA VOLONTÉ

Le fruit du travail est le plus doux des fruits. — Vous trouverez fort peu de paresseux que la paresse n'incommode.
Vauvenargues.

Ne perdez pas une heure, puisque vous n'êtes pas sûr d'une minute.
Franklin.

La faim regarde à la porte de l'homme laborieux, mais elle n'ose pas entrer.
Franklin.

Le jour est court, l'ouvrage est long. L'activité est la marchandise qui rapporte le plus.
Ben Sira.

Le sage se repose en changeant de travail.
Boiste.

L'étude est le souverain remède contre les dégoûts de la vie : il n'est guère de chagrin qu'une heure de lecture ne puisse dissiper.
Montesquieu.

Pour les hommes sages et les esprits cultivés, les jouissances de l'étude croissent avec l'âge; aussi est-ce une belle pensée qu'exprime le vers de Solon :

> Je vieillis en apprenant tous les jours.

Il n'y a point de volupté qui surpasse cette volupté.
CICÉRON.

L'homme qui a le goût du travail n'est jamais perdu. S'il tombe, il se relèvera; ne désespérez jamais de lui.
P.-J STAHL.

*

La première fois que Démosthène, qui devait devenir le plus grand des orateurs grecs, parla devant ce peuple en prenant pour sujet les affaires publiques, le bruit fut si grand, l'inattention si générale, qu'il ne put se faire écouter. On se moqua de la singularité de son style; on lui trouva la voix faible, la prononciation pénible et la respiration si courte, que la nécessité où il était de couper et reprendre fréquemment haleine en rendait le sens difficile à saisir.

La seconde fois, sifflé par le peuple, il se retirait chez lui la tête couverte, et vivement affecté de ses disgrâces, lorsqu'un de ses amis, nommé Satyrus, qui l'avait suivi, entra avec lui dans sa maison.

Démosthène se mit à se lamenter sur son infortune : « Je suis, disait-il, de tous les orateurs, celui qui se donne le plus de peine; j'ai presque épuisé mes forces pour me former à l'éloquence, et avec cela je ne puis avoir aucun succès.

— Récite-moi quelques vers d'Euripide ou de Sophocle, » lui dit son ami.

Démosthène les récita

Satyrus, répétant ces vers après lui, les prononça si bien et d'un ton si fidèlement adapté à l'état et à la disposition du personnage, que Démosthène avait peine à les reconnaître; il prouva ainsi à son ami qu'en étudiant les auteurs, qu'en s'exerçant aux compositions, il n'avait encore satisfait qu'à la moitié des exigences pour devenir un bon orateur.

Déjà il s'était livré à de grands et complets travaux pour acquérir l'art d'écrire; on assure même qu'épris du style de Thucydide, il recopia douze fois en entier, de sa propre main, l'histoire de cet auteur. Il résolut de tout faire pour acquérir la facilité, la noblesse, la justesse de la diction.

Tous les jours, il allait dans un cabinet souterrain s'exercer à la déclamation et former sa voix. Il y passa jusqu'à deux ou trois mois de suite, ayant eu le soin de se faire raser la tête par moitié pour que cette bizarrerie l'empêchât de songer à se montrer en public. Toutes les visites qu'il recevait ou qu'il rendait étaient pour lui autant de sujets et d'occasions d'exercer son talent. Dès qu'il se retrouvait seul, il s'enfermait pour repasser dans sa mémoire les affaires dont on lui avait parlé et les discutait à haute voix. Il sut, par un exercice continuel, rendre sa voix pleine, sonore, agréable. Il n'avait pas une forte poitrine, le travail lui donna ce que sa complexion naturelle lui avait refusé : il récitait d'une seule haleine une suite de vers, et les prononçait en gravissant d'un pas rapide des lieux escarpés. Il allait déclamer aux bords de la mer, au milieu des bruits de la tempête, afin, dit Plutarque, « d'accoutumer ses oreilles et son esprit aux orages de l'auditoire populaire. » On ajoute qu'ayant un défaut naturel de prononciation, il s'en corrigea en mettant de petits cailloux dans sa bouche, et qu'il s'évertuait ainsi à parler longtemps et avec la plus grande vivacité, afin d'avoir la langue plus prompte et plus déliée quand il parlerait la bouche vide.

Un de ses envieux lui disait un jour que ses harangues sentaient l'huile, par allusion aux longues veilles qu'il y consacrait; il avouait d'ailleurs lui-même que ses ouvrages lui coûtaient plus d'huile que de vin, car il n'épargnait jamais le moindre soin pour leur donner toute la perfection possible, et comme il était fort sobre, il ne croyait pas que le vin, dont il ne buvait jamais, fût nécessaire à l'homme d'étude.

Se levant toujours avec l'aube, il affirmait qu'il lui eût été pénible de se dire qu'aucun ouvrier l'eût devancé au travail.

Tels furent les efforts à l'aide desquels ce prince de la parole acquit une célébrité que les âges ne lui ont jamais déniée et qui subsistera sans doute autant que les monuments de la littérature grecque pourront être compris.

*

Franklin disait : « Ceux qui prétendent qu'on peut réussir en quelque chose sans travail et sans peine sont des empoisonneurs. » Newton répondit une fois à des gens qui lui demandaient comment il était parvenu à faire ses magnifiques découvertes : « En y pensant sans cesse. » Et Cuvier, le grand naturaliste, qui, pour ne pas perdre une minute d'un temps qu'il pouvait employer utilement, avait pris l'habitude de prendre des notes sur le creux de sa main gauche, Cuvier affirmait que dans tout le règne animal il n'avait pas trouvé une classe qui l'effrayât autant que la nombreuse famille des Oisifs.

Les exemples abondent, fourmillent de ce que peuvent l'activité, la volonté; nous n'aurions qu'à prendre au hasard dans l'histoire de tous les temps et de toutes les conditions : car il n'est guère de grands résultats qui n'aient été dus à l'activité, à l'amour du travail; il n'est guère de grands hommes qui n'aient péniblement, laborieusement acquis leurs titres à la célébrité, à l'admiration. Parcourons les âges.

« Je ne puis m'empêcher, — dit Pline l'Ancien, — de rapporter un exemple de l'antiquité qui montrera comment les hommes de ce temps-là se défendaient en justice.

« Un affranchi, nommé C. Furius Crésinus, retirait d'un petit champ beaucoup plus de grains que ses voisins n'en recueillaient sur des terres très-étendues. Ses envieux l'accusèrent d'attirer les moissons par des enchantements.

« Cité devant le peuple par l'édile Sp. Albinus, et craignant d'être condamné lorsque les tribus iraient au suffrage, il apporta dans la place tous ses instruments de labourage, amena ses gens robustes, et, comme dit Pison, « bien tenus, bien vêtus » : il montra des outils supérieurement faits, de lourds hoyaux, des charrues pesantes, des bœufs bien nourris; et son plaidoyer ne fut pas long :

« Romains, dit-il, voilà mes sortiléges. Je ne puis vous montrer ni apporter sur cette place mes fatigues, mes veilles et « mes sueurs. »

« Il fut absous d'une voix unanime. »

✳

Cette histoire de la vieille Rome a son pendant aux temps modernes et sur notre propre terre de France.

« Il a la mandragore! c'est un damné! au bûcher le païen! qu'on le brûle! Pillons sa maison! A mort le sorcier! Il a la mandragore! Il a la mandragore! »[1] — Ainsi criait, vociférait, il y a environ trois cents ans, la populace de la Rochelle ameutée devant la boutique d'un faiseur et marchand de chandelles, qui au su de chacun était entré pauvre en commerce, et qui en quelques années avait réalisé un certain avoir.

Etait-ce vraiment par le secours de la plante magique que ce résultat avait été obtenu, et par là pouvait-on s'expliquer l'indignation du populaire qui s'apprêtait à lui faire un mauvais parti? ou bien son succès, légitimement acquis, mais peut-être un peu rapide, avait il excité contre lui la jalousie, la haine de ses concurrents moins habiles ou moins favorisés de la clientèle, et ceux-ci, semant de méchants bruits sur son compte, avaient-ils aisément trouvé à les accréditer parmi les gens sans aveu qu'alléchaient le désordre et l'espoir du pillage? — Ne nous prononçons pas encore.

1. Une vieille croyance superstitieuse attribuait toutes espèces de vertus, entre autres celle de faire découvrir des trésors, à la racine de la plante appelée *mandragore*, quand cette racine avait été cueillie avec certaines cérémonies religieuses.

Toujours est-il qu'en voyant cette tourbe s'agiter devant sa demeure, et entendant les menaces qu'elle proférait, le marchand pouvait sérieusement croire sa dernière heure venue; car il savait bien que ses meilleurs arguments ne prévaudraient pas contre l'aveugle animosité dont il était l'objet.

Mais Dieu permit que la garde et conduite de la ville fût alors confiée à un digne et courageux citoyen, qui, au premier bruit de l'affaire, accourut en la compagnie de quelques hommes d'armes déterminés dont la mâle contenance, l'énergique intervention suffirent à inspirer de prudentes réflexions aux vagabonds, aux pillards qui se dispersèrent.

Le marchand de chandelles était sauvé; mais si les effets de l'attroupement avaient été conjurés, les motifs ou plutôt les prétextes qui y avaient donné lieu ne subsistaient pas moins. Partout encore on entendait dire et répéter dans la ville « que le marchand de chandelles devait sa fortune à des pratiques mécréantes, qu'il avait fait pacte avec Lucifer et que son âme était vendue; qu'enfin il avait la fameuse mandragore. » Et il était à craindre non-seulement que la populace revînt à la charge, mais encore qu'elle fût alors appuyée et encouragée par maintes gens d'honnête et chrétienne condition qui croiraient sincèrement faire œuvre pie en prêtant les mains aux châtiments d'un infâme citoyen.

A quelques jours de là, le prince Henri de Béarn, alors roi de Navarre, qui devait plus tard gouverner la France sous le nom de Henri IV, arriva dans la ville. L'aventure lui fut contée. Il approuva, il loua la conduite du gouverneur; mais comme on lui apprit que la rumeur continuait à désigner le marchand à la vindicte publique : « Oh! dit le roi, voilà ce qu'il faudrait aviser à faire cesser.

— Sire, hasarda un des assistants, peut-être qu'une bonne ordonnance....

— Une ordonnance! y pensez-vous? Ce serait vraiment le moyen d'envenimer l'affaire encore plus. »

Et comme s'il eût dédaigné de s'occuper davantage de cette question, le roi détourna l'entretien. Et la journée s'acheva sans qu'il eût parlé de nouveau du marchand de chandelles.

Vers le milieu de la nuit, et alors que tout dormait dans la cité, à l'exception de Henri de Béarn et de quelques gentilshommes et bourgeois avec lesquels, après avoir soupé, il s'était attardé à deviser selon sa coutume : « Çà! messieurs, fit le roi, si nous allions un peu visiter cet homme qui a la mandragore? Venez, conduisez-moi. »

La petite troupe arrive dans la rue où demeure le marchand. Le roi, qui marche le premier, commande à ses gens de s'arrêter à quelques pas de la boutique qu'on vient de lui désigner; puis seul il s'avance, et frappant lui-même du poing contre le volet :

« Eh! l'ami chandelier!

— Qui va là? répond de l'intérieur la voix quelque peu effarée d'un homme subitement arraché à son sommeil.

— C'est, réplique le prince, un bourgeois qui n'a pas de chandelle pour rentrer chez lui, et qui voudrait vous prier de lui en vendre une petite.

— Bien, l'ami, je me lève, et vous sers. »

Ce qui fut dit fut fait. Le marchand sortit de son lit, ouvrit la porte, donna la chandelle à son client qui lui en paya la mince valeur, souhaita la bonne nuit, et alla se recoucher.

Et le roi de s'écrier en rejoignant ses compagnons, qui d'ailleurs n'avaient rien perdu de l'incident : « Eh bien! messieurs, qu'en pensez-vous? Voilà la mandragore de cet homme. Il ne perd pas la plus petite occasion de gagner et ne regarde pas à se lever pour vendre une seule chandelle : c'est le secret de sa fortune. — Demain, dites ce que vous avez vu. »

Ils le dirent en effet, et leur récit fit ce que n'aurait pu faire la plus sévère des ordonnances. Le bon esprit du prince l'emporta sur la superstition et l'envie. L'honnête industriel put continuer à s'enrichir, sans que le loyal profit de son travail fût désormais imputé aux influences du démon et de la mandragore.

*

On trouve dans l'histoire des solitaires des premiers siècles chrétiens un certain nombre de faits prouvant que ces humbles disciples du Christ, en s'isolant du monde pour se consacrer plus entièrement à l'édification de leurs âmes, n'avaient pas cru devoir s'affranchir de la loi du travail, qui est la loi universelle.

On demandait au pieux Agathon lequel était préférable du travail du corps ou de la vigilance de l'esprit.

« L'homme, répondit-il, est un arbre; les travaux du corps en sont les feuilles, la vigilance intérieure en est le fruit : or, le fruit a besoin de feuilles pour le couvrir contre les injures de l'air et pour l'orner. »

Achillas, autre solitaire renommé pour sa profonde piété, dit à des frères qui étaient venus le voir et qui lui demandaient quelques paroles d'édification : « J'ai fait tout ce que vous voyez de nattes depuis peu de temps. Ce n'est pas que j'en aie besoin, mais j'ai appréhendé que Dieu, au jour du jugement, ne me dît : « Pourquoi, pouvant travailler de tes mains, ne l'as-tu pas fait? »

Jean le Nain, solitaire de Scété, dit un jour à son frère aîné :

« Je voudrais bien être comme les anges, qui ne travaillent point et qui n'ont d'autre occupation que de louer l'Éternel. »

En même temps il quitta son habit et s'en alla dans la campagne. Après avoir erré une semaine, il revint de nuit retrouver son frère, qui, entendant frapper à la porte, demanda qui était là.

« Je suis Jean, ton frère.

— Jean, répondit l'aîné, n'est plus avec les hommes, il est, je crois, devenu un ange. »

Et il le laissa frapper longtemps. Enfin il lui ouvrit en disant : « Si tu étais un ange, tu n'aurais pas eu besoin de ma permission pour entrer dans ma cellule ; mais si tu n'es qu'un homme, ne dois-tu pas travailler pour gagner ta vie ? »

Le même, un jour que des moines des environs étaient venus le visiter, leur demanda à quels travaux des mains ils s'occupaient.

« Nous ne travaillons point, répondirent-ils, mais, suivant le précepte de l'apôtre, nous prions sans cesse.
— Mangez-vous?
— Oui, sans doute.
— Et qui prie pour vous pendant que vous mangez ? »
Les autres ne surent que répondre à cette question.
« Ne dormez-vous point? demanda-t-il encore.
— Oui, nous dormons.
— Et pendant que vous dormez, qui prie pour vous ? »
Autre demande aussi embarrassante que la première.

« Pardonnez-moi, mes frères, si je vous soutiens que vous ne faites pas ce que vous dites, et laissez-moi vous prouver qu'en travaillant, je prie sans cesse. Demeurant assis depuis le matin jusqu'à une certaine heure, je trempe dans l'eau des feuilles de palmier dont je fais des cordes, et durant ce temps je prie en disant : « Le travail est la loi que vous avez ordonnée à l'homme, ô mon Dieu ! Faites que je la remplisse avec zèle; ayez pitié de moi, Seigneur, et daignez effacer mes péchés selon la grandeur de votre miséricorde.

« Quand un travail est fini, je le vends : j'emploie une petite partie de ce qu'il me produit pour me nourrir, et je donne le reste aux pauvres, qui, par ce moyen, lorsque je mange ou que je dors, demandent à Dieu pour moi de me garder sa grâce, et rendent ainsi ma prière continuelle. »

*

Un solitaire étant allé trouver l'abbé Silvain, qui demeurait sur la montagne du Sinaï, et voyant que les frères anachorètes de son entourage travaillaient : « Quoi, leur dit-il, vous prenez tant de souci pour une nourriture périssable ! Marie n'aurait-elle pas choisi la meilleure part?... [1] » L'abbé, à qui les propos du solitaire furent rapportés, dit à Zacharie, son principal disciple : « Donnez un livre au frère pour l'entretenir et conduisez-le dans une cellule où il n'y ait rien à manger. »

L'heure du repas étant venue, le voyageur s'attendait à y être invité ; mais personne ne se montra. Enfin, pressé par le besoin, il quitte la cellule et va trouver Silvain :

« Mon père, les frères n'ont-ils pas mangé aujourd'hui ?

— Ils ont mangé.

— D'où vient qu'on ne m'a point appelé ?

— Parce que vous êtes un homme tout spirituel, muni de la meilleure part ; et passant les journées entières à lire, vous n'avez pas besoin de cette nourriture périssable. Au lieu que nous, qui sommes charnels et grossiers, nous ne saurions nous passer de manger ; et c'est ce qui nous oblige à travailler. »

Alors le solitaire reconnut son erreur et demanda pardon à l'abbé, qui ajouta : « Je suis bien aise, mon frère, que vous sachiez que Marie la contemplative ne saurait se passer de Marthe la travailleuse, et qu'ainsi Marthe a part aux louanges que le Seigneur donne à Marie. »

---

1. Allusion à ce passage de l'Évangile : « Une femme, nommée Marthe, reçut le Seigneur Jésus dans sa maison. Cette femme avait une sœur nommée Marie, qui, pendant qu'il était à table, se tenait aux pieds de Jésus, écoutant sa parole. Mais Marthe était distraite par divers soins, et, étant venue à Jésus, elle lui dit : « Seigneur, ne vois-tu point que « ma sœur me laisse te servir toute seule ? dis-lui donc qu'elle m'aide. » Jésus répondit : « Marthe, Marthe, tu t'inquiètes et tu t'agites pour « beaucoup de choses. Mais une seule chose est nécessaire, et Marie a « choisi la bonne part, qui ne lui sera point ôtée. » (Saint Luc, 10.)

*

S'il faut en croire Hérodote, Amasis, roi d'Égypte, avait ordonné par une loi solennelle que tous ses sujets se présentassent une fois l'an devant les gouverneurs des provinces. Tout homme qui ne pouvait pas prouver qu'il avait une profession qui le faisait vivre était mis à mort sans miséricorde.

Une législation analogue existait selon toute apparence chez les Athéniens, car on dit qu'un jour l'Aréopage, tribunal composé des plus vénérables citoyens, et qui était investi d'un pouvoir en quelque sorte discrétionnaire pour la conservation des mœurs, cita à comparaître devant lui Cléanthe, ancien athlète devenu disciple de Zénon, pour qu'il eût à justifier de ses moyens d'existence. Les magistrats, ne connaissant aucune fortune à Cléanthe et voyant qu'il passait des journées sans faire rien de plus que suivre avec assiduité les leçons du maître stoïcien, voulurent avoir le mot de cette énigme. Cléanthe fit venir avec lui devant les juges un jardinier et une vieille femme. Le jardinier attesta que durant la nuit Cléanthe tirait de l'eau pour lui, et la vieille femme que de temps à autre, et toujours pendant la nuit, tournait la meule de son moulin[1]. Cléanthe ajouta que le salaire de son travail des nuits lui fournissait les moyens de se livrer librement à l'étude de la philosophie pendant le jour. Étonnés d'une telle ardeur pour l'acquisition de la sagesse, les juges non-seulement le déchargèrent de toute accusation, mais encore voulurent l'encourager par le don d'une somme d'argent, qui lui permettrait de prendre quelque relâche. Cléanthe, suffisamment riche du produit de son travail, refusa leur présent.

Ayant succédé à Zénon, il eut pour disciple Antigone,

[1] En ce temps-là chaque particulier avait chez lui un moulin que des mercenaires ou des esclaves tournaient à bras pour produire la farine consommée dans sa maison.

qui devint un des successeurs d'Alexandre. Cet Antigone, qui l'avait perdu de vue depuis longtemps, revint à Athènes et retrouva son ancien maître tournant toujours la meule pour vivre :

« Eh quoi ! lui dit-il, vous faites encore un pareil métier ?

— Puisque ce métier, répondit le philosophe, m'assure l'indépendance et la dignité, pourquoi cesserais-je de le faire ? »

*

On trouvait chez les Hollandais des derniers siècles une coutume assez singulière, qui pouvait bien n'être qu'un ressouvenir des lois égyptiennes ou athéniennes. Quand on surprenait à mendier un homme fort et en état de travailler, on le saisissait, on le descendait dans un puits, et on lâchait au-dessus de lui un robinet. Au fond du puits était une pompe destinée à épuiser l'eau qui tombait. Si le paresseux n'eût pas pompé sans relâche, il eût été bientôt noyé. Pendant qu'il travaillait, de graves bourgeois faisaient des paris sur le bord du puits. L'un pariait qu'il laisserait l'eau l'engloutir, l'autre soutenait le contraire... Enfin, après quelques heures d'épreuves, on tirait dehors le mendiant exténué de fatigue, et on le renvoyait en l'engageant à profiter de cette utile leçon d'activité.

*

Bernard Palissy, l'un des hommes dont l'existence est un des plus frappants exemples du pouvoir de la persévérance et du travail, naquit en 1499 dans un village du diocèse d'Agen.

Ses parents, bien que pauvres, lui firent apprendre à lire et à écrire, ce qui, à cette époque, témoignait chez des gens de leur condition une sollicitude peu commune pour l'avenir de leur enfant.

Un géomètre, qui vint dans le village pour en dresser le plan, remarqua les dispositions du jeune Bernard, et demanda la permission de l'emmener pour en faire son aide et son élève.

L'enfant fit de rapides progrès sous ce maître qui l'avait pris en affection. A sa sortie d'apprentissage il acquit, dans le canton, une véritable renommée d'habileté, et se trouvait souvent chargé par les tribunaux de dresser le plan des propriétés, objets des procès.

Mais cette seule occupation ne suffisait pas au besoin d'activité de Bernard. Tout en exécutant ses travaux d'arpentage, il s'occupait encore de devenir un excellent dessinateur et peintre sur verre. Bientôt il eut fait, dans cette nouvelle profession, de tels progrès, qu'il se trouva hors d'état de répondre aux commandes qui lui étaient adressées pour la décoration des chapelles et des manoirs de la contrée.

Peu à peu cependant ces travaux, que d'autres exécutaient concurremment avec lui, devinrent de moins en moins lucratifs et suivis, et, comme il cherchait de nouveau une voie où il pût se distinguer en trouvant des moyens d'existence, le hasard fit tomber entre ses mains un de ces vases émaillés dont Faenza [1], la cité italienne, avait alors le monopole de production, et qui jouissaient d'une réputation européenne.

Bernard, sans autre guide que son puissant désir de réussir, se mit au travail pour parvenir à imiter l'œuvre magnifique des Italiens.

« Sache, lecteur, dit-il en son vieux et charmant langage, qu'il y a vingt-cinq ans passés que cette coupe m'ayant été montrée d'une telle beauté, que dès lors j'entrai en dispute avec ma propre pensée en me remémorant plusieurs propos qu'aucuns m'avaient tenus en se moquant de moi, alors que je peindais (peignais) les nuages... Je vas penser que si j'avais trouvé l'invention de faire des émaux, je pourrais faire des vaisseaux de terre et autres choses de plus belle ordonnance, parce que Dieu m'avait donné quelque chose de

---

1. De là vient le nom de *faïence* donné à une sorte de poterie fine.

la pourtraiture (peinture), et dès lors, sans avoir égard
que je n'avais nulle connaissance des terres argileuses,
je me suis mis à chercher les émaux comme un homme
qui tâte en ténèbres. »

Dès lors on le vit, — dit un de ses biographes [1], —
consacrer tous ses instants à pétrir la terre, à la recou-
vrir de préparations inconnues et variées à l'infini. Il
allait tantôt chez les potiers, tantôt chez les verriers,
essayer à leurs fours ses compositions d'émaux... Marchant au hasard, il ne manquait pas de s'égarer. Tout
d'abord, ses essais furent complétement infructueux,
et bientôt la misère vint attrister son intérieur ; mais
le vaillant chercheur ne se laissa pas un instant décourager. « L'espérance que j'avais, dit-il, me faisait pro-
céder en mon affaire si virilement que plusieurs fois,
pour entretenir les personnes qui me venaient voir, je
faisais mes efforts de rire, combien que, intérieurement, je fusse bien triste. »

Il luttait, il luttait contre les obstacles, contre l'inconnu, avec une héroïque énergie.

La moindre lueur de succès qui lui apparaissait faisait renaître toutes ses espérances ; et, pour oublier les
souffrances qu'il endurait, les privations dont il était
entouré, il n'avait que l'espoir lointain, incertain, dont
il se nourrissait sans cesse ; il n'avait que la conscience
intime d'un génie méconnu, le sentiment intérieur
d'une grande découverte qu'il ne pouvait encore compléter et mettre en lumière. Chaque jour il comptait
sur un succès définitif pour le lendemain, et le lendemain n'amenait qu'une nouvelle déception. Ses voisins les plus bienveillants le traitaient de fou, les autres le regardaient avec terreur : on le soupçonnait de
sorcellerie ou du moins de fabrication de fausse monnaie. Son extrême misère aurait dû le mettre à l'abri
de cette dernière accusation. En effet, il était réduit
aux plus déplorables extrémités, et, pour comble de

---

[1]. P. Valentin. *Les Artisans célèbres.*

ACTIVITÉ. — PUISSANCE DU TRAVAIL. 231

désolation, il n'était pas seul à souffrir; sa femme, ses enfants, mourant de faim, le suppliaient constamment, et avec les larmes du désespoir, de renoncer à des espérances chimériques, à d'inutiles tentatives, et de reprendre un honnête métier, qui du moins leur donnait du pain.

Vingt-cinq années se passèrent ainsi, pendant lesquelles le pauvre Bernard s'obstina contre les déceptions de tous les genres, avec cette brûlante ardeur qui anime tous les hommes voués à la poursuite d'une grande découverte. Un jour, il croit avoir trouvé la solution tant cherchée, il va voir ses rêves se réaliser: un nouvel obstacle plus imprévu que tous les autres vient encore l'arrêter. Un ouvrier potier qu'il avait associé à ses essais lui déclare brusquement qu'il le quitte, et exige immédiatement le salaire qui lui est dû. Palissy, dépouillé de ses dernières ressources, lui donne en paiement ce qui lui reste de vêtements. Alors notre pauvre artiste fut réduit à tout faire par lui-même. Il pilait, broyait les matières de ses émaux, et chauffait le four qu'il avait construit de ses mains; mais il n'avait pas encore passé par la plus terrible des épreuves qui lui étaient réservées. Un jour qu'il avait livré à la flamme de son four un nouvel essai sur lequel reposait sa dernière espérance, le bois vint à lui manquer. Tout lui sembla perdu, et il fut un instant écrasé par le désespoir. Mais soudain le courage lui revint; il eut un moment sublime de passion. Il court au jardin, arrache les pieux qui soutenaient les treilles; mais la flamme a tout dévoré, et la cuisson n'est pas complète. Il n'hésite pas, il jette les chaises dans le four; puis les tables, puis les portes et les fenêtres, et même le plancher de la maison, sont donnés en pâture au feu, qui cette fois lui rend enfin le chef d'œuvre attendu.

Le dernier effort de l'artiste vient d'assurer son triomphe. Palissy se jette avec transport sur la pièce qu'il a retirée du four, et, en voyant les éclatantes couleurs dont elle brille, il s'écrie, il chante, il danse... Sa femme, ses enfants accourent qui le croient fou.. et qui enfin lui rendent justice, lui demandent pardon d'avoir méconnu ses aspirations.

Bernard vit son succès avec autant de hauteur d'âme qu'il avait déployé de courage pour accomplir son œuvre. Une fois que ses poteries eurent acquis le degré de perfection qu'il voulait leur donner, elles se répandirent par toute la France, et la fortune sourit enfin à l'homme de génie qui avait enduré tant de privations.

La réputation de Palissy étant parvenue à la cour, Henri II s'empressa de lui demander des vases et des figures pour l'ornement de ses jardins. Quelque temps après, il l'appela à Paris, et lui donna un logement dans le palais des Tuileries. Ce fut alors que Bernard obtint le brevet d'invention des *rustiques figulines* du roi, de la reine mère et du connétable de Montmorency. On ne le connaissait à Paris que sous le nom de *Bernard des Tuileries*.

Mais si grande que pût être la tâche que s'était imposée Bernard Palissy, elle n'avait pas encore absorbé toute l'attention de cette âme avide de lumière et de découvertes. Tout en travaillant à l'invention des émaux, il avait encore profondément médité sur l'histoire naturelle, et notamment sur les formations géologiques, consignant sans cesse des observations, recueillant partout des témoignages pour le système qui s'édifiait dans son esprit. À peine installé aux Tuileries, il y forma le premier cabinet d'histoire naturelle qu'ait possédé la France; et peu après, l'inventeur des rustiques figulines du roi ouvrit un cours dans lequel il professa le premier les incontestables vérités que sont venues consacrer les affirmations de la science géologique actuelle.

Il est triste de penser qu'un homme pareil, après avoir joui pendant un temps d'une protection que ses travaux avaient certes bien méritée, ait été, par la faiblesse royale, livré aux mains cruelles de l'intolérance. Palissy était protestant. Charles IX le sauva, ainsi qu'Ambroise Paré, du massacre de la Saint-Barthélemy; mais, quelques années plus tard, il fut impitoyablement jeté et maintenu en prison, où il mourut à l'âge de quatre-vingt-dix ans, pour n'avoir pas voulu abjurer sa foi.

★

Le peintre Rubens était très-riche; mais bien qu'il eût été employé à des négociations diplomatiques qui furent très-avantageuses à sa fortune, le grand artiste aimait à répéter que l'exercice de son art avait été pour lui la plus féconde source de profits.

Un alchimiste anglais vint un jour lui faire visite, et s'engagea à partager avec lui les trésors résultant du *grand œuvre*, opération qui consistait à produire de l'or, s'il voulait faire les frais du laboratoire et des drogues.

Rubens, après avoir écouté patiemment les extravagances ou les forfanteries de cet homme, le mena dans son atelier et lui montrant sa palette et ses pinceaux : « Vous êtes venu trop tard, lui dit-il, car depuis longtemps j'ai trouvé au moyen de cela la pierre philosophale. Portez ailleurs les offres que vous me faites; moi, je n'en saurais profiter. »

★

Les époux Nanteuil étaient de petits commerçants de Reims N'ayant qu'un fils, ils songèrent à lui faire donner une bonne instruction, afin que, ses classes achevées, il pût être en mesure d'occuper la charge de procureur ou de notaire qu'ils comptaient lui acheter.

Robert, le fils de ces braves gens, après avoir fait tout d'abord quelques progrès assez rapides dans le grec et le latin, ne tarda pas à s'en dégoûter; la passion du dessin l'avait pris et l'absorbait entièrement

Les parents, le voyant avec peine s'engager dans

une voie qu'ils jugeaient ingrate et mal choisie, usèrent de tous les moyens pour l'en détourner, mais sans y réussir. Plein d'affection et de respect pour son père et sa mère, il écoutait leurs prudentes remontrances, et prenait même la résolution de leur obéir; mais le penchant l'emportait bientôt sur le raisonnement, et Robert, qui s'était juré de ne plus toucher que la plume, revenait bientôt aux crayons et aux pinceaux.

La rigueur succéda aux douces exhortations, crayons, pinceaux, papiers, quand on les trouvait aux mains de Robert, étaient aussitôt saisis, mis sous clef, déchirés, jetés à la rue. Robert ne se rebuta pas pour si peu. Il lui était interdit de dessiner à la maison, mais il sut se choisir un atelier d'un nouveau genre. Feignant d'aller en promenade, il gagnait quelque futaie, et, de crainte encore qu'on ne le trouvât, il grimpait au plus touffu d'un grand arbre, puis là, à cheval sur les branches, il passait de longues heures à se délecter dans son occupation favorite. Cependant, à la fin, on le découvrit encore, et alors on l'empêcha de sortir.. Mais l'âge était venu, et, tout en se passionnant de plus en plus pour le dessin, il avait appris à ne voir dans la prétendue tyrannie de ses parents qu'une tendre prévoyance. Pour répondre à ces affectueux sentiments, il résolut de mener de front et les études classiques, et la culture du dessin. Il fit même si bien qu'en peu de temps, il fut en état de passer ses examens de fin de classes, et les passa brillamment. Mais, fidèle à sa chère vocation, il n'imagina rien de mieux, pour en rendre témoignage, que de graver, avec force ornements de sa composition, la thèse de philosophie qu'il avait soutenue.

Il s'agissait enfin de choisir un état; Robert fit entendre à ses parents que, nanti comme il l'était d'un brevet de capacité, il pouvait maintenant sans danger risquer de perdre une ou deux années qui, d'ailleurs, ne seraient pas dépensées en pure perte, puisque, à défaut d'autre résultat, il acquerrait, dans un voyage qu'il voulait faire, un peu d'expérience du monde

On le laissa partir pour Paris. Son intention bien formelle était d'étudier le dessin, et particulièrement la gravure, sous les meilleurs maîtres; mais il arriva sans recommandation aucune, et fort léger d'argent. Avant de songer à prendre des leçons, il lui fallait se procurer de quoi les payer, et il lui fallait aussi s'assurer des moyens d'existence.

Le jeune homme, à qui l'idée ne pouvait venir d'utiliser son diplôme scolaire, mais qui possédait déjà un beau talent de dessinateur portraitiste, trouva un singulier expédient pour commencer à se produire lucrativement. Il acheva de son mieux une tête, ou plutôt un prétendu portrait d'abbé; puis ayant avisé aux environs de la Sorbonne un des établissements où la plupart des jeunes ecclésiastiques étudiants allaient prendre leur repas, il y entra à l'heure où toutes les tables étaient garnies; feignant de chercher dans la foule l'original du portrait qu'il allait montrant aux uns et aux autres, afin, disait-il, qu'on voulût bien lui aider à retrouver la personne qui lui avait commandé et payé d'avance ce portrait, et lui avait même donné rendez-vous en cet endroit.

Il va sans dire que cette personne ne se trouva pas; mais le portrait qui avait circulé dans la nombreuse assemblée n'avait pu qu'être admiré; et le peintre, tout en paraissant accepter fort modestement les compliments que chacun lui adressait, offrit son service aux conditions les plus modestes; quelques-uns acceptèrent.

Robert eut le soin, en peignant ses clients, d'ajouter, autant que possible, aux physionomies naturelles, tout ce que l'art pouvait permettre de leur donner comme expression et sentiment, ce qui ne manqua pas de lui valoir, dans ce monde d'étudiants, une véritable renommée d'habileté.

Profitant de la vogue, Robert, qui bientôt eut peine à suffire aux demandes, put dès lors augmenter le prix de ses travaux, et, au bout d'une année, se trouva avoir réalisé une somme importante qui le mit à même de se consacrer entièrement à l'étude sérieuse de son art.

Pendant les trois années qui suivirent, son existence étant largement assurée, il travailla sous les meilleurs guides et avec la plus infatigable énergie... Enfin il publia quelques gravures d'après des portraits peints par lui, qui attirèrent l'attention sur leur auteur. Et la carrière étant ouverte, il y marcha pendant le reste de sa vie avec des succès toujours croissants.

Robert Nanteuil, dont le burin nous a conservé les traits des personnages les plus remarquables du siècle de Louis XIV, et que Boileau a élogieusement célébrés dans ses vers est encore considéré aujourd'hui comme un des premiers graveurs français.

*

La chose la plus difficile dans le monde, c'est de *vouloir*. Personne ne peut savoir quelle est la force de la volonté, même dans les arts.

Le célèbre Harrison, de Londres, était, au commencement du dernier siècle, jeune garçon charpentier, au fond d'une province, lorsque le parlement proposa le prix de 20 000 livres sterling pour celui qui inventerait une montre à équation (marquant à la fois le temps vrai et le temps moyen) pour le problème des longitudes.

Harrison se dit à lui-même : « Je veux gagner ce prix. » Il jeta la scie et le rabot, vint à Londres, se fit ouvrier horloger, TRAVAILLA QUARANTE ANS, et gagna le prix. — Voilà qui s'appelle vouloir.

JOSEPH DE MAISTRE. (*Correspondance*)

*

A l'époque où il n'était encore qu'étudiant à l'université d'Upsal, Linnée, qui devait devenir un des princes de la science, et qui avait commencé par être apprenti cordonnier, s'assurait les quelques ressources à l'aide desquelles il vivait, en raccommodant les souliers de ses condisciples.

*

Spinosa, le philosophe dont la doctrine est encore aujourd'hui célèbre, ne crut pas déroger en s'appliquant à devenir habile ouvrier dans la fabrication des verres pour l'optique, et jusqu'à son dernier jour il dut à l'exercice de cette profession d'honorables moyens d'existence qui lui permirent de ne solliciter aucune pension et de garder par conséquent son entière liberté de penser en face des puissants qui auraient pu mettre des conditions à leurs largesses. Un jour, il demandait à un de ses amis qui venait de perdre son frère, de quelle maladie celui-ci était mort.

« De n'avoir rien à faire, lui fut-il répondu.

— Ah ! je le crois sans peine, s'écria le philosophe, car c'est bien assez pour tuer n'importe qui.... »

*

On demanda une fois à Hatemtai, qui était le plus généreux des Arabes de son temps, s'il avait jamais connu quelqu'un qui eût le cœur plus noble que lui; il répondit : « Un jour que je me promenais dans la campagne avec quelques amis, je rencontrai un homme qui avait ramassé une charge d'épines sèches pour les brûler. Je l'engageai à aller dans la demeure d'Hatemtai, où se faisait alors une distribution de pain et de viande. « Qui peut manger son pain du « travail de ses mains, me répondit-il, ne doit pas avoir « obligation à Hatemtai. » Cet homme, ajouta Hatemtai, a le cœur plus noble que moi. »

*

« Dans ma jeunesse, — raconte Buffon, le célèbre naturaliste, — j'aimais beaucoup à dormir, et ma paresse me dérobait la moitié de mon temps. Mon pauvre Joseph (domestique qui l'a servi pendant soixante-cinq ans) faisait tout ce qu'il pouvait pour la vaincre, sans pouvoir réussir. Je lui promis un écu toutes les fois qu'il me forcerait de me lever à six heures. Il ne manqua pas le jour suivant de venir me tourmenter à l'heure indiquée; mais je lui répondis fort brusquement. Le jour d'après, il vint encore : cette fois-là je lui fis de grandes menaces qui l'effrayèrent. « Ami Joseph, lui dis-je dans l'après-midi, j'ai perdu « mon temps et tu n'as rien gagné; tu n'entends pas « bien ton affaire : ne pense qu'à ma promesse, et ne « fais désormais aucun cas de mes menaces. » Le lendemain, il en vint à son honneur. D'abord je le priai, je le suppliai, puis je me fâchai, mais il n'y fit aucune attention et me força de me lever malgré moi. Ma mauvaise humeur ne durait guère plus d'une heure après le moment du réveil; il en était récompensé alors par mes remerciments et par ce qui lui était promis. Je dois au pauvre Joseph dix ou douze volumes au moins de mes ouvrages. »

On affirme que Buffon faisait recopier et revoyait lui-même jusqu'à dix et douze fois, avec la plus grande attention, ses ouvrages, qui d'ailleurs sont restés comme de véritables modèles de bon style. Les progrès de la science ont marché. Buffon, comme savant, est donc dépassé, mais la forme suffisait chez lui à faire vivre le fond.

CHAPITRE XIII

DOUCEUR — AMÉNITÉ — BIENVEILLANCE

Plus fait douceur que violence.
LA FONTAINE

L'impatience aigrit et aliène les cœurs, la douceur les ramène.
Mme DE MAINTENON

*

Socrate ayant un jour salué un citoyen, celui-ci passa sans lui rendre son salut. Le philosophe ne s'en soucia guère, et, comme quelques-uns de ses disciples qui l'accompagnaient paraissaient étonnés de cette indifférence :

« Si je rencontrais quelqu'un qui fût plus laid et plus mal fait que moi, leur dit-il, devrais-je me fâcher? Pourquoi voulez-vous donc que je me fâche contre cet homme parce que je suis plus poli que lui? »

*

Aristote, étant près de mourir, fut prié par ses disciples de désigner celui d'entre eux qui, après lui, devait être le chef de l'école. Toujours soucieux de ne manquer en rien à l'aménité qui avait été une des lois morales de son existence, Aristote se fit apporter deux flacons pleins, l'un de vin de Rhodes, qui était le pays de son disciple Ménédème, et l'autre de vin de Lesbos, qui était la patrie de son disciple Théophraste. Il goûta d'abord le premier vin, et parut y prendre grand plaisir; puis ayant trempé ses lèvres au vin de Lesbos, qu'il sembla savourer avec plus de délectation encore :

« Ces deux vins sont excellents, dit-il ; je crois cependant, sans dédaigner celui de Rhodes, que celui de Lesbos a quelque chose de plus délicat. »

De cette façon, le philosophe donna la préférence à Théophraste, sans porter aucun jugement blessant sur Ménédème.

*

« Étant encore fort jeune, dit le poète philosophe Saadi, j'avais coutume de me lever la nuit pour prier Dieu ou pour lire le livre sacré.

« Une nuit que j'étais dans ce pieux exercice et que toute la famille dormait, excepté mon père : « Voyez, lui « dis-je, ils dorment tous d'un sommeil si profond « qu'on croirait qu'ils sont morts. Pas un ne lève seu- « lement la tête pour prier Dieu. »

« Mon père me ferma la bouche en répondant : « Ah ! ne vaudrait-il pas mieux que vous dormissiez « comme ils dorment que d'observer leurs défauts ? »

*

L'affection de Michel-Ange pour son domestique Urbino est restée célèbre. Lui ayant fait un jour cette brusque question : « Si je venais à mourir, que ferais-tu ? — Je serais obligé de servir un autre maître. — Oh ! mon pauvre Urbino, je veux l'empêcher d'être malheureux, » et il lui donna à l'instant deux mille écus. Urbino, par son constant attachement pour le grand artiste, méritait cette tendre sollicitude. Il avait été pour lui plus qu'un serviteur, un ami fidèle, et de tous les instants. Aussi sa mort fut-elle vivement ressentie par son maître, « qui l'aima, a dit Vasari, jusqu'à le servir pendant sa maladie et à le veiller la nuit. » Ayant appris la perte que venait de faire Michel-Ange, Vasari, alors à Florence, lui écrivit pour le consoler, et il en reçut cette touchante réponse :

« Messer Giorgio, mon cher ami, j'écrirai mal; cependant il faut que je vous dise quelque chose en réponse à votre lettre. Vous savez comment Urbino est mort; c'a été pour moi une très-grande faveur de Dieu, et un chagrin bien cruel. Je dis que ce fut une faveur de Dieu, parce qu'Urbino, après avoir été le soutien de ma vie, m'a appris non-seulement à mourir sans regrets, mais même à désirer la mort. Je l'ai gardé vingt-six ans avec moi, et je l'ai toujours trouvé très-bon et fidèle. Je l'avais enrichi, je le regardais comme le bâton et l'appui de ma vieillesse, et il m'échappe en ne me laissant que l'espérance de le revoir dans le paradis. J'ai un gage de son bonheur dans la manière dont il est mort. Il ne regrettait pas la vie; il s'affligeait seulement en pensant qu'il me laissait, accablé de maux, au milieu de ce monde trompeur et méchant. Il est vrai que la plus grande partie de moi-même l'a déjà suivi, et tout ce qui me reste n'est plus que misères et peines. Je me recommande à vous. »

Dans une lettre qu'il adressait à la même époque à la veuve d'Urbino : « Tu sais de la manière la plus certaine, lui disait-il, quel amour je porte encore à Urbino, quoiqu'il soit mort, et quel intérêt je conserve pour tout ce qui est de ses affaires. » Et plus loin : « Si tu veux me donner Michel-Ange (son filleul et le fils d'Urbino), je le garderai avec moi à Florence avec plus d'affection que les enfants de Leonard, mon neveu, et je lui enseignerai ce que je sais et que son père désirait que je lui apprisse. »

Michel-Ange eut aussi une grande bienveillance pour Topolino, son marbrier, dont il corrigeait sans sourciller les informes ébauches, et pour le Menighella, peintre médiocre du Valdarno, mais personnage très-plaisant, qui venait de temps en temps le prier de lui dessiner un saint Roch ou un saint Antoine, d'après lequel il peignait un tableau pour les campagnards. Michel-Ange, qui se décidait avec peine à travailler pour les rois, quittait son ouvrage commencé pour composer des dessins naïfs accommodés au goût de son ami. Il fit entre autres choses pour lui le modèle d'un Christ en croix avec un creux pour mouler des épreuves en carton que le peintre allait vendre dans les campagnes, et il se divertissait beaucoup des petites aventures de l'artiste ambulant.

✶

Saint François de Sales, que nous avons déjà eu l'occasion de citer, — mais à propos de quelle vertu pourrait-il ne pas être cité? — saint François de Sales poussait la bonté envers ses domestiques jusqu'à obéir à son valet de chambre pour se coucher et se lever, s'habiller et se déshabiller. Quelquefois, obligé de veiller bien avant dans la nuit pour écrire des lettres, il l'invitait à aller se coucher : « Eh! vous me prenez donc pour un dormeur et un paresseux? » répondait le domestique mécontent. Alors l'évêque se hâtait de terminer son travail pour ne pas le retenir trop longtemps. Une fois, s'étant éveillé de bonne heure pour quelque travail important, il appela le valet de chambre, et celui-ci n'ayant pas répondu, il s'habilla tout seul et se mit à écrire. Le jour venu, le domestique entre dans la chambre. » Qui donc vous a habillé? demande-t-il brusquement à son maître. — Moi-même, ne suis-je pas assez grand pour cela? — Vous coûtait-il tant de m'appeler? — Je vous ai appelé; je suis même allé à votre lit, et je vous ai vu dormant de si bon cœur que je n'ai pas eu le courage de vous réveiller. — Vous avez bonne grâce de vous moquer ainsi de moi, réplique le domestique tout grondant. — Oh! mon ami, je n'ai point dit cela par moquerie, mais par pure récréation. Soyez tranquille désormais; je vous promets qu'une autre fois, puisque vous le voulez, je ne m'habillerai point sans vous; je vous éveillerai et je vous ferai lever. »

« Prenez-garde, lui disait à ce propos l'évêque de

Belley, la familiarité engendre le mépris. — Oui, répondit François de Sales, la familiarité grossière, mais jamais la familiarité civile, cordiale, honnête et vertueuse, car, comme elle procède de l'amour, elle produit l'amour véritable qui n'est jamais sans estime, et sans respect par conséquent. » Et il ajoutait : « Il faut se souvenir toujours que nos domestiques sont notre prochain et des frères que la charité nous oblige d'aimer comme nous-mêmes ; traitons-les donc comme nous voudrions être traités si nous étions à leur place et dans leur condition. »

*

Un jour, Turenne s'aperçut que des soldats près desquels il se trouvait baissaient la tête en entendant des boulets passer au-dessus d'eux. Comme un officier voulut les en réprimander : « Laissez, dit-il en souriant, il n'y a pas de mal ; cela mérite bien une révérence. »

*

Le célèbre abbé Terrasson[1] passait dans les rues vêtu, par inadvertance, d'une manière aussi bizarre que négligée. Des enfants s'ameutèrent et se prirent à le suivre avec des rires et des huées. Un de ses amis le rencontra et voulut écarter ces fâcheux insolents : « Mon Dieu ! ne les rudoyez pas, dit le bon abbé, cela les amuse, et c'est tout le bien que je peux leur faire »

*

Firmin Abauzit, savant Genevois qui s'était fait dans sa patrie une réputation aussi grande par sa vaste érudition que par son noble désintéressement, n'était pas moins recommandable par son caractère privé

---

1. L'abbé Terrasson, membre de l'Académie française et de l'Académie des sciences, fut surtout connu par un roman philosophique intitulé *Sethos*, plusieurs fois réédité, aujourd'hui oublié comme tant d'autres

que par l'étendue de son savoir. Religieux par principes, chrétien par conviction, il ne blâmait jamais les autres de penser autrement que lui. Un trait suffira pour donner une idée de son extrême douceur. Il passait pour ne s'être jamais mis en colère. Quelques personnes s'adressèrent à sa servante pour s'assurer si la chose était vraie. Elle affirma que, depuis trente ans qu'elle était à son service, elle ne l'avait jamais vu fâché. On lui promit une somme si elle parvenait à le faire sortir de son caractère; et, sachant qu'il aimait à être bien couché, elle ne fit pas son lit.

« Abauzit s'en aperçut, et lui en fit l'observation : elle répondit qu'elle l'avait oublié. Il ne dit rien de plus.

« Le soir, le lit n'était pas fait; le lendemain, même observation, à laquelle la servante répondit par une excuse encore plus mauvaise que la première. Enfin, à la troisième fois : « Vous avez encore oublié de « faire mon lit, lui dit-il doucement; vous avez sans « doute pris votre parti là-dessus, et cela vous paraît « trop fatigant. Mais après tout il n'y a pas grand mal, « et je commence à m'y habituer. »

« Attendrie par tant de patience et de bonté, la servante lui demanda pardon, et lui avoua l'épreuve à laquelle on avait voulu le soumettre. »

*

L'empereur Joseph II n'aimait ni la représentation ni l'apparat, témoin ce fait qu'on se plaît à citer. Un jour que, revêtu d'une simple redingote boutonnée, accompagné d'un seul domestique sans livrée, il était allé, dans une calèche à deux places qu'il conduisait lui-même, faire une promenade du matin dans les environs de Vienne, il fut surpris par la pluie, comme il prenait le chemin de la ville.

Il en était encore éloigné, lorsqu'un invalide qui regagnait aussi la capitale fait signe au conducteur d'arrêter; ce que Joseph II fit aussitôt.

« Monsieur, lui dit le militaire (car c'était un sergent), y aurait-il de l'indiscrétion à vous demander une place à côté de vous? Cela ne vous gênerait pas prodigieusement, puisque vous êtes seul dans votre calèche, et ménagerait mon uniforme, que je mets aujourd'hui pour la première fois.

— Ménageons votre uniforme, mon brave, lui dit Joseph, et mettez-vous là. D'où venez-vous?

— Ah! dit le sergent, je viens de chez un garde-chasse de mes amis, où j'ai fait un fier déjeuner.

— Qu'avez-vous donc mangé de si bon?

— Devinez.

— Que sais-je, moi, une soupe à la bière?

— Ah! bien oui, une soupe; mieux que ça?

— De la choucroute?

— Mieux que ça.

— Une langue de veau?

— Mieux que ça, vous dit-on.

— Oh! ma foi, je ne puis plus deviner, dit Joseph.

— Un faisan, mon digne homme, un faisan tiré sur les plaisirs de Sa Majesté! dit le camarade en lui frappant sur la cuisse.

— Tiré sur les plaisirs de Sa Majesté, il n'en devait être que meilleur.

— Je vous en réponds. »

Comme on approchait de la ville et que la pluie tombait toujours, Joseph demanda à son compagnon dans quel quartier il logeait et où il voulait qu'on le descendît.

« Monsieur, c'est trop de bonté, je craindrais d'abuser de....

— Non, non, dit Joseph; votre rue? »

Le sergent, indiquant sa demeure, demanda à connaître celui dont il recevait tant d'honnêtetés.

« A votre tour, dit Joseph, devinez.

— Monsieur est militaire, sans doute?

— Comme dit monsieur.

— Lieutenant?

— Ah! bien oui, lieutenant; mieux que ça.
— Capitaine?
— Mieux que ça.
— Colonel, peut-être?
— Mieux que ça, vous dit-on.
— Comment diable! dit l'autre en se rencognant aussitôt dans la calèche, seriez-vous feld-maréchal?
— Mieux que ça.
— Ah! mon Dieu, c'est l'empereur!
— Lui-même, » dit Joseph.

L'invalide se confond en excuses et supplie l'empereur d'arrêter pour qu'il puisse descendre.

« Non pas, lui dit Joseph; après avoir mangé mon faisan, vous seriez trop heureux de vous débarrasser de moi aussi promptement; j'entends bien que vous ne me quittiez qu'à votre porte. »

Et il l'y descendit.

CHAPITRE XIV.

SOBRIÉTÉ — TEMPÉRANCE

Vous vous étonnez du nombre de nos maladies, comptez nos cuisiniers; que d'hommes occupés pour une seule bouche!...

SÉNÈQUE.

La sobriété est un ménagement du plaisir.

DACIER.

SOBRIÉTÉ — TEMPÉRANCE.

*

Un jour Aristippe, le philosophe courtisan, voyant Diogène, le philosophe indépendant, qui lavait à la fontaine les légumes dont il avait coutume de se nourrir :

« Si tu voulais faire la cour au roi Denys, lui dit-il, tu ne serais pas réduit à une telle nourriture.

— Et toi, répliqua Diogène, si tu voulais te contenter d'une pareille nourriture, tu ne serais pas réduit à faire la cour à Denys. »

*

Un roi de Perse ayant fait venir un médecin très-habile à sa cour, celui-ci, en arrivant, demanda comment on vivait dans le royaume.

« On ne mange, lui répondit-on, que quand on sent la faim ; encore ne la satisfait-on que discrètement.

— En ce cas, dit le médecin, je ne ferai pas fortune ici ; je me retire. »

*

Artaxerce, dont le bagage avait été perdu dans la déroute de son armée, fut contraint de manger des figues sèches et du pain d'orge : « Ah ! dit-il, en assouvissant joyeusement sa faim qui était grande, de quel plaisir j'avais été privé jusqu'à présent ! »

Les Parisiens auraient pu en dire tout autant dans les derniers temps du siége de Paris. Et il est juste de dire à leur éloge que, quoique l'épreuve fût plus longue et plus douloureuse, ils ne firent pas pire mine à leurs petites rations de pain d'orge et de paille que le roi Artaxerce à l'unique repas frugal qu'il eût fait de sa vie.

*

Michel-Ange, qui mourut à l'âge de quatre-vingt-sept ans, avait été toute sa vie d'une sobriété exemplaire.

« Quoique je sois riche, disait-il, j'ai toujours vécu en homme pauvre. » Quand il travaillait, il se contentait d'un morceau de pain, qu'il mangeait sans s'interrompre, et d'un peu de vin. Ce fut là son régime jusqu'à l'époque où il commença les dernières peintures de la chapelle Sixtine. Alors, déjà âgé, il s'accorda un repas frugal à la fin de la journée. Ce n'était point de sa part avarice; il était au contraire d'une générosité peu commune, comblant ses élèves et ses amis, secourant les malheureux, dotant de pauvres filles et enrichissant son neveu. Quant à lui, il n'acceptait jamais de présents de qui que ce fût.

*

On raconte que Charles XII, le roi conquérant suédois, ayant un jour bu plus que de raison dans un repas, s'oublia, au sortir de table, jusqu'à injurier sa grand'mère; ne la voyant pas paraître le lendemain, il en demanda le motif. On lui rappela ce qui s'était passé, car il l'avait complétement oublié. Alors il alla trouver son aïeule et, s'inclinant devant elle, lui demanda pardon et lui déclara qu'il avait bu la veille du vin pour la dernière fois.

Depuis ce jour, en effet, Charles XII ne but plus jamais que de l'eau, et fut en toute occasion de la plus grande sobriété.

CHAPITRE XV

LOYAUTÉ — DROITURE — DÉSINTÉRESSEMENT

Je ne saurais me faire à l'idée qu'il faut renoncer à la probité pour être heureux dans le monde.
Mme D'Épinay.

La probité n'est jamais seule.
S. Lavalette.

La probité est comme le sein de la mer, l'une rassemble toutes les rivières, l'autre toutes les vertus pour en composer l'homme de bien.
Juvénal.

*

Les Romains, sous les ordres de Camille, faisaient depuis longtemps le siège de Faléries, ville du pays des Falisques. Dès cette époque il était d'usage de confier l'éducation de plusieurs enfants au même maître. Les fils des premières familles suivaient les leçons du plus renommé par son savoir Or, un maître d'école de Faléries, qui instruisait les enfants des principaux citoyens, avait coutume, pendant la paix, de conduire ses écoliers hors de la ville pour les faire jouer et courir. La guerre interrompit d'autant moins cette habitude que les Romains, instinctivement généreux, se fussent bien gardés d'inquiéter ces enfants. Le maître les emmenait à des distances plus ou moins grandes, en variant leurs jeux et ses entretiens. Un jour que l'occasion lui parut favorable, il s'avança plus que d'ordinaire, arriva aux postes ennemis, pénétra dans le camp romain et conduisit les enfants à la tente de Camille. Là, il veut ajouter à son infâme action un discours plus infâme.

« Je viens, dit-il, remettre Faléries au pouvoir des Romains en leur livrant les fils des premiers magistrats de la ville... » Mais Camille indigné ne le laisse pas continuer.

« Scélérat ! s'écrie-t-il, sache qu'il n'y a ici personne qui te ressemble. Entre nous et les Falisques aucun lien de convention n'existe ; mais celui de la nature, qui est commun à tous les hommes, subsiste entre les deux peuples. Comme il y a les droits de la paix, il y a aussi ceux de la guerre, et nous avons appris à la faire avec autant de justice que de valeur. Nous avons des armes, non contre cet âge qu'on épargne même dans le saccage des villes, mais contre des hommes armés qui se sont déclarés injustement nos ennemis. J'espère vaincre tes concitoyens, mais ce sera par le courage, et non par la lâcheté dont tu viens me donner un si misérable exemple. »

Puis Camille fit dépouiller cet homme de ses habits, lui fit attacher les mains derrière le dos, et le fit reconduire à Faléries.

A ce spectacle le peuple accourt, les magistrats convoquent les principaux citoyens, et leur soumettent cette étrange affaire. Le récit de la générosité de Camille opère un si grand changement dans les esprits que cette cité, qui aurait préféré la ruine à la capitulation la plus honorable, demande à présent la paix d'une voix unanime.

Dans les maisons, sur la place publique, au conseil, il n'est question que de la bonne foi romaine, que de l'équité du général, et, d'un commun accord, on envoie des députés qui, arrivés devant le sénat romain, s'expriment ainsi :

« C'est par une action que pas un dieu, que pas un homme ne voudrait désavouer, que vous nous avez vaincus. Nous nous rendons à vous, certains de vivre mieux sous votre empire que sous nos lois. L'événement de cette guerre présente deux salutaires exemples au genre humain. Vous, vous avez préféré la loyauté dans la guerre à une victoire assurée ; nous, pour répondre à ce défi de loyauté, nous vous décernons volontairement la victoire. »

Camille reçut des actions de grâce et des ennemis et de ses concitoyens. La paix fut conclue, et l'armée revint à Rome.

*

Fabius, le général romain, venait de racheter d'Annibal un certain nombre de prisonniers moyennant une rançon convenue. Le sénat refusant de la payer, il envoya son fils à Rome pour vendre le seul domaine qu'il possédait, et en compta aussitôt la valeur à Annibal. Fabius aima mieux rester sans patrimoine que de voir sa patrie manquer de bonne foi, même quand sa patrie le désavouait dans un acte qu'il avait conclu en son nom.

*

Pyrrhus, roi d'Épire, un des plus habiles capitaines de son temps, était venu en Italie pour faire la guerre aux Romains, et dès la première rencontre des deux armées, il remporta sur ces vainqueurs des nations une éclatante victoire, qui ne fit qu'allumer dans le cœur de ceux-ci une plus grande ardeur de le combattre.

Pyrrhus ne s'abusa pas sur la signification d'un premier succès évidemment dû à l'inhabileté du consul alors en charge, nommé Lévinus ; il envoya donc à Rome, pour traiter de la paix, Cinéas, un de ses familiers, homme éloquent entre tous, qui, après avoir fait aux Romains les plus belles promesses, dans les termes les plus insinuants, ne reçut d'eux que cette fière réponse : « Que Pyrrhus sorte tout d'abord de l'Italie, et alors qu'il nous fasse, s'il veut, des propositions de paix ; mais, tant qu'il sera en armes sur nos terres, les Romains lui feront la guerre de toutes leurs forces, eût-il battu dix Lévinus. » Cinéas, pendant son séjour à Rome, avait soigneusement observé les mœurs romaines ; quand il revint auprès du roi, il lui dit qu'il craignait bien que la guerre qu'il voulait faire à des hommes si résolus et si passionnés pour la liberté ne fût une entreprise interminable, et il ajouta que le sénat lui avait paru « une assemblée de rois. »

Bientôt après, cependant, arrivèrent au camp de Pyrrhus des ambassadeurs romains qui venaient traiter de la rançon des prisonniers. Au nombre de ces députés était Fabricius, que Cinéas signala au roi comme un des citoyens que les Romains estimaient le plus pour sa vertu, ses talents militaires et sa *pauvreté*. Heureux temps que celui où la pauvreté est un titre d'honneur!

Pyrrhus traita celui-ci avec une distinction toute particulière et lui offrit de riches présents, non pour le porter à aucun pacte honteux, mais comme gages de l'amitié qu'il voulait contracter avec lui. Fabricius ayant refusé, le roi n'insista pas davantage.

Le soir, à souper, la conversation ayant roulé sur les philosophes, Cinéas parut se ranger à la doctrine d'Épicure qui faisait du plaisir le bien suprême. Fabricius l'interrompit : « Par Hercule! dit-il, plaise aux dieux que Pyrrhus et ses amis aient de telles opinions tant qu'ils seront en guerre contre nous, et nous ne les craindrons point! »

Pyrrhus, admirant le caractère et la grandeur d'âme de ce Romain, plutôt que de continuer la guerre, eût préféré conclure un traité d'alliance avec sa république. Il le prit donc en particulier, le pressa de négocier un accommodement entre lui et les Romains, et de venir ensuite vivre à sa cour où il serait le premier de ses amis et de ses lieutenants. L'austère républicain, beaucoup moins sans doute par orgueil personnel

LOYAUTÉ — DROITURE — DÉSINTÉRESSEMENT. 253

que pour railler dignement des propositions si peu conciliables avec son caractère, lui répondit : « Prince, le parti que vous me proposez ne tournerait pas à votre avantage; car ceux qui aujourd'hui vous honorent et vous admirent pourraient bien un jour avoir la fantaisie de vouloir un citoyen romain pour chef de votre empire. »

Il entendait dire par là que les institutions romaines pourraient paraître aux sujets de Pyrrhus plus faites pour assurer leur prospérité que celles qui avec lui les régissaient.

Pyrrhus ne s'offensa point de cette réponse et même ce fut à Fabricius seul qu'il voulut confier les prisonniers, afin que, si le sénat refusait la paix, ils lui fussent renvoyés après avoir embrassé leurs parents. Le sénat, en effet, les renvoya, et décréta la peine de mort contre tous ceux qui ne retourneraient pas au camp de Pyrrhus.

L'année suivante, Fabricius fut nommé consul, et comme la guerre contre Pyrrhus n'avait pas été achevée, il dut se mettre en campagne avec les armées romaines pour aller se mesurer avec le roi d'Épire. Un homme vint alors certain jour lui apporter une lettre du médecin de Pyrrhus qui lui offrait d'empoisonner ce prince, si les Romains voulaient lui assurer une récompense proportionnée au service qu'il offrait de leur rendre, en terminant la guerre sans aucun danger pour eux. Fabricius, indigné de la perfidie de cet homme, et d'accord avec l'autre consul, écrivit sur-le-champ à Pyrrhus. La lettre des généraux romains était conçue en ces termes :

« Caius Fabricius et Quintus Emilius, consuls des Romains, au roi Pyrrhus, salut. Il paraît que vous n'êtes heureux ni dans le choix de vos amis, ni dans celui de vos ennemis. La lecture de la lettre que nous vous envoyons vous convaincra sans doute que vous faites la guerre à d'honnêtes gens et que vous donnez votre confiance à des traîtres. Ce n'est pas cependant

15

pour obtenir votre reconnaissance que nous vous découvrions cette perfidie, mais afin que votre mort ne donne pas lieu de nous calomnier, et de dire que, désespérant de vous vaincre, nous avons eu recours à la trahison pour terminer cette guerre. »

A la lecture de cette lettre, Pyrrhus s'écria : « Il serait plus facile au soleil de quitter son cours qu'à Fabricius de s'écarter du chemin de la probité. » Puis, après avoir fait punir le médecin, il renvoya aux Romains tous les prisonniers sans rançon, et depuis ne chercha plus que l'occasion de mettre honorablement fin à une expédition qu'il regrettait d'avoir entreprise.

*

Quand il s'agissait de condamner un citoyen, l'empereur Julien ne prononçait son jugement que sur les preuves les plus juridiques. Un Numerius, qui avait eu le gouvernement de la Gaule Narbonnaise, était accusé de l'avoir pillée. Comme Numerius se tenait sur la négative et déconcertait ses accusateurs qui n'avaient point de preuves en main, Delphidius, avocat célèbre, crut y suppléer par cette exclamation véhémente :

« Qui sera coupable, s'il suffit de nier ses crimes ?
— Et, s'il suffit d'être accusé, qui sera innocent ? » répondit Julien.

*

On affirme que, lors de la découverte du Nouveau-Monde, les Espagnols y trouvèrent des peuplades à qui l'idée du mensonge semblait n'être jamais venue. Un voyageur attribue à une tribu des Ostiaks, nation à demi sauvage du nord de la Russie d'Asie, un fait qui ne témoigne pas d'une droiture d'âme moins grande.

« Un marchand russe, dit-il, allant de Tobolsk à Berézoff (ville de Sibérie), passa la nuit dans la cabane d'un Ostiak. Le lendemain il perdit, à quelque distance, une bourse dans laquelle il y avait environ cent roubles. Le fils de l'homme qui avait donné l'hospitalité au Russe, allant un jour à la chasse, passa par hasard à l'endroit où cette bourse était tombée, et la vit sans la ramasser. De retour à la cabane, il se contenta de dire qu'il avait remarqué cette bourse sur le chemin, et qu'il l'y avait laissée. Son père le renvoya aussitôt sur le lieu, et lui ordonna de couvrir la bourse avec de la terre et quelques branches d'arbres, afin qu'elle pût être retrouvée à cette même place par celui à qui elle appartenait, si jamais il venait la chercher. La bourse resta dans cet endroit pendant plus de trois mois. Lorsque le Russe revint de Bérézoff, il alla loger chez le même Ostiak, et lui raconta la perte qu'il avait faite le jour même qu'il était parti de chez lui : « C'est donc toi qui as perdu une bourse? lui dit « l'Ostiak. Eh bien, sois tranquille, je vais te donner « mon fils qui te conduira à l'endroit où elle doit être ; « tu pourras la ramasser toi-même. » Le marchand, en effet, trouva sa bourse à la place où elle était tombée.

Nous croyons, nous, que le procédé naïf de l'Ostiak aurait pu tourner au détriment de son hôte. Il eût mieux fait de prendre la bourse, de déclarer qu'il la tenait à la disposition de celui qui l'avait perdue et de la lui remettre à son retour.

*

Henri II ayant offert une place d'avocat général au célèbre Henri de Mesme, ce magistrat prit la liberté de représenter au roi que cette place n'était pas vacante.

« Elle l'est, répliqua le roi, parce que je suis mécontent de celui qui la remplit.

— Pardonnez-moi, Sire, répondit Henri de Mesme, après avoir fait l'apologie de l'accusé, qui pourtant était son rival déclaré, j'aimerais mieux gratter la terre avec mes ongles que d'entrer dans cette charge par une telle porte. »

Le roi eut égard à sa remontrance. A peine Henri de Mesme put-il souffrir qu'on songeât à lui faire des remerciments pour une action qui lui semblait toute simple.

*

Un pauvre homme qui était portier à Milan, chez un maître de pension, trouva un sac où il y avait deux cents écus. Celui qui l'avait perdu, averti par une affiche publique, vint à la pension, et ayant donné de bonnes preuves que le sac lui appartenait, le sac lui fut rendu. Plein de joie et de reconnaissance, il offrit à son bienfaiteur vingt écus, que celui-ci refusa absolument : il se réduisit donc à dix, puis à cinq ; mais le trouvant toujours inexorable : « Je n'ai rien perdu, dit-il d'un ton de colère et jetant par terre son sac, je n'ai rien perdu, si vous ne voulez rien recevoir. » Le portier reçut cinq écus, qu'il distribua aussitôt aux pauvres.

L'honnête portier avait raison. On n'a droit à aucune récompense pour avoir rempli un devoir de stricte probité.

*

Thomas Morus, chancelier d'Angleterre, est resté célèbre par son indépendance de caractère et son intégrité.

Certain jour, un très-grand seigneur, qui avait un procès pendant devant le tribunal où siégeait Morus, lui envoya, pour se le rendre favorable, deux magnifiques flacons d'argent. Morus les fit remplir du meilleur vin de sa cave, et les renvoya par le valet qui les avait apportés en lui disant : « Assurez votre maître que, s'il trouve mon vin bon, il peut en envoyer chercher tant qu'il voudra. »

*

Scarron, le poète burlesque, réduit à se défaire d'une petite terre qu'il possédait, trouva pour la lui acheter un brave homme du nom de Nublé, qui, sur l'évaluation approximative que Scarron lui fit de la contenance de ce bien, lui en donna six mille écus. Scarron se déclarait très-satisfait du marché. Mais, quelques jours plus tard, il voit entrer chez lui son homme qui, mettant sur la table une sacoche pleine : « Je viens de voir la terre que je vous ai achetée, lui dit-il, je l'ai fait estimer. Vous croyiez qu'elle ne valait que six mille écus ; elle en vaut huit mille : voici par conséquent ce que je vous redois. » Et il obligea Scarron, qui s'y refusait, d'accepter les deux mille écus de complément qu'il lui apportait.

*

Le désintéressement de Turenne est devenu en quelque sorte proverbial. C'est d'ailleurs ce que Mᵐᵉ de Sévigné atteste en ces termes :

« M. de Turenne, dit-elle dans une de ses lettres, avait quarante mille livres de rentes de biens de succession, et à sa mort l'on a trouvé que, toutes ses dettes payées, il ne restait que dix mille livres de rente.... Voilà comment il s'est enrichi en cinquante années de service. »

*

Duguay-Trouin, l'intrépide marin, l'homme aux abords sévères, aux rudes manières, était le cœur loyal par excellence. Ayant obtenu en 1707 une pension de Louis XIV, à la suite d'une victoire remportée par lui à la tête de sa flotte, il écrivit au ministre pour le prier de faire donner cette pension à son capitaine en second, qui avait eu une jambe emportée dans l'action : « Je suis trop récompensé, dit-il pour clore sa requête, si j'obtiens l'avancement et la juste récompense dus à mes officiers. »

*

Forbin, marin illustre de la même époque, avait quelque temps auparavant donné la même marque de générosité. Ayant, lui aussi, reçu une récompense du roi pour un fait d'armes, il se rendit à Versailles, et, au lieu de se borner à remercier Louis XIV, il lui représenta qu'on avait oublié un officier qui n'avait pas montré moins de zèle et de valeur que lui. Il ajouta qu'il regarderait cet oubli, s'il n'était pas réparé, comme une injustice dont il ne voudrait pas avoir à se reprocher les avantages. Louis XIV, que le désintéressement de ses courtisans n'avait pas gâté, ne put s'empêcher de s'écrier, en s'adressant à ceux qui l'entouraient : « Ah! messieurs, le chevalier de Forbin vient de faire une action qui n'a guère d'exemple dans ma cour! »

*

Lors de la reddition de Verdun, après le suicide de Beaurepaire, Marceau, étant le plus jeune officier de la garnison, fut, aux termes des règlements militaires, chargé de porter au roi de Prusse l'acte de capitulation. Il fut conduit au camp ennemi, les yeux bandés, et, quand on lui enleva le bandeau, Frédéric-Guillaume, voyant les larmes du jeune parlementaire couler abondamment, lui dit : « Monsieur, si l'armée française compte beaucoup d'officiers comme vous, cette guerre n'est pas près de finir. »

A la reddition de Verdun, Marceau avait perdu tout son équipage militaire et même toutes ses armes. Le commissaire envoyé par la Convention près des troupes qui avaient dû mettre bas les armes, par suite de la décision du Conseil municipal de la place, demanda au commandant du bataillon d'Eure-Loir ce qu'il voulait pour réparer cette perte : « Un sabre! » répondit laconiquement Marceau.

*

Une noble parole du général Eugène Cavaignac, chef du pouvoir exécutif pendant la république de 1848, mérite d'être citée ici. Un député attaquait le général Lamoricière à la tribune. Le général Cavaignac y monta pour défendre son ami. « Si quelque chose m'étonne, dit-il, c'est d'être le premier ici quand le général Lamoricière n'y est que le second. »

Au coup d'Etat du 2 décembre 1851, où un nombre considérable de personnes furent emprisonnées, transportées ou exilées, le général Cavaignac, le général Bedeau, le colonel Charras et quelques autres officiers supérieurs avaient été arrêtés nuitamment et conduits dans une forteresse. Le directeur de la prison, troublé peut-être d'avoir pour prisonnier, dans la personne du général Cavaignac, un homme aussi universellement respecté, et qui d'autre part avait été le chef de l'Etat, et pouvait peut-être à un moment donné le redevenir, se confondait en excuses et en offres de bons offices pour adoucir ce que sa mission avait de cruel : « Je ne vous demande qu'une chose, répondit le général Cavaignac, en se tournant vers le colonel Charras, auquel les offres du directeur de la prison ne semblaient pas s'adresser, c'est d'avoir pour le colonel Charras les égards que vous auriez pour un maréchal de France. »

L'auteur de la *Campagne de* 1813 *et de* 1815 était en effet, pour nous servir d'un mot du général Cavaignac résumant un jour son opinion sur le colonel Charras, « mieux qu'un homme, un caractère. »

*

Quand Boileau Despréaux commença de publier des satires, on lui représenta qu'il allait se faire des ennemis qui auraient toujours l'œil sur lui et ne lui passeraient pas le moindre oubli dans sa conduite : « Tant mieux! dit-il, je n'en veillerai que plus attentivement sur moi-même; je serai honnête homme, et je ne les craindrai point. »

Et il tint parole.

*

Pendant les guerres de la Révolution, les Autrichiens, qui assiégeaient Thionville, firent offrir secrètement au général Wimpffen, qui commandait la ville, un million s'il voulait la leur livrer.

« Volontiers, répondit l'honnête général, pourvu que l'acte de vente soit dressé devant notaire. »

Et l'empereur d'Autriche en fut pour sa honteuse proposition.

*

Le trait suivant, de date toute récente, encore qu'il n'ait pour héros qu'un très-jeune enfant et pour motif qu'une pauvre pièce de monnaie, ne semblera peut-être pas déplacé à côté de ceux qui précèdent.

Un monsieur, cheminant sur un trottoir, rencontre un enfant qui semblait chercher un objet perdu et qui pleurait.

« Qu'as-tu donc ? lui dit-il.

— Ah! monsieur, ma mère m'avait donné un sou pour acheter du lait, je l'ai perdu.

— Eh bien, mon petit, ton malheur est réparable : tiens, voilà un autre sou, et ne pleure plus. »

Cela dit, il s'éloigna; mais à cinquante pas de là il entend courir derrière lui; c'était l'enfant qui voulait le rejoindre.

« Monsieur, lui dit-il tout joyeux, j'ai retrouvé mon sou et je vous rends le vôtre. »

Doit-on craindre de formuler un pronostic hasardeux, en affirmant, sur cet acte d'instinctive probité, que cet enfant n'est autre qu'un futur honnête homme?...

*

Un mot de M. Séguier, qui était premier président

LOYAUTÉ — DROITURE — DÉSINTÉRESSEMENT.

de la cour royale de Paris sous la Restauration, est demeuré justement célèbre.

Le garde des sceaux l'engageait un jour à terminer dans un sens qu'il indiquait certains procès politiques pendants devant la cour, et le ministre ajoutait qu'en faisant ainsi il rendrait un véritable service à la cause royale.

Le président Séguier répondit : « *La cour rend des arrêts et non pas des services.* »

Ce mot devrait être la loi suprême de quiconque a l'honneur de siéger comme magistrat.

※

Le général Desaix, après avoir signé plusieurs traités de paix avec les princes de l'Empire, refusa les présents que l'usage semblait lui permettre de recevoir : « Ce qui est permis à bien d'autres, disait-il, ne l'est pas à un général républicain. »

Son désintéressement, disons même le mot, sa pauvreté lui attirait les louanges des simples soldats. Un jour, la caisse d'un duc autrichien tomba au pouvoir des Français. Desaix, en l'envoyant au payeur de l'armée, excitait de la voix les soldats qui, avec beaucoup d'efforts, ne réussissaient pas à la charger sur la voiture.

La caisse tombe, et un des soldats de dire « qu'il sait bien pourquoi elle est si lourde. »

« Pourquoi? demanda Desaix.

— Parce qu'elle sort de vos mains, général. »

C'est que Desaix n'était pas homme à l'alléger, comme auraient pu faire d'autres chefs moins scrupuleux.

※

Lacépède, le naturaliste, qui était en même temps directeur du Muséum et homme d'État, ayant reçu de Napoléon une mission importante à remplir en Espagne, le prince de la Paix, premier ministre espagnol, pour le mettre dans ses intérêts, imagina de lui faire présent d'une riche collection minérale, dans les échantillons de laquelle figurait une pépite d'or d'une grande valeur. Lacépède accepta, et remercia, mais au nom du Muséum d'histoire naturelle, où il fit déposer la collection et où la pépite figure encore.

*

Bayard avait mérité le surnom de *chevalier sans peur et sans reproche*.

Un gentilhomme lui demandait quels biens il importait de laisser à ses enfants. Bayard répondit : « Laissez-leur ce qui ne craint ni le temps ni la puissance humaine, c'est-à-dire la sagesse et la vertu. »

En 1523, il suivit l'amiral Bonnivet en Italie, où les armées espagnoles guerroyaient contre les troupes françaises.

« Là, dit son biographe intime[1], le bon chevalier, toujours le visage droit aux ennemis et l'épée au poing, leur donnait plus de crainte qu'un cent d'autres ; mais, comme Dieu le voulut permettre, fut tiré un coup d'arquebuse dont la pierre le vint frapper au travers des reins et lui rompit tout le gros os de l'échine.

« Quand il sentit le coup, il se mit à crier : « Jésus ! je suis « mort ! »

« Puis prenant son épée par la poignée, il en baisa la garde en guise de croix en disant : « Seigneur, mon Dieu, ayez pitié « de moi dans votre grande miséricorde. » Puis il devint incontinent tout blême et faillit tomber ; mais il eut encore le cœur de prendre l'arçon de la selle et demeura en cet état jusqu'à ce qu'un jeune gentilhomme lui vint aider à descendre, et le plaça sous un arbre, où il voulut être mis la face tournée vers les ennemis, parce que ne leur ayant

---

1. Son secrétaire et son écuyer, connu sous le nom de « *Loyal serviteur*. »

jamais tourné le dos il ne voulait pas commencer à ses derniers moments. »

Le connétable Charles de Bourbon, alors armé contre sa patrie, l'ayant trouvé dans cet état en poursuivant les Français, lui témoigna combien il le plaignait. Bayard lui répondit : « Ce « n'est pas moi qu'il faut plaindre, mais vous, qui portez les « armes contre votre roi, votre patrie et votre serment. » Pescaire, qui commandait l'armée espagnole, et qui passa peu après le connétable, envoya chercher sa tente, son lit, les plus habiles chirurgiens, et donna tous les ordres nécessaires pour qu'on prît soin du *bon chevalier :* tant une vertu éminente a de droits même sur un ennemi ! Mais tous les secours furent inutiles, et Bayard expira bientôt.

Le corps de l'illustre guerrier fut rendu, avec toutes sortes de marques d'honneur, aux Français et ramené en Dauphiné, où Bayard était né.

La ville de Grenoble, justement fière des glorieux souvenirs laissés par le loyal chevalier, lui a élevé sur une de ses places une statue, qui est un hommage rendu en même temps à la vaillance et à la probité.

✶

En 1782, à la fin de la guerre de l'Indépendance, l'armée américaine, qui n'avait jamais eu à se louer du Congrès et qui se voyait près d'être dissoute, était pleine de mécontents. Un certain nombre d'officiers pensèrent alors à substituer à la forme républicaine la forme monarchique et à offrir la couronne à Washington. Le colonel Lewis Nicolas fut chargé d'en faire les ouvertures au général. Voici quelle fut la réponse de Washington :

« Avec un mélange de grande surprise et de stupéfaction, j'ai lu les sentiments que vous m'avez communiqués. Soyez assuré, monsieur, qu'aucune circonstance dans le cours de la guerre ne m'a causé d'impressions plus pénibles que d'apprendre qu'il existe dans l'armée de telles idées, que je dois voir avec horreur et réprimer avec sévérité. Pour le moment, la communication que vous me faites restera un secret, à moins qu'en continuant d'agiter cette matière on n'en rende une révélation nécessaire. J'ai beaucoup de peine à concevoir quelle partie de ma conduite peut avoir donné de l'encouragement à une adresse pleine, à mon sens, des plus grands malheurs qui puissent atteindre notre pays. Si je ne suis pas déçu dans la connaissance de moi-même, vous ne pouviez trouver personne à qui vos projets fussent plus qu'à moi désagréables... Laissez-moi donc vous conjurer, si vous avez quelque considération pour votre pays, quelque égard pour vous-même et pour la postérité, quelque respect pour moi, de bannir ces pensées de votre esprit et de ne me jamais communiquer, ni de votre part ni de celle d'un autre, un sentiment de cette nature. »

Mettant d'accord sa conduite avec ses paroles, Washington, comme on sait, refusa absolument de se laisser réélire indéfiniment, comme on le voulait, à la présidence des États-Unis. Il avait exercé le pouvoir de 1788 à 1796, ayant été élu la première et la seconde fois à l'unanimité.

✱

Vercingétorix, après une année de luttes sans trêve contre les Romains, avait été, comme on le sait, réduit à se renfermer dans Alésia avec les débris de son armée. La défense qu'il y fit fut héroïque. Les troupes que les Gaulois envoyaient à son secours ayant été taillées en pièces, et la famine étant venue encore en aide aux Romains pour réduire les assiégés, Vercingétorix voulut épargner aux siens l'extrémité de choisir entre une mort affreuse et la honte de livrer leur général. Il offrit sa personne aux Romains ; mais César, qui les commandait, voulut avoir la garnison entière à sa discrétion. Les compagnons de Vercingétorix furent réduits en servitude ; quant à lui, équipé comme pour une bataille, il lança son cheval au galop jusqu'au camp des vainqueurs ; arrivé devant le tribunal de César, il sauta à terre, et sans mot dire jeta ses armes aux pieds du général romain. Celui-ci, sans être touché d'une infortune si noblement supportée, fit aussitôt garrotter Vercingétorix pour l'envoyer à Rome. Le vaillant chef gaulois sortit de prison au bout de six années pour orner le triomphe de son vainqueur, qui le fit ensuite conduire au supplice. Vercingétorix est le premier héros de notre histoire.

CHAPITRE XVI

TENDRESSE FRATERNELLE — PIÉTÉ FILIALE

Un frère qui, brouillé avec son frère, s'en va chercher un étranger pour en faire son ami, ressemble à un homme qui se couperait volontairement un membre pour s'en donner un artificiel.

PLUTARQUE.

Quel plus grand service des enfants peuvent-ils rendre à leurs père et mère, quels plus sérieux témoignages de tendresse peuvent-ils leur donner que d'avoir les uns pour les autres une amitié et une bienveillance inaltérables ?

PLUTARQUE.

L'enfant qui cache ses fautes à son père est un malade qui cache sa maladie à son médecin.

STAHL.

*

La correspondance de Michel-Ange avec sa famille présente les preuves les plus touchantes du respect qu'il ne cessa de porter à son père, et aussi de la constante et sévère amitié qu'il avait pour ses frères, établis et soutenus par lui, sans qu'il se laissât jamais décourager par leur incessante avidité. Parmi les lettres de lui se trouve celle-ci, relative à son père et adressée à l'un de ses frères :

« Buonarotti, j'ai appris par ta dernière que Ludovico été avait sur le point de mourir, et qu'en dernier lieu le médecin a assuré qu'il était hors de danger s'il ne survenait rien autre. Puisqu'il en est ainsi, je ne me mettrai pas en voyage pour Florence, ce qui m'eût été un grand dommage. Cependant, quel que soit ce dommage, je voudrais à tout prix le voir avant qu'il mourût, dussé-je mourir avec lui ; mais j'ai bon espoir que tout ira bien, c'est pourquoi je ne pars pas.

« S'il arrivait cependant qu'il retombât, — Dieu nous en garde, nous et lui ! — fais en sorte qu'il ne lui manque rien des choses de l'âme et des sacrements de l'Église, et fais-toi dire s'il ne veut pas qu'après lui nous fassions quelque chose pour son âme.

« Pour ce qui est des choses nécessaires au corps, faites qu'il ne lui manque rien. Je ne me suis jamais donné de peine que pour lui, pour l'aider et le secourir avant qu'il mourût. Ainsi, que ta femme s'applique avec amour aux soins qu'il réclame, je l'en récompenserai ainsi que vous tous. Quelque chose qui soit nécessaire, n'épargnez rien, dussions-nous y mettre tout ce que nous possédons ; je ne demande pas autre chose. Soyez en paix, et avertis-moi, car je suis rempli de douleur et de crainte. »

Ch. Clément, *Histoire de Michel-Ange*.

*

Au siècle précédent, deux écrivains célèbres, Pierre

et Thomas Corneille, avaient fourni l'exemple d'une union non moins parfaite, non moins constante.

Pierre était de beaucoup l'aîné de Thomas. Arrivé au plus beau renom littéraire, en devenant le véritable créateur du théâtre en France, il fit d'abord tout ce qui dépendit de lui pour initier son jeune frère à la noble profession des lettres, où il avait si magnifiquement marqué sa voie; et ce fut avec une profonde joie qu'il vit son disciple aimé, après quelques tâtonnements, conquérir tout d'un coup une renommée qui, un moment, excita tant d'engouement dans le public, qu'elle parut devoir égaler la sienne. Liés par le sang, liés par le succès, et bien que poursuivant tous deux un même but, dans une carrière où naissent si aisément les jalouses rivalités, ils ne cessèrent jamais de professer l'un pour l'autre la même estime, la même affection vive, inaltérable.

Une dernière chaîne les rapprocha. Pierre, qui avait épousé une demoiselle de Lampérière, obtint pour son frère la main de sa belle-sœur : et comme les deux sœurs, épouses des deux frères, avaient jusque-là vécu, elles aussi, dans la plus étroite union, il s'ensuivit que les deux ménages semblèrent n'en faire qu'un.

Bien que produisant leurs œuvres à Paris, ces poètes habitaient encore Rouen, leur ville natale. Là, logés dans deux appartements contigus, où ils avaient reçu le jour, et où ils avaient recueilli le dernier soupir de leurs parents, ils les avaient réunis par des communications pratiquées entre la *petite maison*, qui était celle de Pierre, et la *grande maison*, qui était celle de Thomas... Pensées, projets, fortune, tout était si bien en commun dans ce double ménage que, quand la mort vint enlever l'aîné des deux frères, ni l'un ni l'autre n'avait encore songé à partager les successions échues à leurs femmes [1].

On raconte que les cabinets de travail des deux poètes

---

1. Taschereau. *Histoire de P. Corneille.*

se correspondaient, et que, quand Pierre était embarrassé d'un tour de phrase ou d'une rime, il ouvrait une trappe, et tout bonnement invoquait l'aide de son cadet, qui, à charge de revanche d'ailleurs, lui proposait une consonnance ou un nouvel hémistiche.

*

Si nous remontons chez les anciens, un parfait modèle d'amitié fraternelle nous est offert par Caton d'Utique et son frère Cépion.

Qui ne connaît la réponse de Caton, à qui l'on demandait quel était son meilleur ami :

« Mon frère.
— Mais après?
— Mon frère.
— Et ensuite?
— Encore mon frère. »

Plutarque affirme que Caton enfant ne consentait à jouer, à se promener, qu'autant que son frère était avec lui, et qu'il atteignit l'âge de vingt ans sans avoir une seule fois soupé avec d'autres que son frère.

Cépion, de son côté, s'était tellement attaché à Caton et avait en lui une telle confiance, qu'il ne faisait jamais rien sans le consulter. On raconte que Cépion, ayant un jour signé une déposition en justice, et voyant qu'ensuite Caton refusait de souscrire à cette opinion, redemanda les tablettes et effaça ce qu'il y avait écrit, avant même de connaître les motifs que Caton avait pour ne pas confirmer son témoignage.

Le même historien moraliste déclare, dans son traité sur *l'amitié fraternelle*, que « de toutes les faveurs dont la fortune l'a comblé, il n'en est point qui lui soit plus chère que la bienveillance et la tendresse constante de son frère Ténion. »

« Platon, dit-il, ne pouvant faire davantage pour ses frères qu'il aimait et dont il était tendrement aimé, les a rendus célèbres en les choisissant pour interlocuteurs de ses plus beaux dialogues, Glaucon et Adimante, de sa *République*, et Antiphon, le plus jeune, de son *Parménide*.

« Les frères d'Épicure lui portèrent toujours le plus grand respect en reconnaissance de l'amitié et des soins qu'il avait eus pour eux ; et ils montrèrent surtout leur vive affection par la chaleur avec laquelle ils embrassèrent ses opinions philosophiques. »

*

Apollonius, le philosophe péripatéticien, a montré la fausseté de cette opinion que la gloire ne souffrait point de partage, car il éleva la réputation de son jeune frère au-dessus de la sienne.

*

Après la mort de Darius, une partie des seigneurs persans voulaient déférer la couronne à Ariamène, parce qu'il était l'aîné, et les autres à Xerxès, parce que sa mère Antona était fille de Cyrus, et qu'il était né depuis que Darius avait été couronné roi. Ariamène vint de la Médie, non en ennemi, mais avec sa suite ordinaire, pour voir prononcer sur son droit. Xerxès, qui s'était trouvé présent à la mort de son père, administrait déjà le royaume.

Dès qu'il apprit l'arrivée de son frère, il déposa les marques de la royauté, alla au-devant d'Ariamène et l'embrassa. Ensuite il lui envoya des présents, et lui fit dire par ceux qui les portaient « Voilà les témoignages d'estime et d'affection que votre frère vous envoie. Si le jugement des grands de Perse lui défère la couronne, vous aurez après lui la première place dans le royaume.

— Je reçois les présents de mon frère, repartit Ariamène, je crois que le trône m'appartient, mais Xerxès, en tous cas, occupera après moi le premier rang parmi les Perses. »

Quand le jour du jugement fut arrivé, les Perses,

d'un commun accord, nommèrent arbitre de ce différend Artabane, frère de Darius. Xerxès, qui comptait avoir pour lui le plus grand nombre de voix, voulait le récuser. Sa mère l'en blâma : « Quoi ! mon fils, lui dit-elle, tu refuserais d'avoir pour juge Artabane, ton oncle, le plus honnête homme de la Perse ! Crains-tu l'issue d'un débat où il sera beau même de succomber, puisque tu n'en resteras pas moins le frère du roi de Perse, et la seconde personne du royaume ? »

Xerxès se rendit, et, l'affaire ayant été discutée, Artabane prononça en faveur de Xerxès.

Aussitôt Ariamène quitte sa place, va le premier rendre hommage à son frère, le prend par la main et le conduit au trône.

Depuis, il eut toujours le plus grand pouvoir auprès du roi, et il lui resta si constamment attaché qu'à la bataille de Salamine il fut tué en combattant avec la plus grande valeur pour la gloire de son frère.

*

Crésus, roi de Lydie, demandait à Pittacus s'il était riche : « Deux fois plus que je ne voudrais, répondit celui-ci, car j'ai perdu mon frère. »

*

L. Manlius venait d'être dictateur. Ses actes publics n'avaient donné lieu à aucune réclamation grave ; il fut cependant appelé en justice par M. Pomponius, tribun du peuple, qui, selon l'usage du temps, s'érigeant censeur de la vie intérieure des citoyens, accusa Manlius de traiter avec trop de dureté un de ses enfants.

Ce fils, appelé Titus, — bien qu'il dût plus tard briller dans les affaires de Rome, — ne faisait pas espérer dans sa jeunesse qu'il pût jamais prendre rang parmi les citoyens notables de Rome, car, outre qu'il était né bègue, son esprit semblait plongé dans un engourdissement qui touchait presque à la stupidité. Le père, désespérant de son avenir, l'avait relégué dans une de ses maisons de campagne et l'avait voué exclusivement à la vie rustique.

L'affaire fut vivement poussée contre Manlius, et l'on ne doutait pas que le peuple ne le condamnât au moins à une amende considérable.

Titus, ayant appris l'accusation portée contre son père, partit seul des champs, un matin, arriva chez le tribun, qu'il trouva encore couché, et lui fit dire que le fils de Manlius demandait à lui parler pour une affaire pressante.

Le tribun, persuadé qu'il venait ou le remercier de s'être intéressé à lui, ou peut-être lui fournir de nouvelles preuves de la dureté de Manlius, ordonna qu'on le fît entrer. Titus demanda à l'entretenir en particulier. Le tribun fit sortir ceux qui se trouvaient avec lui. Alors, le jeune homme, tirant un poignard qu'il avait caché sous ses habits, menaça Pomponius de le tuer s'il ne jurait de se désister de la poursuite qu'il avait intentée à son père. Le tribun prit tous les engagements exigés de lui; mais il ne fut pas plus tôt débarrassé de ce jeune homme, qu'il porta plainte contre lui dans une assemblée du peuple, et demanda à être relevé de son serment. Le peuple, plus généreux, excusa, en faveur du motif, la violence de Titus, et défendit au tribun de poursuivre davantage son action contre L. Manlius. De plus, pour récompenser l'acte de piété filiale du fils, le jeune Titus fut nommé pour remplir une des charges de tribun des légions, et il fit bientôt connaître, par des actions d'une valeur extraordinaire, combien il était digne de cet honneur [1].

*

Le Romain Coriolan joignait à un rare courage, à

---

[1]. C'est ce même Manlius que nous voyons ailleurs (voy Patriotisme) condamner un autre de ses fils pour une glorieuse infraction à la discipline.

un grand génie militaire, le mérite d'avoir rendu à la république les plus importants services. Mais ayant voulu, à une certaine époque, lui sénateur, s'opposer d'une manière trop manifeste aux entreprises des tribuns du peuple, il fut par eux traduit devant le peuple, qui prononça contre lui la peine de l'exil. Coriolan, singulièrement irrité contre ses concitoyens, se retira chez les Volsques, nation voisine qui, depuis de longues années, était en état de guerre à peu près permanente avec les Romains.

Les Volsques s'empressèrent de l'accueillir et de lui témoigner plus de bienveillance à mesure que se manifestait plus formellement sa colère contre Rome. Bientôt, car eux-mêmes avaient eu l'occasion d'éprouver à leurs dépens son habileté guerrière, ils lui offrirent le commandement de leur armée, et Coriolan commit le crime de l'accepter. Guidés par lui, les Volsques marchèrent contre leur ancienne ennemie.

Le général romain, traître à sa patrie, ne trompa point l'espoir que sa présence avait fait naître chez les Volsques. Comme si le sort eût voulu prouver que Rome devait sa puissance bien moins à la valeur de ses soldats qu'au mérite de son général, partout où les Romains s'opposèrent à la marche des Volsques, ils furent battus, chassés, dispersés.

Après s'être rendu maître de toutes les petites villes environnantes, Coriolan vint enfin camper, avec son armée toujours victorieuse, aux portes mêmes de Rome, qui se crut aussi près de sa perte qu'à la fatale époque où les Gaulois la tenaient assiégée.

Des députés envoyés auprès de Coriolan n'obtinrent de lui que cette réponse : « Je n'ai oublié ni l'injustice de mes concitoyens, ni la générosité de mes hôtes; et je ferai tous mes efforts pour prouver au peuple romain que l'exil a excité, mais non pas amoindri, mon courage. »

Envoyés une seconde fois, ils ne sont point reçus. On dit même que les prêtres, revêtus des insignes de leur

TENDRESSE FRATERNELLE — PIÉTÉ FILIALE. 273

dignité, se présentèrent en suppliants, et que cette démarche laissa implacable ce cœur orgueilleux, avide de vengeance.

Le sénat était dans la stupeur, le peuple dans l'épouvante. Les dames romaines, alors, se rendent en grand nombre auprès de Véturie, mère de Coriolan, et de Volumnie, son épouse, et décident Véturie, malgré son grand âge, et Volumnie portant ses deux fils, tout jeunes encore, à les accompagner au camp ennemi.

Quand on annonça à Coriolan qu'une troupe de femmes s'approchait, lui que n'avaient pu émouvoir ni la majesté de la république représentée par ses magistrats, ni le respect dû aux pontifes sacrés, il s'efforça de se préparer à plus de rudesse encore, pour résister aux pleurs de ces femmes.

Cependant, un de ses serviteurs qui, au milieu de la foule, avait reconnu Véturie et sa bru, s'écria : « Si mes yeux ne me trompent, voilà votre mère, votre femme et vos enfants. »

A ces mots, Coriolan, comme hors de lui, s'élance plein de trouble et court au-devant de sa mère pour l'embrasser, mais elle, passant aussitôt des supplications à la prière : « Permets, lui dit-elle, qu'avant de recevoir tes embrassements, je sache si je viens près d'un fils ou d'un ennemi, si dans ton camp je suis la mère ou la captive. Voilà où m'a conduite une vie trop longue et malheureuse ! Je t'ai vu exilé, et aujourd'hui je te vois armé contre ta patrie ! Quoi ! tu as pu ravager cette terre qui t'a donné le jour et qui t'a nourri ? Ta colère n'est point tombée en mettant le pied sur nos frontières ? A l'aspect de Rome, tu ne t'es pas dit : Derrière ces remparts sont ma maison, mes pénates, ma mère, ma femme, mes enfants ! Si je n'avais jamais été mère, Rome ne se verrait pas assiégée ; si je n'avais point de fils, je serais morte libre dans ma patrie libre. Mon malheur est au comble, ainsi que ta honte. Si je ne puis te persuader de faire cesser les maux qui sont la suite de cette guerre, sache que tu n'entreras dans Rome qu'en passant sur le corps de celle à qui tu dois la vie. »

Alors, Coriolan, prenant sa mère dans ses bras : « Vous l'emportez, lui dit-il; mais votre victoire me sera funeste. Je me retire, vaincu par vous seule.... » Puis, levant les bras au ciel : « Rome, reprit-il, quelques raisons que j'aie de te haïr, j'accorde ta grâce aux larmes de ma mère. »

Meilleur fils qu'il n'avait été bon citoyen, il fit rétrograder son armée; mais, comme il l'avait prévu, il ne tarda pas à périr victime de la fureur que suscita contre lui, chez les Volsques, l'acte que lui avait inspiré le respect filial, et qui, au point de vue de la politique des Etats, fut considéré comme une seconde trahison. Traître deux fois, l'histoire n'a pas absous Coriolan; mais il lui appartenait d'enregistrer, comme une circonstance atténuante à sa honte, l'exemple de piété filiale qu'il laissait du moins derrière lui.

*

Une femme de condition noble [1], dit Valère Maxime, convaincue d'un crime capital au tribunal du préteur, fut remise par celui-ci au triumvir, avec ordre de la faire mourir dans la prison.

Le geôlier, en ayant pitié, n'exécuta pas aussitôt le jugement. Il permit même à la fille de la condamnée de visiter sa mère, mais il prenait la précaution de la fouiller exactement, afin qu'elle ne lui apportât rien à manger, car il comptait qu'elle mourrait d'elle-même faute de nourriture. Après plusieurs jours, étonné de ce qu'elle vivait si longtemps, il observa plus attentivement, et il vit la fille donner le sein à sa mère et l'alimenter de son lait. Ce trait admirable,

---

[1] L'historien remarque que cette femme était de sang noble pour justifier l'exception, faite en sa faveur, de ne pas être mise à mort publiquement.

ayant été rapporté aux juges, fit accorder à la mère la rémission de la peine qu'elle avait encourue. Sa grâce ne fut pas la seule récompense de la piété de sa fille ; on assura encore à toutes les deux, sur les fonds publics, leur subsistance pour le reste de leur vie, et le lieu de cette prison fut consacré par un temple qu'on y bâtit à la Piété filiale.

Parmi les exemples de cette vertu empruntés aux nations étrangères, le même écrivain cite celui de Pero, fille de Cimon, laquelle, dans des circonstances toutes semblables, nourrit de même son vieux père de son lait. Il n'ajoute d'ailleurs aucuns détails, et on ignore qui étaient ce père et cette fille, Grecs de naissance, si l'on en juge d'après leurs noms.

*

Au siècle dernier, un enfant, placé à l'école militaire de Brienne, se contentait, depuis plusieurs jours, de la soupe et du pain sec avec de l'eau. Le régent de la classe, averti de cette singularité, l'en reprit, attribuant cela à quelque excès de dévotion mal entendue. Le jeune enfant continuait toujours, sans découvrir son secret. Le gouverneur de l'école fit venir le jeune élève, et, après lui avoir doucement représenté combien il était nécessaire d'éviter toute singularité et de se conformer à l'usage de l'École, voyant qu'il ne s'expliquait pas sur les motifs de sa conduite, il fut contraint de le menacer, s'il ne se réformait, de le rendre à sa famille. « Hélas ! monsieur, dit alors l'enfant, vous voulez savoir la raison que j'ai d'agir comme je fais ? la voici : dans la maison de mon père, je mangeais du pain noir en petite quantité ; nous n'avions souvent que de l'eau à y ajouter. Ici je mange de bonne soupe, le pain y est bon, blanc et à discrétion ; je trouve que je fais grande chère, et je ne puis me résoudre à manger davantage, me souvenant de l'état de mon père et de ma mère. »

Le gouverneur ne pouvait retenir ses larmes en voyant la sensibilité et la fermeté de cet enfant.

« Votre père a servi ; n'a-t-il pas de pension?

— Non, répondit l'enfant. Pendant un an il en a sollicité une ; le défaut d'argent l'a contraint d'y renoncer. Il a mieux aimé languir que de faire des dettes à Versailles.

— Eh bien, dit le gouverneur, si le fait est aussi prouvé qu'il paraît vrai dans votre bouche, je vous promets de lui obtenir cinq cents livres de pension. Puisque vos parents sont si peu à leur aise, vraisemblablement ils ne vous ont pas bien fourni le gousset ; recevez pour vos menus plaisirs ces trois louis que je vous présente de la part du roi, et quant à monsieur votre père, je lui enverrai d'avance les six mois de la pension que je vous ai promis de lui obtenir.

— Monsieur, reprit l'enfant, veuillez alors lui faire remettre aussi ces trois louis que vous venez de me donner. Ici, j'ai de tout en abondance, cet argent me deviendrait inutile, et il fera grand bien à mon père, pour lui et pour mes frère et sœur. »

*

Le fils du contre-amiral Casabianca, âgé de treize ans, s'était embarqué avec son père sur le vaisseau *l'Orient*, et servait en qualité d'élève de marine. Il se conduisit parfaitement à la funeste journée d'Aboukir ; son courage et son sang-froid le faisaient admirer des plus vieux matelots.

Tout à coup le feu prit à *l'Orient*; il était impossible de l'éteindre. En un instant les batteries sont abandonnées ; l'enfant reste seul sur le pont. Enfin, un vieux matelot accourt auprès de lui et lui dit :

« Votre père est mortellement blessé et vous ordonne de sauver votre vie en vous rendant, ainsi que moi. »

L'enfant, éperdu court à la chambre où expirait le contre-amiral.

« Je mourrai... je mourrai avec mon père, s'écriat-il. » Et il opposa une résistance si énergique au matelot, que celui-ci, pour se sauver lui-même, fut obligé de l'abandonner.

La flamme se communiqua à la poudre, et le bâtiment sauta avec ce jeune héros, qui cherchait à couvrir de son corps les restes mutilés de son père.

C'est grâce au récit que fit le vieux matelot de ce beau trait, en arrivant à Alexandrie, qu'il n'est pas resté inconnu.

CHAPITRE XVII

BONNE FOI — RELIGION DU SERMENT

Celui qui rompt sa foi ne trouve pas de foi.
PASQUIER.

✶

« La promesse d'un honnête homme est inviolable; jamais il ne doit manquer à sa parole, l'eût-il donnée à des fripons. »

Cette maxime est de Turenne, et voici à quelle occasion le grand capitaine la prononça :

Passant une nuit sur les remparts de Paris, il tomba entre les mains d'une bande de voleurs qui arrêtèrent son carrosse et qui se mirent en devoir de le dévaliser. Sur la promesse qu'il leur fit de cent louis d'or, pour conserver une bague d'un prix beaucoup moindre qu'ils allaient lui ôter, ils la lui laissèrent. Le lendemain, l'un des bandits osa aller chez Turenne, qui était alors en grande compagnie, et ayant demandé à lui parler en particulier, il réclama de lui l'exécution de sa promesse. Le maréchal n'hésita pas un instant. Il avait promis, il lui fit donner l'argent et lui laissa en outre le temps de s'éloigner avant de raconter l'aventure aux personnes qui étaient dans sa maison. Il fut ainsi bien constaté qu'il eût regardé comme une indignité de faire quoi que ce soit pour éluder l'engagement qu'il avait pris, même envers un voleur.

*

Le plus bel exemple, qui d'ailleurs est aussi le plus célèbre, de la fidélité à l'engagement pris, se trouve, sans contredit, dans l'histoire du Romain Régulus; histoire qui, pour avoir été maintes fois rapportée, n'en est que plus digne de l'être encore.

Régulus, alors consul, d'abord vainqueur des Carthaginois, avait été fait prisonnier par ceux-ci pendant le cours de la première guerre punique; et durant plusieurs années il fut retenu dans une prison étroite, où ses geôliers lui infligeaient toutes les privations.

Les chances de la guerre ayant un jour paru tourner à leur désavantage, les Carthaginois, désireux de conclure la paix, ou tout au moins de voir s'effectuer l'échange de nombreux prisonniers, pensèrent que l'intervention de Régulus lui-même serait singulièrement efficace. Ils doutaient d'autant moins de l'empressement de celui-ci à les servir en cette circonstance, que son intérêt personnel le lui commandait. Comment supposer, en effet, qu'il eût l'âme assez dure pour ne pas souhaiter sortir de la prison où il languissait, pour revoir ce qu'il avait de plus cher, et retrouver sa liberté, sa patrie, ses dignités et ses honneurs?

Régulus avait à Rome sa femme et ses enfants. Ses proches et ses alliés étaient au nombre des sénateurs et occupaient des magistratures; de plus, son cousin germain paternel était actuellement consul. Lui-même, par ses brillants succès, s'était rendu cher au sénat et au peuple romain, qui déplorait son infortune. Il semblait donc impossible aux Carthaginois de trouver un médiateur plus zélé pour le succès de la négociation, et en même temps plus agréable à ceux dont il dépendait.

Régulus consentit à se charger de cette mission, et après avoir juré qu'il viendrait se remettre entre les mains des Carthaginois s'il n'obtenait pas des Romains ce qu'il allait demander, il partit pour Rome.

Lorsqu'il fut arrivé près de la ville, il ne voulut pas y entrer, alléguant pour raison que, d'après l'usage observé de tout temps, on devait donner audience aux ambassadeurs ennemis en dehors des murs.

Les sénateurs s'étant donc assemblés hors de la ville, il prit la parole, entouré des ambassadeurs carthaginois qui l'avaient accompagné, et dit que « prisonnier des Carthaginois par le droit de la guerre, il exécutait les ordres de ses maîtres, qui l'avaient chargé de faire tous ses efforts pour obtenir la paix, aux conditions dont conviendraient les deux peuples, et s'il ne réussissait pas, d'insister au moins sur l'échange des prisonniers. »

Les ambassadeurs étant sortis bientôt après, il se disposait à les suivre et ne voulut point, malgré les instances des sénateurs, assister à la délibération du sénat avant que les envoyés de Carthage n'y eussent consenti.

Alors il prit place et garda le silence jusqu'à ce que, pressé d'émettre son avis : « Pères conscrits, dit-il, je n'oublie pas, dans mon infortune, que je suis Romain. Assurément mon corps est, ainsi que le sort l'a voulu, au pouvoir des ennemis, mais mon âme, qui ne dépend que de moi, n'a pas cessé d'être la même. Écoutant donc plutôt la voix de celle-ci, qui, je pense, est bien à moi, que le cri de l'autre, qui ne m'appartient plus, je ne vous conseille ni de faire l'échange des prisonniers ni de traiter de la paix. La guerre continuant, vous n'avez rien à gagner à cet échange, car les Carthaginois exigeront pour moi seul beaucoup de chefs; pour un vieillard, un grand nombre de jeunes gens, parmi lesquels il y en a dont je sais que vous devez faire cas. Quant à la paix, si les ennemis n'acceptent pas toutes les conditions qu'il vous plaira de leur imposer, ou s'ils ne se tiennent pas pour complétement vaincus, vous ne sauriez l'accorder sans porter à la république le plus notable préjudice. »

Après avoir remontré à ses compatriotes la sagesse, la prudence de sa manière de voir, il conclut encore au rejet de la paix et au refus de l'échange des prisonniers.

Le sénat penchait naturellement à suivre ses conseils, s'il eût pu le faire sans en exposer l'auteur. Mais plus Régulus se montrait disposé à se sacrifier aux intérêts de la république, plus les sénateurs semblaient décidés à rendre à la patrie, à quelque prix que ce fût, un homme animé d'une telle grandeur d'âme. Déjà même quelques-uns disaient qu'étant de retour parmi ses concitoyens, il était naturel qu'il y restât. Le grand pontife lui-même affirmait que Régulus pouvait rester dans sa patrie sans se rendre parjure.

Alors, Régulus, d'un accent et d'un air qui frappèrent d'étonnement les sénateurs, dit : « Pourquoi ne pas sortir de cette incertitude ? Pourquoi n'avoir pas le courage de m'abandonner à mon sort? Vous essayez en vain d'obtenir de moi un consentement que plus tard vous blâmeriez, dont la patrie ne retirerait aucun avantage, et qui ne pourrait que me couvrir de déshonneur. Au premier moment, peut-être vous seriez heureux de me voir parmi vous, et vous me féliciteriez; mais aussitôt les courts élans de cette première joie évanouis, la honte de mon retour vous rendrait ma personne plus odieuse que mon absence ne vous l'aurait fait regretter.

« Pour moi, certes, mon parti est bien pris de ne pas rester dans Rome; après avoir été l'esclave des Africains, je ne pourrais soutenir la réputation d'un digne citoyen. Et quand j'en aurais le plus grand désir, je serais retenu par la parole donnée, par la religion de mon serment, par le respect des dieux que j'ai pris pour garants de mon retour chez les Carthaginois, et qui, si je me parjurais, ne pourraient que punir cette perfidie, non-seulement sur moi, mais encore sur vous et sur le peuple romain. Car l'existence des dieux n'étant point une chimère, les hommes ne deviennent point parjures et ne les méprisent point impunément. Si quelqu'un, par hasard, s'imagine que mon crime pourrait s'effacer par certains actes expiatoires, et que des cérémonies suffiraient pour faire disparaître les traces de ma déloyauté, je l'invite à se rappeler que la majesté des dieux est quelque chose de trop grand pour qu'on puisse, quand on les a offensés en manquant à son serment, les apaiser par quelques pratiques d'invention humaine, et qu'il est contraire à la raison de croire le sang des animaux capable de laver les souillures que les hommes ont contractées par leurs crimes. Je sais qu'on me prépare à Carthage de grands supplices; mais ces tourments m'effraient moins que l'idée de manquer à ma parole... »

Le sénat ayant donc rendu un décret conforme à l'avis de Régulus, les ambassadeurs sortirent tristes et irrités, et Régulus, sans changer de visage, les suivit comme ses maîtres. Sur la réflexion que les Carthaginois ne manqueraient pas de se venger cruellement du refus du sénat sur celui qui l'avait conseillé, plusieurs sénateurs demandèrent qu'on retînt Régulus malgré lui. Comme en outre Marica, sa femme et ses enfants, faisaient tout retentir de leurs gémissements et de leurs sanglots, les consuls déclarèrent « qu'ils ne le livreraient point s'il restait, et qu'ils ne le retiendraient point s'il voulait partir. »

Régulus, sans vouloir même consentir à un entretien avec sa femme, ni recevoir les embrassements de ses enfants, de peur de s'attendrir, s'en retourna à Carthage, où les Carthaginois n'eurent pas honte de le faire périr dans les supplices les plus affreux. Après lui avoir coupé les paupières, on le tint quelque temps dans un lieu où le jour ne pouvait aucunement pénétrer, puis, tandis que le soleil était dans toute son ardeur, on l'en faisait sortir tout à coup, et on le contraignait de regarder le ciel. Enfin on l'enferma dans un coffre de bois hérissé à l'intérieur de pointes de clous, et tellement étroit, qu'il était forcé de s'y tenir continuellement debout, jusqu'à ce que, après avoir eu longtemps le corps percé par les pointes de fer qui lui entraient dans la chair, de quelque côté qu'il se tournât, il succombât à l'excès de la douleur et aux tourments de l'insomnie.

Sans vouloir diminuer en rien le mérite du général romain, nous devons faire, avec Aulu-Gelle, cette remarque qu'il appartenait à une nation chez laquelle la foi du serment avait toujours été observée avec une fidélité en quelque sorte instinctive. Le compilateur latin cite à ce propos le fait suivant, qui est, à la vérité, quelque peu postérieur à Régulus, mais qui n'en montre pas moins comment les Romains entendaient l'observation de la parole donnée, même alors que ce pieux respect avait été si funeste à leur courageux consul.

« Après la bataille de Cannes, Annibal, qui commandait les Carthaginois, choisit dix des captifs qu'il envoya à Rome pour traiter de l'échange des prisonniers, si la république le jugeait convenable. Le peuple qui recevrait un plus grand nombre de captifs, paierait, pour chaque homme en sus, une livre et demie d'argent. Avant leur départ, il leur fit jurer qu'ils reviendraient dans le camp des Carthaginois si les Romains ne consentaient pas à l'échange. Les dix prisonniers arrivent à Rome. Ils exposent la proposition d'Annibal au sénat, qui ne croit pas devoir souscrire à l'échange. Alors, parents, amis, alliés, tiennent embrassés les captifs, en disant qu'ayant franchi le seuil de la patrie, ils ont recouvré leurs droits, leur indépendance; ils les supplient de ne point retourner au camp de l'ennemi.

« Huit d'entre eux, nouveaux Régulus, répondirent qu'ils ne pouvaient jouir de ce droit de retour, puisqu'ils s'étaient liés par serment; et aussitôt, fidèles à leur parole, ils se rendirent auprès d'Annibal.

« Les deux autres restèrent à Rome, se prétendant déliés de cette obligation par ce fait qu'après avoir quitté le camp ennemi, ils y étaient rentrés sous quelque prétexte.

« Mais cette ruse frauduleuse les couvrit d'une telle honte aux yeux de leurs concitoyens qu'ils furent poursuivis, accablés du mépris public. Quelque temps après, les censeurs les notèrent d'infamie et les flétrirent pour avoir manqué à leur parole. Cornélius Népos, dans le cinquième livre de ses *Exemples* (ouvrage perdu aujourd'hui), rapporte que plusieurs des sénateurs furent d'avis de les renvoyer sous escorte à Annibal; que, cependant, cette proposition avait été repoussée par la majorité des suffrages, mais que, se voyant l'objet de tant de mépris et de haine, ils furent pris du dégoût de la vie et se donnèrent la mort. »

✱

Les peuples anciens n'ont pas eu seuls, d'ailleurs, le privilége du respect des serments.

Louis IX, roi de France, prisonnier des Sarrasins, était convenu de leur payer 200 000 livres pour sa rançon. Philippe de Montfort fut chargé de compter cette somme aux vainqueurs; mais il eut l'adresse de retenir 10 000 livres sans qu'ils s'en aperçussent, et, charmé d'une fourberie qui pouvait être très-avantageuse dans l'état de détresse et de pénurie où se trouvait l'armée, il en vint instruire le roi. Celui-ci, indigné aux paroles du comte, lui fit une sévère réprimande pour cette action, et lui commanda de la réparer au plus tôt, « ne voulant pas, dit-il, que ce spectacle fût donné aux infidèles, d'un roi chrétien approuvant une tromperie. »

*

Le maréchal de Biron avait pris, par composition, la ville de Saint-Jean-d'Angely; la garnison avait capitulé, à la condition de sortir avec armes et bagages. Le maréchal, tenant à ce que les termes de la convention fussent religieusement observés, conduisait lui-même les vaincus hors des murs, quand on vint lui dire que quelques-uns de ses soldats, au mépris de la foi jurée, maltraitaient ceux de la garnison qui étaient à l'arrière de la colonne. Aussitôt, mettant l'épée à la main et leur courant sus : « Lâches ! leur cria-t-il, il y a deux jours que vous n'osiez pas les regarder en face, et maintenant qu'ils se sont rendus, vous les attaquez honteusement.... Mais je vous apprendrai à respecter le serment que j'ai fait !.... »

Et non-seulement plusieurs de ceux qui avaient ainsi manqué à l'honneur furent blessés par lui, mais encore il infligea aux autres les plus sévères punitions.

*

« On a beaucoup vanté la belle action de Régulus, dit Sainte-Foix dans ses *Essais historiques*, celle que je vais rapporter lui est-elle inférieure? M. de Saint-Luc, qui commandait les troupes des catholiques en Languedoc, fit prisonnier le célèbre Agrippa d'Aubigné, l'aïeul de Mme de Maintenon, chef d'un parti huguenot. Le duc d'Épernon le haïssait, Catherine de Médicis le détestait, l'un et l'autre ne cherchaient que l'occasion de le sacrifier à leur ressentiment et de se venger de ses satires.

« Dès qu'ils le surent prisonnier, l'ordre fut expédié de le transférer à Bordeaux, bien lié et bien gardé.

D'Aubigné était à la Rochelle. Saint-Luc lui avait permis d'y passer quelques jours; mais, ayant reçu les ordres de la cour, dont il prévoyait les suites funestes, il le fit avertir secrètement de ne pas revenir. D'Aubigné, esclave de sa parole, ne tint aucun compte de l'avis. Il partit de la Rochelle et se rendit auprès de Saint-Luc, qui fut consterné de son arrivée, et lui demanda s'il n'avait pas reçu son courrier. « Oui, monsieur, répondit-il; mais je vous avais donné ma parole, je veux l'acquitter, et je me remets entre vos mains, je sais que ma mort est résolue, n'importe; mes ennemis n'ont qu'à satisfaire leur vengeance, j'aime mieux mourir que de manquer à mon honneur et de vous compromettre avec une cour soupçonneuse et vindicative. » Saint-Luc allait exécuter à regret les ordres qu'il avait reçus, lorsqu'on vint lui dire que les Rochelois avaient pris Guittau, gouverneur des îles de Rhé et d'Oléron, et qu'ils menaçaient de le jeter à la mer, si l'on conduisait d'Aubigné à Bordeaux. Cet incident fut pour Saint-Luc un prétexte de garder d'Aubigné et de lui sauver la vie. »

Ceci se passait au seizième siècle. Nous trouvons ce trait renouvelé à la fin du dix-huitième, pendant la guerre que les Vendéens soutenaient contre les troupes républicaines, qui avaient été envoyées pour les obliger de reconnaître le régime nouveau.

M. Haudaudine, négociant à Nantes, qui combattait dans les rangs des républicains et avait été fait prisonnier par les Vendéens à l'affaire de Légé, fut renvoyé à Nantes avec deux autres citoyens pris, comme lui, les armes à la main, sur la promesse formelle qu'ils avaient faite de revenir reprendre leurs fers s'ils ne pouvaient réussir dans la mission dont ils étaient chargés. Il s'agissait de négocier un échange respectif. La vie de six cents prisonniers républicains devait répondre de leur retour, fixé à trois jours. Les propositions faites au nom des Vendéens furent repoussées d'une commune voix, et l'on menaçait les députés de les traiter en émigrés[1]. Deux d'entre eux se laissèrent intimider ou séduire et promirent de rester à Nantes. Haudaudine, ne connaissant que la foi jurée, s'écria avec chaleur :

« Vous pouvez disposer de mes biens, de ma vie, mais non de mon honneur. J'ai donné ma parole d'aller retrouver les rebelles. La vie de six cents de mes concitoyens dépend de la promesse que j'ai faite. Rien ne m'arrêtera. »

Et il s'éloigne, refusant d'entendre les instances, les prières de sa famille, sans manifester le moindre souci du danger qu'il va courir.

Les corps administratifs de Nantes, étonnés et admirant cette héroïque fermeté, expédièrent un courrier à la Convention nationale pour lui demander le parti qu'ils devaient prendre dans cette circonstance extraordinaire. La Convention vota des éloges à cet homme de bien, qui se dévouait pour conserver le sang des Français. Les Vendéens, d'autre part, accueillirent Haudaudine avec respect. Ils se contentèrent de le retenir prisonnier et eurent pour lui les plus grands égards. Les deux autres prisonniers, qui étaient restés à Nantes, furent tenus en mépris par leurs amis et même par leurs parents.

---

[1]. Une loi prononçait la peine de mort contre les citoyens convaincus d'avoir émigré du territoire national pour ne pas adhérer au gouvernement républicain.

CHAPITRE XVIII

DISCRÉTION — SOBRIÉTÉ DE PAROLES
SILENCE

La parole est d'argent, et le silence est d'or.
Saint François de Sales.

On se repent quelquefois d'avoir parlé, jamais de s'être tu.
Simonide.

Le silence a cet avantage que non-seulement il ne cause pas la soif, mais encore qu'il n'occasionne ni peine ni douleur.
Hippocrate

Nul ne garde mieux un secret que celui qui l'ignore
Calderon.

Grande sagesse : petits discours.
Auli.

La discrétion est à l'âme ce que la pudeur est au corps.
Pope

Toute révélation d'un secret est la faute de celui qui l'a confié.
La Bruyère

Ne dites jamais que ce qui peut servir aux autres ou à vous-même.
Franklin

Nous avons des maîtres qui nous apprennent à parler, et nous n'en avons pas qui nous apprennent à nous taire.

Parler, c'est dépenser ; écouter, c'est acquérir.

FRANKLIN

*

Un jour Molière, Chapelle et le jeune Baron, élève de Molière, s'en allaient à Auteuil dans un des batelets qui faisaient le service le long de la Seine, et avaient pour compagnon de voyage un frère minime. Les deux poetes s'étaient mis à discuter sur les systèmes philosophiques de Descartes et de Gassendi, et, n'arrivant qu'à s'entendre de moins en moins, ils prirent pour juge de leur différend le moine qui était assis à l'avant du bateau.

« Je m'en rapporte au révérend père, dit Chapelle, si le système de Descartes n'est pas une fois mieux imaginé que tout ce que Gassendi a débité pour nous faire adopter les rêveries d'Epicure. »

Le religieux répondit par un *hom! hom!* qui donnait aux deux amis sujet de croire qu'il était connaisseur en cette matière.

« Oh ! parbleu ! mon père, dit à son tour Molière, qui se crut attaqué par l'apparente approbation du minime, il faut que Chapelle convienne que Descartes n'a formé son système que comme un mécanicien qui imagine une belle machine, sans faire attention à l'exécution. »

Le minime sembla se ranger du côté de Molière par un *hom! hom!* Chapelle, piqué de ce que son rival triomphait, redoubla d'efforts, et opposa de si bonnes raisons aux opinions de Gassendi, que le religieux fut obligé de s'y rendre par un troisième *hom! hom!* qui semblait décider la question en sa faveur. Chapelle, s'échauffant, reprit encore une fois l'avantage, à en juger par les *hom! hom!* du minime. La dispute continuait avec beaucoup de vivacité quand on arriva devant le couvent des Bons-Hommes. Là, le religieux demanda qu'on le mît à terre; et avant de sortir du bateau, il alla prendre sous les pieds du batelier sa besace, qu'il y avait mise en entrant: c'était tout bonnement un pauvre frère quêteur, absolument illettré comme ses pareils. Les deux amis n'avaient point vu son enseigne.

Honteux de s'être ainsi disputés devant un homme qui n'y entendait rien, ils se regardèrent d'abord l'un et l'autre sans se rien dire. Molière, revenant ensuite de son étonnement, dit à Baron, trop jeune pour avoir pris part à une pareille conversation : « Voyez, petit garçon, ce que fait le silence quand il est observé avec conduite. Ce moine en se taisant a trouvé le moyen de ne pas dire de sottises, tandis que nous... »

*

Mégabyze, un riche seigneur persan, étant entré dans l'atelier du peintre Apelles, admira d'abord sans mot dire les chefs-d'œuvre qui y étaient exposés, et les élèves du grand peintre le regardaient respectueusement, pensant que ce fût un véritable connaisseur; mais il voulut discourir sur l'art. Apelles l'arrêta bientôt en lui disant : « Tant que vous avez gardé le silence, l'or et la pourpre dont vous êtes couvert en imposaient; mais depuis que vous parlez de choses auxquelles vous n'entendez rien, il n'y a pas jusqu'à ceux qui préparent mes couleurs qui ne se retiennent de se moquer de vous. »

*

La correspondance de Philippe de Macédoine, père d'Alexandre, alors en guerre contre les Athéniens, étant tombée entre les mains de ceux-ci, ils exceptèrent de la lecture qui en fut faite devant le peuple une lettre écrite par ce prince à sa femme Olympias. Ils aimèrent mieux ménager un ennemi que de violer le secret conjugal, et firent passer le droit commun avant le soin de leur vengeance.

★

« Que portez-vous donc là caché sous votre manteau? demanda-t-on à un Égyptien.

— Si je le cache sous mon manteau, répondit-il, c'est évidemment pour qu'on ne sache pas ce que je porte. »

★

Lœena, Athénienne, était l'amie d'Harmodius et d'Aristogiton, qui furent les héros de la liberté de leur pays. Le tyran Hippias, qui savait que ces deux citoyens n'avaient rien de caché pour elle, la fit mettre à la torture pour qu'elle dit le nom des complices de la conjuration; mais elle souffrit les plus horribles tourments sans faire aucune révélation, et même, dit-on, se coupa la langue avec les dents pour être plus sûre de ne pas trahir le secret dont elle était dépositaire. Plus tard, les Athéniens, délivrés du joug des Pisistratides, consacrèrent au souvenir de cette héroïne une statue de lionne sans langue, ce qui était une allusion à la fermeté dont elle avait fait preuve.

★

Eumène informé que Cratère marchait contre lui, en fit mystère à tous les officiers, et leur persuada que c'était Néoptolème, général que les soldats méprisaient, tandis qu'ils avaient la plus haute idée de la valeur et de l'habileté de Cratère. Les troupes livrèrent le combat sans savoir à quel général elles avaient affaire, et elles remportèrent une pleine victoire. Cratère périt même dans l'action.

★

Les anciens, dit Plutarque, estimaient beaucoup la précision et la concision dans le langage; aussi les amphictions (magistrats qui étaient en quelque sorte les députés de la fédération grecque) avaient-ils fait graver sur le frontispice du temple d'Apollon, à Delphes, non l'*Iliade*, ou l'*Odyssée*, ou les hymnes de Pindare, mais ces courtes maximes :

Connais-toi toi-même. — Rien de trop. — La punition ou le repentir suit de près les paroles inutiles.

*

« Si j'entre en Laconie[1], écrivait Philippe aux Spartiates, j'y mettrai tout à feu et à sang.
— Si ! » répondirent les Spartiates.

*

Le roi Démétrius se plaignait que les Spartiates ne lui eussent envoyé qu'un seul ambassadeur.
« Un pour un, dit le député, n'est-ce point assez? »

*

Les députés de Samos ayant parlé très-longuement devant les Spartiates, ceux-ci leur dirent : « Nous avons oublié le commencement de votre discours, ce qui nous empêche d'en comprendre la fin. »

*

Le philosophe Cléanthe gardait le silence au milieu d'un cercle d'amis.
« Pourquoi vous taisez-vous ainsi? lui dit-on ; est-il rien de plus doux que de parler avec ses amis?
— Eh ! c'est pour cela même, repartit Cléanthe, que je laisse mes amis goûter ce doux plaisir. »

*

Le Tasse venait d'être raillé et ne répondait pas.

---

1. De l'habitude qu'avaient les Spartiates, habitants de la Laconie, de rendre leur pensée d'une manière fort concise, nous est venu *laconisme*, qui indique aujourd'hui une manière de s'exprimer analogue à celle des Laconiens. Le télégraphe semble devoir nous remettre sur la voie du laconisme, il était temps.

On lui dit qu'il fallait qu'il fût bien sot pour ne pas répondre :
« Vous vous trompez, répliqua-t-il, un sot ne sait pas se taire. »

*

Guillaume III, roi d'Angleterre, était en campagne. Un commandant de troupes qui faisait partie de son entourage et qui était quelque peu dans sa familiarité le pria de lui communiquer son plan.
« Me garderez-vous le secret, au moins ? demanda le roi.
— Je le jure.
— Eh bien ! je veux vous prouver que je sais le garder encore mieux que vous. »
Et l'officier ne sut rien de ce qu'il espérait savoir.

*

Un jour, Aristote, étourdi des contes ridicules d'un babillard qui lui répétait sans cesse : « Cela n'est-il pas admirable ? — Non, répondit-il, mais ce que j'admire, c'est qu'un homme qui a des pieds puisse supporter un tel bavardage. » Il faisait en cela allusion à un vers du poète Archiloque, qui dit qu'avec les bavards c'est surtout de ses pieds qu'on a besoin, — afin de les fuir.

*

Sylla assiégeait Athènes, et il désirait que le siège ne traînât pas en longueur. Des vieillards qui s'entretenaient dans la boutique d'un barbier dirent que le quartier nommé Heptachalcos était mal gardé, et qu'il y avait à craindre que la ville ne fût surprise de ce côté-là. Des espions rapportèrent ce propos à Sylla, qui, rassemblant aussitôt ses troupes, donne l'assaut au milieu de la nuit, et se rend maître de la ville. Il la détruisit presque tout entière, et le carnage y fut si grand que le sang ruisselait partout.

Nous avons vu de nos jours une portion du public s'indigner du silence de nos généraux, dans des circonstances non moins critiques.

L'indiscrétion d'un seul homme empêcha que Rome ne fût plus tôt délivrée de la tyrannie affreuse de Néron. La mort du tyran était fixée au lendemain, et tout était prêt pour l'exécution. Celui qui s'était chargé de le tuer vit, en allant au théâtre, un des malheureux destinés à combattre contre les bêtes devant l'empereur, enchaîné à la porte de l'arène, et l'entendit se plaindre de sa destinée. Le conjuré s'approche, et lui dit à l'oreille : « Mon ami, prie les dieux de te conserver seulement aujourd'hui, et demain tu me remercieras. »

Le prisonnier eut la lâcheté d'abuser de cette confidence ; pensant avec raison qu'il avait un moyen de sauver sa vie, il demande à faire une révélation à Néron, et lui rapporte ce que cet homme venait de lui dire. Sur-le-champ on arrête l'homme, on le met à la torture, et on le force d'avouer les noms de ses complices, qui périrent avec lui. — Celui qui n'avait pas eu la force de se taire une première fois ne devait pas pouvoir se taire une seconde.

*

Ce fut un barbier qui répandit dans Athènes la nouvelle de la déroute des Athéniens en Sicile. Il demeurait sur le port et avait le premier appris le désastre, d'un esclave qui s'était enfui de la bataille. A l'instant, quittant sa boutique, il court à la ville, où il eût été bien fâché que la nouvelle arrivât par un autre. Elle excite une rumeur générale. Le peuple s'assemble et veut qu'on remonte à la source pour s'assurer de la vérité du fait. On amène le barbier, on l'interroge ; mais il ne peut citer son auteur, et dit seulement tenir la chose d'un homme qui lui est inconnu de nom et de visage. La foule entre en fureur et veut qu'on mette cet imposteur à la torture, pour lui faire avouer qu'il a forgé cette triste nouvelle. On apporte une roue, on y étend le barbier. Dans le même moment, cependant, arrivent d'autres fuyards de la bataille qui confirment le funeste événement. Chacun alors se retire chez soi pour aller pleurer ses pertes personnelles, et on oublie le babillard attaché sur la roue. Ce ne fut que le soir que le bourreau vint pour le délivrer, et encore dit-on que, pendant que celui-ci le détachait, le barbier ne put s'empêcher de lui demander s'il savait comment avait péri Nicias, le général qui commandait les troupes.

CHAPITRE XIX

BONTÉ ENVERS LES ANIMAUX

Un fait digne de remarque, c'est que, dans le cas où le sentiment de la reconnaissance s'effacerait du cœur de l'homme, il y aurait chance que des animaux se trouvassent pour lui en donner l'exemple. L'histoire mentionne, en effet, plusieurs traits venant à l'appui de cette assertion. Il en est un entre autres bien connu, devenu classique, mais qui manquerait à notre œuvre, et que presque tous les recueils anciens et récents ont rapporté d'après Aulu-Gelle, qui lui-même disait l'avoir extrait d'Apion, auteur grec, dont les livres ne nous sont point parvenus. Cet Apion affirmait avoir été témoin de l'histoire racontée par lui; la voici textuellement traduite de l'écrivain latin :

Un jour, dit-il, tout le peuple romain était assemblé dans le grand cirque, où l'on devait donner le spectacle d'une chasse d'animaux[1]. Me trouvant à Rome, j'allai au cirque. On voyait dans l'arène une foule de bêtes d'une grandeur prodigieuse et d'une férocité extraordinaire; mais ce qu'on admirait surtout, c'était une troupe de lions; un entre tous, par sa taille monstrueuse, par ses bonds rapides, par ses rugissements terribles, par ses muscles saillants, par sa crinière flottante et hérissée, frappait d'étonnement les spectateurs et attirait tous les regards.

Au nombre des malheureux destinés à disputer leur vie contre les animaux, se trouvait l'ancien esclave d'un personnage consulaire. Cet esclave se nommait Androclès. A peine ce lion l'aperçoit-il de loin, qu'il s'arrête comme saisi de surprise. Puis il avance doucement, et s'approche peu à peu en le regardant comme s'il le reconnaissait. Arrivé près de lui, il agite la queue d'un air soumis et caressant, comme le chien qui flatte son maître. Il se frotte contre le corps de l'esclave, et lèche les mains et le visage du malheureux, qui s'était affaissé à demi mort de frayeur. Cependant Androclès, en se sentant caressé par le terrible animal, reprend ses sens; ses yeux s'entr'ouvrent peu à peu, il ose regarder le lion, le considère attentivement et le caresse à son tour avec des transports de joie auxquels l'animal répond à sa manière.

A cet étrange spectacle, l'assemblée tout entière éclate en applaudissements. L'empereur[2] fait approcher Androclès, que le lion suit et défend de l'attaque des autres animaux, et lui demande comment il se fait que ce lion l'épargne et le défende. Alors An-

1. Ces *chasses d'animaux*, données dans le cirque devant des milliers de spectateurs, auraient pu s'appeler plus justement *chasses d'hommes*, car on y faisait figurer des condamnés qui, au lieu de chasser les bêtes féroces en présence desquelles on les mettait, finissaient par leur servir de victimes et de proies.

2. Il était d'usage que l'empereur présidât en personne ce sanglant divertissement.

droclès raconte l'aventure la plus merveilleuse et la plus étonnante.

« J'étais, dit-il, esclave du proconsul qui gouvernait l'Afrique; les mauvais traitements dont j'étais accablé tous les jours, sans les avoir mérités, me déterminèrent à prendre la fuite, et, pour échapper aux poursuites d'un maître tout-puissant dans cette province, je cherchai une retraite au sein du désert, résolu à me donner la mort si je venais à manquer de nourriture. Je marchais, brûlé par les rayons du soleil, alors au milieu de sa course quotidienne, lorsque je trouvai sur mon chemin une grotte ténébreuse, isolée: j'y pénètre, je m'y cache et m'y repose. Peu d'instants après, je vis arriver ce lion marchant avec peine. Un de ses pieds était tout sanglant; la douleur causée par sa blessure lui faisait pousser des rugissements et des cris affreux. D'abord la vue de cet animal qui se dirigeait vers moi m'inspira un profond effroi; mais, dès qu'il m'aperçut au fond de la grotte qui sans doute lui servait de repaire, il s'avance d'un air doux et familier, il lève sa patte, me la présente, me montre sa blessure et semble me demander du secours. Alors j'arrache une grosse épine enfoncée entre ses griffes. Je presse la plaie, je la nettoie... Le lion, que j'avais soulagé, se couche et s'endort paisiblement, laissant sa patte dans ma main.

« A partir de ce jour, nous vécûmes ensemble dans cette grotte. Le lion m'apportait des morceaux des bêtes qu'il prenait. Comme je n'avais pas de feu, je les faisais à moitié cuire au soleil ardent de midi.

« Cependant, commençant à m'ennuyer de la vie sauvage que je menais, un jour je profitai du moment où le lion était à la chasse pour quitter la grotte. Après trois jours de marche, je fus rencontré par des soldats qui me saisirent. Ramené d'Afrique à Rome, je parus devant mon maître, qui, sur-le-champ, me condamna à être livré aux bêtes. Ce lion est sans doute tombé depuis dans quelque piége, ce qui fait qu'on a pu l'amener à Rome, où il me témoigne aujourd'hui sa reconnaissance. »

Tel est le récit qu'Apion met dans la bouche d'Androclès. Aussitôt on écrivit cette aventure que l'on fit circuler parmi les spectateurs. Cédant à la demande de la multitude, l'empereur fit grâce à l'esclave, et en outre le peuple voulut qu'il reçût en présent le lion. « Ensuite, dit Apion, nous vîmes Androclès, tenant le lion par une faible courroie, parcourir les rues de Rome. On lui donnait de l'argent; on jetait des fleurs sur le lion et l'on répétait de tous côtés: « Voici le lion qui a donné l'hospitalité « à l'homme ; voici l'homme qui a guéri le lion. »

*

Un moineau, poursuivi par un épervier, vint se jeter entre les bras du célèbre philosophe Xénocrate. Le philosophe cacha sous son manteau le pauvret encore tout tremblant, et le caressant :

« Il est le plus faible, dit-il, je lui dois mon secours. »

*

La bonté s'étend beaucoup plus loin que la justice. Nous observons les lois et l'équité envers les hommes, mais les animaux eux-mêmes doivent être l'objet de notre bonté.

Ainsi, nourrir des chevaux lorsqu'ils sont épuisés de travail, des chiens lorsqu'ils ont vieilli avec nous, c'est le propre d'un homme naturellement bon et digne d'estime, et c'est en outre son devoir. On n'aurait pas eu besoin de créer la Société protectrice des animaux si ce précepte eût continué d'être en honneur.

Le peuple d'Athènes, après avoir bâti le Parthénon, décida que toutes les bêtes de charge qui avaient travaillé à la construction de cet édifice paîtraient en liberté le reste de leur vie. Un de ces animaux vint un jour, de lui-même, se présenter au travail; il se mit à la tête des bêtes de somme qui traînaient des chariots à la citadelle, et, marchant devant elles, semblait les exhorter et les animer à l'ouvrage. Les Athéniens ordonnèrent, par un décret, que cet animal serait nourri jusqu'à sa mort aux dépens du trésor public.

✦

Près du tombeau de Cinéas, on voit encore la sépulture des juments qui lui avaient fait remporter trois fois le prix aux jeux Olympiques. Plusieurs Athéniens ont fait enterrer dignement les chiens qui avaient été nourris ou élevés avec eux.

✦

Lorsque le peuple, sur le conseil de Thémistocle, quitta la ville à l'approche de Xerxes, dont l'armée avait passé les Thermopyles, pour se retirer sur les vaisseaux à Salamine, et que Xantippe l'ancien, — père du célèbre Périclès, — s'embarqua avec tous les autres citoyens, son chien suivit à la nage la galère où était son maître et expira en atteignant le rivage. Xantippe l'inhuma sur la côte, où l'on voit encore son tombeau, qu'on appelle Cynosema (la sépulture du chien).

En effet, il ne faut pas se servir des êtres animés comme on ferait des objets qu'on jette lorsqu'ils sont rompus ou usés. On doit s'accoutumer à être doux et humain envers les animaux, ne fût-ce que pour faire l'apprentissage de l'humanité à l'égard des hommes. Pour moi, je ne voudrais pas vendre un bœuf qui aurait vieilli en labourant mes terres ; à plus forte raison, je me garderais bien de renvoyer un vieux serviteur, de le chasser de la maison où il a vécu longtemps et qu'il regarde comme sa patrie.

PLUTARQUE

✦

Après le sentiment d'un philosophe grec, voici, sur le même sujet, le sentiment d'un philosophe français :

« Les naturels sanguinaires à l'endroit des bêtes témoignent une propension naturelle à la cruauté, » dit Montaigne. Après que, à Rome, on se fut apprivoisé aux spectacles des combats d'animaux, on en vint aux hommes et aux gladiateurs.

Il y a un certain respect, un devoir d'humanité qui nous attache aux bêtes qui ont vie et sentiment. Nous devons la justice aux hommes, et la grâce et la bénignité aux autres créatures qui en peuvent être capables. Il y a quelque obligation mutuelle entre elles et nous.

Je ne crains point d'avouer que je ne saurais refuser à mon chien les caresses qu'il m'offre hors de saison, ou qu'il me demande. Les Turcs ont des hôpitaux pour les bêtes.... Les Romains avaient un soin public de la nourriture des oies, par la vigilance desquelles leur Capitole avait été sauvé [1]. Les Agrigentins avaient pour coutume d'enterrer sérieusement les bêtes qui leur avaient été chères, ou qui avaient servi de compagnons de jeu à leurs enfants; et les monuments élevés dans cette intention ont même duré plusieurs siècles.

MONTAIGNE.

*

Howard, le célèbre philanthrope, avait destiné à la retraite de ses chevaux invalides un vaste terrain où ils trouvaient un abri contre le mauvais temps, et une abondante nourriture. Le voyageur Pratt raconte qu'il vit en ce lieu une vingtaine de ces pensionnaires à quatre pieds, et que le meilleur hôpital n'était pas mieux administré.

*

Hogarth, peintre anglais, chez qui la sensibilité du cœur égalait l'originalité du talent, publia un dessin

---

[1] Nul n'ignore que ce furent les cris poussés par des oies qui, en donnant l'éveil aux Romains, firent échouer l'escalade nocturne du Capitole par les Gaulois.

représentant les tourments qu'on fait subir aux animaux, et exprimant d'une manière touchante les souffrances que ceux-ci endurent.

Cette leçon d'humanité d'un nouveau genre produisit un tel effet, qu'un jour où un charretier maltraitait ses chevaux, un passant s'écria : « Malheureux ! tu n'as donc jamais vu l'estampe d'Hogarth ? »

*

Une dame se promenait avec son enfant sur les bords du canal Catherine, à Saint-Pétersbourg. L'enfant lui échappe et tombe dans le canal. La mère au désespoir allait se précipiter pour rejoindre son fils, ce qui eût fait deux victimes au lieu d'une; mais un jeune homme qui passait par là la retient et cherche à la consoler en lui promettant un prompt secours. Il fait un signe à un beau chien barbet qui le suivait, en lui criant de toutes ses forces : « Apporte ! apporte ! » Le barbet plonge aussitôt, reparaît sur l'eau avec l'enfant qu'il tient par le collet, nage et vient déposer son précieux fardeau sur le bord du canal, aux pieds de la mère.

Celle-ci, hors d'elle-même de frayeur et de joie, prend dans ses bras son enfant et le chien, et leur partage ses caresses. Le mari de cette dame arrive plein de reconnaissance; il tire sa bourse, et l'offre au jeune homme (il y avait mille roubles dedans). Le jeune homme refuse, en disant qu'il est assez récompensé; que d'ailleurs c'est son chien qui a tout fait, et qu'il n'y est pour rien.

« Eh bien ! dit le père de l'enfant, je vous donne les mille roubles pour le barbet, laissez-le-moi.

— Mon chien, reprend le jeune homme, ne valait certainement pas mille roubles il y a un quart d'heure, mais à présent qu'il a sauvé votre enfant, je ne le donnerais pas pour dix mille. »

En achevant ces mots, le jeune homme se perd dans la foule que cet événement avait amassée. L'empereur désira lui-même le connaître; un avis a été publié à cet effet, mais cette publication est demeurée sans résultat, et toutes les recherches ont été inutiles.

*

Un pauvre Arabe du désert, raconte Darvieux dans son *Voyage du Liban*, avait pour tout bien une magnifique jument. Le consul de France à Seyde lui proposa de la lui vendre, dans l'intention de l'envoyer à Louis XIV. L'Arabe, pressé par le besoin, balança longtemps; enfin il y consentit et en demanda un prix considérable. Le consul, n'osant de son chef donner une si grosse somme, écrivit à la cour pour en obtenir l'agrément. Louis XIV envoya l'ordre d'acheter l'animal.

Le consul mande sur-le-champ l'Arabe, qui arrive monté sur sa belle coursière, et il lui compte le prix convenu. L'Arabe, couvert d'une pauvre natte déguenillée, met pied à terre, regarde l'or...; il jette ensuite les yeux sur sa jument, soupire, et lui dit : « A qui vais-je te livrer? A des Européens qui t'attacheront, qui te battront, qui te rendront malheureuse! Non! reste avec moi, ma belle, ma mignonne, ma gazelle! Sois ma joie, et la joie de mes enfants. » En disant ces mots, il sauta dessus, et reprit la route du désert, — bien entendu sans emporter la somme.

*

Un homme respectable, après avoir joué un grand rôle à Paris, y vivait dans un réduit obscur, victime de l'infortune, et si indigent, qu'il ne subsistait que des aumônes de la paroisse. On lui remettait chaque semaine la quantité de pain suffisante pour sa nourriture, il en fit demander davantage. Le curé lui écrit pour l'engager à passer chez lui; il vient. Le curé s'informe s'il vit seul : « Et avec qui, monsieur, répondit-il, voudriez-vous que je vécusse? Je suis malheureux, vous le voyez, puisque j'ai recours à la charité, et tout le monde m'a abandonné, tout le monde!... — Mais, monsieur, continua le curé, si vous êtes seul, pourquoi demandez-vous plus de pain que ce qui vous est nécessaire? » L'autre paraît déconcerté; il avoue avec peine qu'il a un chien.

Le curé ne le laisse pas poursuivre; il lui fait observer qu'il n'est que le distributeur du pain des pauvres, et que l'honnêteté exige absolument qu'il se défasse de son chien.

« Eh! monsieur, s'écria en pleurant l'infortuné, si je m'en défais, qui est-ce qui m'aimera? »

Le pasteur, attendri jusqu'aux larmes, tire sa bourse, et la lui donne en disant :

« Prenez, monsieur, ceci m'appartient. »

*

Il avait été recommandé à La Mennais, atteint d'une forte bronchite, de ne prendre que des boissons chaudes et adoucissantes.

Or, un matin, une dame qui avait pour le vieillard la plus filiale affection, allant le visiter dans sa prison, le trouva en train de déjeuner d'une tasse de lait froid.

« Eh quoi? s'écrie-t-elle en confisquant la tasse et le contenu, voilà comme vous suivez la prescription du docteur! Du lait froid, y pensez-vous? Vous voulez donc aggraver votre mal?

— Mais non, ma chère enfant, mais non.... Ça ne me fera pas mal, je vous assure, objecta timidement La Mennais.

— Je vous assure, moi, répliqua la dame, que c'est très-mauvais, très-dangereux même. Comme s'il en coûtait beaucoup de faire chauffer cela; vous avez là votre petit poêle.

— Je sais bien, je sais bien, mon enfant, mais....

— Mais la paresse de l'allumer, n'est-ce pas?

— Eh bien, oui, la paresse de l'allumer, vous dites vrai.... mais une autre fois....

— Une autre fois, non pas là, puisque la paresse

vous tient si fort quand il s'agit des soins à prendre de votre santé, je l'allumerai, moi, votre poêle, car je n'entends pas que vous buviez froid. »

La dame, en parlant ainsi, disposait déjà tout pour faire ce qu'elle venait de dire.

Alors le vieillard, d'un air suppliant :

« Non, laissez cela, n'allumez pas le poêle, je vous prie.

— Je ne laisserai rien du tout.... »

Et déjà l'allumette flambe. Mais le philosophe, d'un air tout alarmé :

« Attendez, attendez, je vais vous dire la vérité.

— La vérité ? répète la dame ébahie, quelle vérité ?

— Eh ! c'est que, voyez-vous, il y a de petits oiseaux qui ont mis leur nid là au dehors, sous le toit, à la sortie du tuyau.... Et quand je fais du feu, de la fumée.... eh bien, les pauvres petits, ça les ennuie. »

CHAPITRE XX

LIBÉRALITÉ — GÉNÉROSITÉ — OUBLI DES INJURES

La libéralité consiste moins à donner beaucoup qu'à donner à propos.

LA BRUYÈRE

La générosité souffre les maux d'autrui comme si elle en était responsable.

VAUVENARGUES.

Dans les faits de la vie pratique, j'estime la charité supérieure à la libéralité, et même à la générosité. La libéralité et la générosité donnent; la charité partage et souvent même se dépouille pour couvrir son prochain.

P.-J. Stahl.

Faire du bien à ses ennemis, c'est ressembler à l'encens dont l'arome parfume le feu qui le consume.

Proverbe anglais.

Qui donne vend, si ce n'est pas un ingrat qui prend.

Proverbe espagnol.

L'oubli des injures n'est pas le pardon. J'aime mieux le pardon que l'oubli. Le pardon est l'oubli volontaire; l'oubli peut n'être souvent que le pardon involontaire.

P.-J. Stahl

*

Une des luttes oratoires les plus magnifiques de l'antiquité fut celle que se livrèrent devant le peuple athénien Démosthène et Eschine, lors du fameux procès *de la Couronne.*

Deux partis divisaient les citoyens d'Athènes : d'un côté se trouvaient ceux qui, comme Démosthène, ne voulaient pas accepter la domination dont, sous prétexte d'alliance, les menaçait Philippe, père d'Alexandre, et qui se montraient toujours disposés à repousser par les armes l'intervention du roi de Macédoine dans les affaires de leur pays; de l'autre ceux qui, comme Eschine, penchaient pour cette alliance, soit qu'ils fussent stipendiés pour la conseiller, soit qu'ils la crussent réellement avantageuse pour Athènes.

A plusieurs reprises, Eschine avait tenté d'introduire au tribunal du peuple une accusation contre Démosthène, son rival en éloquence et son ennemi personnel; mais toujours ses efforts avaient échoué. Une circonstance solennelle se présenta où il crut pouvoir renouveler ses attaques.

Un décret avait été proposé par Ctésiphon, un des principaux citoyens d'Athènes, pour qu'une couronne d'or fût décernée à Démosthène, alors comptable public, qui, entre autres actes de patriotisme, venait de faire réparer à ses frais les murs de la ville. Le projet de décret portait que Démosthène recevrait cette couronne à cause de sa vertu et de ses bienfaits envers le peuple athénien.

Eschine accusa Ctésiphon d'avoir voulu, contre les lois, décerner une couronne à un administrateur qui n'avait pas encore rendu ses comptes, et d'avoir faussement exalté la vertu et le patriotisme de Démosthène, qui selon lui n'était ni honnête homme ni zélé citoyen.

Tel était le thème du démêlé qui mit aux prises, devant des milliers de citoyens accourus pour les entendre et pour se prononcer sur leur sort, les deux orateurs les plus puissants que la Grèce ait jamais produits, et qui se portèrent successivement accusateurs l'un de l'autre.

Démosthène l'emporta. Non-seulement il fut absous de l'accusation formulée contre lui, mais la couronne lui fut triomphalement décernée par le vœu populaire, et en même temps la peine de l'exil fut prononcée contre Eschine.

Comme celui-ci s'éloignait de la place publique où il venait de subir une si humiliante défaite, il entend qu'on marche sur ses pas; il se retourne, et voit son rival lui-même qui vient lui offrir une partie de sa fortune.

Alors, les larmes aux yeux : « Comment ne regretterais-je pas, dit-il, une patrie où l'on peut avoir des ennemis si généreux ? »

Retiré à Rhodes, il ouvrit une école d'éloquence. Il commença ses leçons par la lecture de sa harangue contre Démosthène : « Quoi, s'écrièrent les auditeurs, après un pareil plaidoyer, vous avez été vaincu?

— Attendez. »

Il lut alors le discours de son rival, et les applaudissements redoublent. « Que serait-ce donc, s'écrie-t-il transporté, si vous eussiez entendu le *lion* lui-même ! »

Tel était encore l'état des âmes aux derniers grands jours de la Grèce.

*

« Que je meure, si je ne me venge de toi ! disait un jour, au philosophe Euclide, son frère, qui venait d'avoir une discussion avec lui.

— Et moi, repartit Euclide, que je meure si je ne te fais changer de sentiment ! »

Une réponse si modérée couvrit de confusion le frère d'Euclide et l'apaisa.

*

Aristippe avait eu une querelle avec Eschine, qui était son condisciple à l'école de Socrate. Quelqu'un lui ayant demandé ce qu'était devenue leur amitié :

« Elle dort, répondit-il, mais je la réveillerai. »

Il va trouver Eschine et lui dit :

« Me crois-tu si malheureusement né et si incorrigible que je ne mérite pas même tes reproches ?

— Je ne suis pas surpris, repartit Eschine, que, m'étant supérieur dans tout le reste, tu aies vu le premier, en cette occasion, ce qu'il fallait faire. »

Et les deux amis, qui se réconcilièrent à l'instant, n'eurent plus jamais de querelles.

*

On conseillait à Philippe, le père d'Alexandre, d'exiler un homme qui tenait sur son compte des propos outrageants :

« Vous voulez donc, répondit-il, qu'il aille dire ailleurs ce qu'il dit ici ? »

Stahl a dit sur ce sujet : « L'homme exilé ne peut pas rentrer, l'idée exilée rentre toujours, l'histoire est là pour le prouver. La plupart de nos grands livres ont vu le jour hors de France. Quel mal cela leur a-t-il fait? Et quel bien à leurs adversaires? Les idées ne connaissent pas de frontières; la douane ne peut rien contre elles. »

*

Les Lacédémoniens, dit Plutarque, dans un temps de disette, envoyèrent du blé à ceux de Smyrne. Comme ceux-ci témoignaient leur surprise de cet acte de bienfaisance: « Nous n'avons rien fait d'extraordinaire, répondirent les Lacédémoniens; pour rassembler le blé que vous avez reçu, il nous a suffi de décider que les hommes et les animaux de la république se passeraient un jour de dîner. »

*

A l'époque où le dictateur Sylla faisait peser sur Rome sa sanglante autorité, alors que, le nom d'un citoyen figurant sur les listes de proscriptions, une récompense était donnée à celui qui apportait sa tête, il arriva que P. Restius, sénateur, se trouva compris au nombre des proscrits. Comme il se cachait, en attendant de pouvoir quitter la ville, il vit un jour sa retraite découverte par un de ses esclaves, envers lequel il s'était montré rigoureux autrefois, à ce point de le faire marquer au front d'un fer chaud pour le punir de s'être enfui. Il put alors se croire perdu; mais l'esclave, au contraire, le rassura, le conduisit dans un asile plus secret, où il eut soin de lui, jusqu'à ce qu'il eût trouvé le moyen de le faire sortir en toute sûreté de la ville.

L'historien qui a conservé le nom de l'obligé a eu le tort de ne pas songer à inscrire dans son récit celui, bien plus digne d'être gardé, de l'esclave libérateur!

*

N'étant encore que proconsul, Antonin, qui devait devenir empereur, arriva à Smyrne et alla prendre son logement dans la maison du sophiste Polémon, qui était alors en voyage. Ce sophiste, de retour, fut très-irrité de trouver sa maison occupée par le proconsul. Il cria, il s'emporta, et fit tant de vacarme, qu'il força Antonin d'aller au milieu de la nuit chercher un autre logement.

Quelque temps après, lorsque Antonin eut été élevé à l'empire, Polémon vint à Rome et alla saluer l'empereur. Ce prince lui fit donner un appartement dans son palais, et lui dit gaiement : « Vous pouvez le prendre librement sans craindre qu'on vous en fasse sortir. »

*

Un acteur de tragédie alla demander vengeance à Antonin contre ce même Polémon. Il se plaignait de ce qu'il l'avait chassé du théâtre. « Quelle heure était-il, dit l'empereur, lorsqu'il vous a chassé? — Il était midi, répondit l'acteur. — Eh bien, reprit Antonin, il m'a chassé de sa maison à minuit, et j'ai pris patience.

*

Quelques ennemis de l'empereur Constantin ayant assailli sa statue à coups de pierres, ses courtisans le pressaient de tirer vengeance des auteurs de cette insulte, qui avaient, disaient-ils, mutilé et défiguré son visage : « Non, dit le prince avec un sourire tranquille, en se tâtant la tête et les joues; je ne trouve aucune blessure ni sur mon front, ni sur mon visage; je n'y ressens ni douleur, ni confusion. »

*

Une parole prononcée par Louis XII à son avènement au trône de France est avec raison restée célèbre. N'étant encore que duc d'Orléans, ce prince avait été en butte à de nombreuses vexations et inimitiés. Quand la couronne lui échut, de vils complaisants le pressèrent de venger ses injures particulières; mais il leur déclara « que le roi de France ne se souvenait plus des injustices faites au duc d'Orléans. »

Et cette noble conduite contribua sans aucun doute beaucoup plus à asseoir son autorité jusque-là contestée, que n'auraient pu le faire toutes les rigueurs.

✱

Ce trait rappelle celui de l'empereur romain Adrien disant à un officier qui avait cherché à lui nuire et contre lequel, d'ailleurs, il avait lui-même laissé voir à l'occasion un certain ressentiment : « Te voilà sauvé; je suis empereur. » Tous les empereurs n'ont pas montré la même magnanimité qu'Adrien.

Amin, fils du calife Aroun-ben-Raschild, lui demanda avec instance la permission de punir un homme qui avait mal parlé de Zébédab, sa mère : « La clémence, lui répondit le successeur de Mahomet, est un devoir pour tout bon musulman. Je ne dois pas être moins irrité que vous contre celui qui a offensé Zébédab; eh bien, je lui pardonne. »

Le calife s'apercevant qu'Amin, dans l'effervescence de l'âge, ne goûtait pas cette leçon de modération, ajouta : « Si vous ne pouvez pas éteindre le feu de la colère qui vous enflamme, tout ce que je puis vous permettre pour votre vengeance, c'est de dire dans huit jours autant de mal de la mère de cet homme qu'il en a dit de la vôtre.

— Dans huit jours mon père?

— Oui, j'exige ce délai.

— Dans huit jours, je l'aurai oublié.

— Et qui vous empêche, mon fils, de l'oublier dès aujourd'hui? »

Il est heureux que le dialogue entre le père et le fils ait eu cette naïve conclusion, sans quoi, grâce à l'étrange proposition du calife, il y eût eu une mère de plus offensée et une seconde atteinte à la justice.

« Ce ne fut pas toujours par la droiture et la noblesse de caractère que brilla l'empereur Charles-Quint. Une fois cependant qu'un courtisan, — sorte d'être capable de toutes les bassesses, — lui apprenait qu'un certain seigneur, alors poursuivi pour crime de rébellion, se tenait caché dans un château voisin : « N'auriez-vous pas mieux fait, dit Charles, d'avertir cet homme que je suis près de lui, que de me dire qu'il est près de moi ? »

*

L'immortel Michel Cervantes, l'auteur de *Don Quichotte*, étant soldat au service de Naples, voulut retourner en Espagne, sa patrie. Il s'embarqua. Mais le navire sur lequel il se trouvait fut attaqué et pris par un corsaire algérien et les passagers emmenés en Afrique, où ils furent vendus comme esclaves.

Au bout de quelques mois, une dizaine de captifs, parmi lesquels se trouvait Cervantes, résolurent de tenter en commun une évasion ; toutes leurs mesures allaient aboutir, quand leur secret fut surpris. Les malheureux esclaves sont traînés devant le dey d'Alger, qui leur promet la vie à condition qu'ils lui nommeront l'auteur du complot, lequel serait seul puni.

Aussitôt Cervantes de s'écrier : « C'est moi ; fais-moi mourir, mais rends la liberté à mes camarades ! »

Le roi ne put s'empêcher d'admirer ce courage, en faveur duquel il fit grâce de la vie à tous, sans toutefois rendre la liberté à aucun ; car ce ne fut réellement que plusieurs années plus tard que, sa famille ayant envoyé le prix de sa rançon, Cervantes put retourner en Espagne, où l'attendait la plus grande renommée littéraire.

*

Lors du massacre de la Saint-Barthélemy, raconte A. d'Aubigné, Resnier, officier protestant, était alors à Paris en même temps qu'un nommé Vesins, son ennemi déclaré. Leur inimitié avait commencé dans le Quercy, où le premier commandait un parti de soldats de sa religion contre le second, qui était lieutenant du roi. A cette querelle générale s'en étaient jointes de particulières ; les cœurs étaient violemment aigris, et ces deux hommes semblaient ne se chercher que pour se détruire l'un l'autre.

L'occasion était bien favorable pour Vesins. Au signal qui fut donné pour commencer cette fatale boucherie, il s'arme, monte à cheval, s'étant fait suivre de quelques-uns de ses gens, et va droit chez son ennemi. Resnier, éveillé depuis quelque temps par le bruit, et instruit du sort qui le menaçait par les cris de ceux qu'on massacrait dans le voisinage, s'était mis à genoux et attendait la mort, exhortant son valet à faire le sacrifice de sa vie avec la même fermeté. Tout à coup il voit paraître Vesins l'épée à la main et le feu dans les yeux. Sans chercher à se mettre en défense, il lui présente sa tête en lui disant « qu'il l'aurait à bon marché ».

Vesins avait une intention bien différente ; il commande au valet de donner à son maître son épée et ses bottes, et ayant dit à Resnier de le suivre sans s'expliquer encore, il le fait monter sur un cheval qu'il tenait tout prêt ; aussitôt il devient son guide pour l'arracher aux dangers qu'il aurait courus à Paris, le ramène dans le fond du Quercy et le rend à sa femme et à ses enfants, qui désespéraient déjà de le revoir jamais.

*

Dans l'année 1709, la France, qui soutenait alors une lutte terrible contre toute l'Europe coalisée, eut encore à combattre contre la faim, la rigueur de l'hiver et la cherté excessive des blés. L'armée de Flandre se trouvait sans magasins, et le soldat par conséquent sans subsistances. L'archevêque de Cambrai, Fénelon, donna l'exemple de fournir volontairement des blés pour soutenir la guerre et faire vivre le soldat, et il le fit avec le désintéressement qui lui était habituel.

« Je ne me résoudrai jamais, monsieur, écrivait-il à ce sujet au contrôleur général, à vous proposer aucun prix. Je vous ai abandonné mes blés ; ordonnez ce qu'il vous plaira, et tout sera bon. »

Il ne se borna pas à ce sacrifice personnel ; il fit de plus, comme seigneur du Câteau-Cambrésis, une ordonnance qui, vu les besoins pressants des peuples et du soldat, lui parut nécessaire. Il enjoignit à tous les fermiers, censiers, etc., de faire battre leurs grains et de les porter dans un délai marqué aux marchés voisins, en réservant seulement ce qui était indispensable pour leur nourriture.

La perte de la bataille de Malplaquet mit le comble aux calamités de cette époque. La journée cependant fut glorieuse pour la France par le courage et la résolution que les troupes firent voir. Les soldats, qui manquaient de pain depuis trois jours, jetèrent celui qu'on venait de leur distribuer, pour courir se battre. Le maréchal de Villars, qui commandait l'armée, était gravement blessé. Le maréchal de Boufflers, qui avait demandé et obtenu d'aller servir sous Villars, moins ancien de grade que lui, fit la retraite en si bon ordre qu'il ne laissa aux ennemis ni canons ni prisonniers.

(L'abbé DE FÉNELON, *Vie de Fénelon*.)

*

François de Bonne, duc de Lesdiguières, — dont Brantôme a dit que, s'il eût continué à s'adonner aux lettres, il y eût été aussi grand homme qu'il le fut dans l'art de la guerre, — tenait la campagne, en qualité de chef des protestants, contre les troupes catholiques. Avanson, archevêque d'Embrun, qui, ainsi que cela se voyait souvent à cette triste époque, croyait pouvoir porter l'attachement à la religion jusqu'à s'en autoriser pour commettre ou conseiller un crime, corrompit un des familiers de Lesdiguières, nommé Platel, et obtint de lui la promesse d'assassiner son maître.

Plusieurs fois l'occasion se présenta, mais sans que Platel, qui avait sans doute compté sur une audace dont il n'était pas capable, osât en profiter.

Lesdiguières, averti du danger qu'il courait, entra dans sa chambre, mit une épée et un poignard dans chacun des deux lits qui s'y trouvaient; puis il appela Platel, lui ordonna de prendre ce qui était dans l'un des deux lits; et quand celui-ci fut armé, il s'arma à son tour : « Et maintenant, dit-il, puisque tu t'es engagé à me tuer, essaye de le faire ; qu'au moins tu aies l'honneur d'un combat loyal avec moi ; épargne-toi de souiller par une lâcheté la réputation de valeur que tu t'étais acquise. »

Platel, jetant loin les armes qu'il tenait, ne put qu'implorer son pardon. Lesdiguières le garda auprès de lui, et comme on traitait d'imprudente cette magnanime conduite: « Non, dit-il, vous jugez mal; s'il a été retenu par l'horreur du crime, il le sera plus puissamment encore par le bienfait »

*

A Florence, en 1398, la seigneurie (gouvernement municipal) voulut faire placer à l'église Saint-Jean deux portes de bronze pour l'ornementation desquelles il fut résolu qu'on ouvrirait un concours.

Un grand nombre de concurrents s'étant présentés, sept d'entre eux furent admis, après une épreuve d'essai, au concours définitif. Tous sept reçurent un logement et un atelier séparé, où ils devaient composer un bas-relief de la dimension d'un des panneaux de la porte, et représentant le sacrifice d'Abraham.

L'époque du jugement étant arrivée, on fit choix, parmi les peintres, sculpteurs, orfévres de Florence et des autres villes, de trente-quatre juges appelés à prononcer sans appel sur le modèle de l'artiste qui serait chargé d'exécuter l'ensemble du travail.

Quatre des modèles exposés ayant été éliminés comme ne pouvant supporter la comparaison avec les trois autres, ceux-ci seulement restèrent, qui divisaient d'autant mieux les juges que tous les trois étaient évidemment des œuvres de premier ordre.

Les auteurs de ces modèles étaient Donatello, sculpteur déjà fort renommé, Brunelleschi, à la fois statuaire et architecte, qui devait bientôt s'illustrer par la construction de la fameuse église de Sainte-Marie des Fleurs (le Dôme), enfin Lorenzo Ghiberti, qui était au plus âgé de vingt ans, et ne jouissait encore d'aucune réputation.

Or, les juges se demandaient auquel des trois rivaux ils donneraient la préférence, et déjà l'avis avait été ouvert qu'il pouvait y avoir lieu de déclarer l'égalité de talent dans les trois modèles et qu'en conséquence on pourrait partager le prix et l'attribution du travail, quand Donatello et Brunelleschi, que l'instant d'auparavant on avait vus en admiration devant l'œuvre de leur jeune rival, allèrent d'eux-mêmes déclarer qu'ils s'avouaient vaincus.

« Ghiberti a mieux réussi que tous les autres, dirent-ils, et sa jeunesse fait encore espérer davantage pour la gloire de sa patrie. Il serait plus honteux de lui disputer la palme qu'il n'y a générosité à la lui céder. »

Ghiberti fut donc proclamé vainqueur, et l'œuvre qu'il enfanta à la suite de cette victoire si noblement acceptée par ses rivaux, était empreinte d'une telle beauté, que Michel-Ange, le puissant, le libéral artiste, disait des portes de l'église Saint-Jean, appelée vulgairement le *Baptistère*, qu'elles étaient dignes d'être placées à l'entrée du paradis.

La postérité a ratifié le jugement de Michel-Ange.

*

Un jour de l'année 1788, à Dijon, alors capitale de la province de Bourgogne, une solennité réunissait dans la salle du parlement tout ce que cette province comptait de citoyens notables ou s'intéressant au progrès des arts, objet d'ailleurs dans le pays d'une protection toute particulière, puisque la cité dijonnaise entretenait à grands frais une académie de peinture, dont le principal lauréat annuel obtenait d'être envoyé pour deux ans à Rome, avec une pension des États bourguignons.

Il s'agissait, ce jour-là, pour la nombreuse et brillante réunion, d'assister à la proclamation du nom et au couronnement de ce lauréat.

Ce nom venait d'être prononcé et salué des plus bruyants applaudissements, et une ovation plus chaleureuse encore se préparait à l'adresse du jeune vainqueur de la lutte pacifique, lorsqu'on le vit monter les degrés de l'estrade pour aller recevoir la couronne que le président du parlement devait poser sur son front.

Mais, tout à coup, au lieu de continuer à se diriger vers le magistrat qui se levait pour lui décerner l'emblème de la victoire, le jeune homme, dont le visage était couvert d'une pâleur mortelle, s'arrêta, et la main tendue pour demander le silence, se tournant vers l'assemblée, au sein de laquelle tous les bruits se turent aussitôt :

« Non ! s'écria-t-il d'une voix profondément altérée, non ! quelque confusion qu'il m'en doive coûter pour faire un tel aveu, je ne consens pas, ou plutôt je ne consens plus à accepter le sacrifice qu'un noble cœur a voulu me faire, et que jusqu'à présent je l'avais laissé accomplir. Le nom qu'on vient de proclamer n'est pas celui du véritable vainqueur.... Cette couronne, ce n'est pas mon front qui la recevra, car ce n'est pas à moi qu'elle est due. Celui qui l'a méritée, il est là, au pied de cette estrade, se cachant généreusement parmi les élèves de l'académie qui ont concouru sans obtenir le prix. Celui-là, c'est Pierre Prudhon !... qu'on proclame son nom, qu'on lui donne la couronne ! qu'il soit à Rome le pensionnaire des États de Bourgogne ! »

À cette déclaration aussi étrange qu'inattendue, toute l'assistance paraît déconcertée; on s'interroge du regard; on semble se demander à soi-même si ce n'est pas le trouble où l'a jeté la joie du triomphe qui fait déraisonner ce jeune homme. Mais il a compris, lui, le sentiment peint sur tous les visages, et il reprend, pour dissiper la dernière incertitude :

« Il faut que je m'explique mieux; il faut que je dise en termes précis ce qui s'est passé. A l'époque du concours définitif, vous le savez, chaque concurrent, pendant le nombre de jours nécessaires pour l'exécution du tableau qui sera présenté à ses juges, doit travailler seul dans une loge, afin qu'il soit bien prouvé que c'est son œuvre et non celle d'un autre qu'il présente au concours. Ce qu'on tâche d'empêcher surtout, ce sont ses relations avec le dehors plus encore que celles qu'il pourrait avoir au dedans de l'école, car, comment croire qu'un de ceux qui lui disputent le prix, ou soit disposé à l'aider de ses conseils, de son expérience, ou ne le dénonçât pas s'il s'apercevait qu'il cherchât à connaître son travail pour en profiter? D'ailleurs, les loges sont construites de façon que les communications soient impossibles entre les émules, qui, du reste, sont l'objet d'une incessante surveillance.... Eh bien! cette surveillance a été une fois en défaut : un concurrent, dérangeant pendant plusieurs jours de suite une des planches de la cloison, s'est glissé dans la cellule voisine.... Mais ce n'est pas encore ce que peut-être vous croyez.... Peut-être pensez-vous qu'il s'est introduit là en plagiaire, en larron, pour y voir, pour y copier l'œuvre de son voisin, sans que celui-ci en sût rien.... Non. Ce n'est pas le fait indigne d'un voleur que je dénonce, c'est l'acte héroïque d'une grande âme. S'il est entré dans la cellule qui n'était pas la sienne, c'est qu'il entendait son voisin, qui, redoutant de ne pas obtenir le prix, se désespérait et parlait même de mourir pour n'être plus à charge à sa pauvre famille. il a été touché de ce désespoir; il s'est oublié pour ne penser qu'à son malheureux condisciple, et après lui avoir fait jurer qu'il ne révélerait rien de cette substitution, est entré dans la cellule, s'est mis à l'œuvre, et il a peint le tableau que les juges ont déclaré le meilleur et qui a valu la victoire à un autre qu'à l'auteur.... Et pourtant, voyez combien son action est plus belle encore : celui qui a su se sacrifier de la sorte, il est pauvre aussi, une nombreuse famille peut avoir besoin de son aide, et, de plus, son cœur est plein d'un ardent désir de gloire.... Ce prix, auquel il a renoncé, il le désire vivement.... J'avais juré de me taire, cédant aux instances de cette grande amitié; mais ce serment, je me sens incapable de le tenir.... Couronnez donc le véritable vainqueur, donnez donc le prix à celui qui l'a mérité, à Prudhon ! »

Pendant que de longues acclamations accueillaient ces dernières paroles, tous les yeux se fixaient sur un jeune homme qui, placé dans le groupe des élèves et voulant s'échapper, soutenait une sorte de lutte contre ses camarades, qui s'efforçaient de le retenir, et qui enfin l'ayant enlevé sur leurs bras en répétant son nom, le portèrent triomphalement sur l'estrade, au bruit des plus enthousiastes bravos; et il reçut en même temps que la couronne, prix du talent, les témoignages d'admiration, prix de la générosité.

Pierre Prudhon alla parfaire à Rome les études commencées à Dijon sous de si nobles auspices; puis il revint à Paris, et quelques années plus tard, figurant un des premiers en tête de notre école de peinture nationale, il mérita d'être surnommé le Corrége français, glorieux surnom que pourrait suffire à justifier sa magnifique composition, *la Justice poursuivant le Crime*, qui passe à bon droit pour une des toiles les plus remarquables de la galerie française au Louvre.

Nous regrettons de ne pas savoir le nom de celui qui avait su inspirer à Prudhon ce bel acte de générosité, car celui-là aussi avait l'âme noble et grande, qui n'avait pas reculé devant l'aveu qu'il avait eu à faire.

＊

Molière employait volontiers une partie de son revenu à faire des libéralités. Un jour Baron, son élève, vint lui annoncer qu'un comédien de campagne, que la pauvreté empêchait de se présenter, lui demandait quelque léger secours pour aller joindre sa troupe. Molière ayant su que c'était un nommé Mondorge, qui avait été son camarade, demanda à Baron combien il croyait qu'il fallait lui donner. Celui-ci lui répondit au hasard : Quatre pistoles. — Donnez-lui quatre pistoles pour moi, lui dit Molière ; en voilà vingt qu'il faut que vous lui donniez pour vous ; » et il joignit à ce présent celui d'un habit magnifique.

＊

Patru, célèbre avocat au parlement et l'un des quarante de l'Académie française, après avoir mieux plaidé la cause de la langue française que celle de la fortune, se trouva réduit à une gêne extrême. Pressé par un créancier impitoyable, il se vit obligé de vendre ses livres, le seul bien qui lui restait. Despréaux, ayant appris l'extrémité où il se trouvait et sachant qu'il était sur le point de les donner pour une somme assez modique, alla aussitôt lui en offrir près d'un tiers de plus. Mais, l'argent compté, il mit dans le marché une condition qui surprit agréablement Patru ; ce fut qu'il garderait ses livres, comme auparavant, et que sa bibliothèque ne serait qu'en survivance à Despréaux.

＊

Pierre Corneille, qui n'avait jamais su adresser en haut lieu la moindre sollicitation, avait obtenu une pension du ministre Colbert à la recommandation de Boileau. Après la mort de Colbert, Boileau sut que cette pension avait été retranchée. Alors il se rendit chez le roi, à qui il offrit le sacrifice de la sienne, pour que celle du vieux poète fût rétablie : « Car, dit-il, je ne saurais la recevoir sans honte si je devais penser que le grand Corneille en est privé. »

Le roi envoya aussitôt par Boileau lui-même deux cents louis à Corneille et promit de faire rétablir la pension.

∗

Garrick, le célèbre tragédien anglais, avait placé cinq cents livres sterling (12 500 francs) chez un négociant de ses amis, qui tout à coup, par suite de malheureuses spéculations, se vit non-seulement ruiné, mais dans l'incapacité de faire honneur à ses créanciers.

Les parents et amis de ce très-honnête homme s'assemblèrent dans l'intention de lui venir simultanément en aide, de leur propres deniers, ou au moins de négocier un arrangement avec les gens dont il était débiteur.

Garrick, instruit de cette réunion, renferma le billet qui constatait la dette de son ami dans une lettre qu'il lui envoya et qui était ainsi conçue : « J'apprends que vous rassemblez aujourd'hui vos parents et vos amis ; j'aurais été flatté d'être de la fête, mais je suis empêché de m'y rendre. Toutefois, comme je pense que vous devez faire bon feu pour recevoir vos convives, je vous envoie un papier qui servira à l'allumer. »

∗

Les vicissitudes de la destinée ont plus d'une fois prouvé qu'à part la satisfaction morale que le cœur retire de la générosité, on pouvait encore trouver un intérêt immédiat dans la pratique de ce noble sentiment. A défaut d'autres exemples, le récit suivant, sommairement emprunté à Tite-Live, l'historien par excellence de la république romaine, pourrait en faire foi :

« Les Samnites, au cours d'une guerre injustement déclarée aux Romains, reconnaissant leurs torts, avaient envoyé à Rome non-seulement tout le butin précédemment fait, mais jusqu'aux dépouilles mortelles de l'instigateur de cette expédition, lequel s'était dérobé par un suicide à la honte d'être livré vivant.

« Mais les Romains n'étaient pas gens à rester sous le coup d'un outrage dont ils n'avaient pas tiré pleine et entière vengeance. La guerre recommença.

« Les Samnites étaient commandés par C. Pontius, qui, né d'un père dont l'habileté guerrière était consommée, était lui-même le premier de sa nation comme guerrier et comme capitaine. Après avoir démontré à ses soldats que les torts se trouvaient du côté des Romains, qui n'avaient pas voulu considérer comme suffisante la réparation qui leur avait été offerte, Pontius se mit en route avec l'armée, alla camper, le plus secrètement qu'il put, aux environs des Fourches-Caudines et s'y prit si bien qu'il parvint à y enfermer l'armée ennemie de façon à ce qu'elle fût à sa merci.

« Les Samnites, dans une circonstance si favorable, hésitaient à prendre une résolution. Comment fallait-il user de la situation faite à l'armée romaine? Ils tombent unanimement d'accord de consulter, par message, Héréminius, le père de leur général. Ce vieillard, qui avait depuis longtemps déjà renoncé aux fonctions civiles et militaires, conservait, dans un corps exténué par l'âge, une grande force d'esprit et de jugement. Quand il sut que les armées romaines étaient enfermées aux Fourches-Caudines, il envoya à son fils le conseil de laisser les Romains sortir de là au plus tôt, sans leur faire aucun mal et sans leur opposer aucune condition. Cet avis ayant été rejeté, et le même messager étant revenu le consulter de nouveau, il déclara qu'il fallait les tuer tous jusqu'au dernier. Après qu'on eut reçu ces deux réponses, si opposées entre elles et qui semblaient un oracle obscur, le fils, bien qu'il fût un des premiers à penser que l'âge, en affaissant le corps de son père, avait altéré ses facultés intellectuelles, céda néanmoins au vœu général, qui le pressait d'appeler au conseil le vieillard en personne. Celui-ci vint donc au camp, et, appelé au conseil, il y parla sans rien changer à son avis, sinon qu'il ajouta les motifs sur lesquels il s'appuyait. Il dit qu'en usant du moyen qu'il avait tout d'abord proposé, et qu'il jugeait être le meilleur, on affermissait à jamais, par un grand bienfait, la paix et l'union avec un peuple très-puissant; en employant le second, on reculerait la guerre de plusieurs générations, qui suffiraient à peine aux Romains pour réparer leurs forces. Comme son fils et les autres chefs persistaient à lui demander s'il ne serait pas plus sage d'adopter un milieu entre ces deux extrêmes, par exemple de renvoyer les ennemis sains et saufs, en leur faisant subir les lois que le droit de la guerre permet d'imposer aux vaincus : « Ce parti, répondit-il, n'est assurément de nature ni à « vous faire des amis ni à vous débarrasser de vos « ennemis. Si vous laissez la vie aux Romains qui « auront subi vos blessantes conditions, ils ne pour- « ront demeurer en repos, et vous achèterez certaine- « ment bien cher quelque jour la satisfaction de les « avoir humiliés. »

« Ainsi parla Héréminius, à la fois généreux et prudent, mais son avis ne prévalut point. Et quand les Romains, vaincus avant d'avoir pu combattre, envoyèrent des députés chargés de provoquer une paix équitable, il leur fut répondu, avec hauteur et dureté, que la guerre était terminée, et que, puisqu'ils ne savaient pas, alors même qu'ils étaient défaits et prisonniers, avouer leur mauvaise fortune, on les ferait passer un à un sous le joug[1], désarmés et couverts d'un simple vêtement...

---

[1] Le joug sous lequel les anciens faisaient passer les ennemis auxquels ils voulaient imprimer une tache d'ignominie, était composé de trois lances, dont deux fixées en terre, et l'autre attachée en travers, mais assez bas pour que l'homme qui devait passer dessous fût obligé de se courber très-sensiblement. Nous avons admiré en Suisse, à Lausanne,

« Dans le camp des Romains, quand ces paroles y furent rapportées, on s'écria qu'il fallait mourir plutôt qu'accepter une aussi dégradante composition; mais les consuls eux-mêmes, — qui sans doute ne parlaient ainsi qu'en vue d'une revanche espérée, — les consuls proposèrent d'essuyer cet affront, au lieu de laisser anéantir par le sort des armes toutes les forces vives de la république... Il fut donc décidé qu'on se mettrait à la discrétion des vainqueurs...

« Alors on put voir ces soldats, toujours vainqueurs jusqu'à cette heure, s'entre-regarder consternés; chacun d'eux contemplait, les yeux mouillés, ces armes qu'il devrait bientôt livrer, ces bras qui allaient être désarmés, ces personnes qui allaient être à la merci de l'ennemi. Leur imagination se représentait le joug sous lequel ils devraient passer; ils entendaient déjà les railleries des vainqueurs... Et ce fut dans tout le camp un désolant concert de lamentations et d'exécrations contre les consuls, dont l'imprudence et l'incurie avaient causé ce désastreux revers... Mais l'heure de l'ignominie arriva.

« D'abord, il leur fut enjoint à tous de sortir de leurs retranchements, sans armes et avec un seul vêtement sur le corps.... Les consuls, à moitié nus, furent envoyés les premiers sous le joug; puis, chacun, selon son grade, subit à son tour cette épreuve infamante; ensuite chaque légion successivement. L'ennemi, sous les armes, entourait les Romains, en les accablant d'insultes et de moqueries; il levait même l'épée contre la plupart, et un certain nombre furent blessés, quelques-uns même tués, pour avoir offensé le vainqueur en laissant trop vivement paraître sur leur visage l'indignation qu'ils ressentaient de ces outrages [1].

croyons nous, le très-remarquable tableau d'un grand artiste, M. Gleyre, représentant une scène de ce genre.

1. Ce désastre moral des Romains étant resté fameux dans l'histoire, il arrive souvent qu'y faisant allusion dans quelque circonstance analo-

« Lorsque les Romains furent sortis du défilé, quoique pareils à des hommes arrachés à la nuit du tombeau, il leur semblait voir la lumière pour la première fois ; cette lumière même, leur découvrant à quel point était humiliant l'état de l'armée, leur fut plus insupportable que n'auraient pu l'être tous les genres de mort. Aussi, bien qu'ils pussent arriver à Capoue avant la nuit, retenus par la honte, ils s'arrêtèrent sur les bords du chemin, à quelque distance de la ville, manquant de tout et n'ayant pour lit que la terre...

« Quand le bruit de cette capitulation parvint à Rome, la population, comme de concert, revêtit toutes les marques de deuil : les boutiques se fermèrent, les anneaux d'or furent quittés... L'armée rentra dans la ville le soir ; tous les soldats allèrent se cacher dans leurs maisons ; pas un d'eux, le lendemain ni les jours suivants, ne se montra en public...

« A Capoue, ville alliée des Romains, où l'on avait été témoin du sombre désespoir de l'armée romaine après sa terrible mésaventure, et où l'on s'était empressé de manifester toutes les sympathies pour cette profonde infortune, un magistrat prononça devant ses collègues ces paroles, qui devaient être prophétiques :
« Ce silence obstiné, ces yeux fixés à terre, ces oreil-
« les sourdes à toutes les consolations, cette honte de
« voir la lumière, sont autant d'indices d'un effrayant
« amas de colères fermentant au fond des cœurs. Ou je
« ne connais pas le caractère romain, ou ce silence fera
« bientôt pousser aux Samnites des cris lamentables,
« et le souvenir des Fourches-Caudines sera un peu
« plus amer pour ceux-ci que pour les Romains ; car
« chaque Romain, en quelque lieu qu'il se trouve plus
« tard, aura pour lui non-seulement son courage, mais

gue, on établit une confusion d'idées, et l'on dit « passer sous les Fourches Caudines » au lieu de « passer sous le joug des Fourches-Caudines » Il est bon de faire en ce cas la distinction entre la formalité humiliante imposée aux Romains et le lieu qui en fut le théâtre.

« encore l'impérieux désir de la vengeance, tandis que
« les Samnites n'auront point partout les défilés de
« Caudium. »

« Quelques semaines plus tard, en effet, l'armée romaine, sous la conduite de Papirius Cursor, reprenait le chemin du pays des Samnites, et la bataille s'étant engagée, non plus, — comme le criaient les Romains pendant la mêlée, — dans ces défilés sans issue où la ruse avait triomphé de l'imprudence, mais en pleine campagne, et de façon à ce que la valeur pût se montrer, un massacre effrayant fut fait. « Ceux qui
« opposaient de la résistance comme ceux qui fuyaient,
« dit l'historien, ceux qui n'avaient point d'armes et
« ceux qui en portaient, esclaves, personnes libres,
« individus en âge de puberté, enfants, hommes, bêtes
« de somme, tout est indistinctement immolé, et rien
« de ce qui avait vie n'aurait échappé si les consuls
« n'eussent fait sonner la retraite... » Puis, à la suite d'une autre affaire non moins sanglante, Pontius, cerné, fait prisonnier, fut obligé de passer à son tour sous le joug avec sept mille de ses soldats, qui furent renvoyés nus, après que les Romains eurent saccagé le pays et repris les armes, les enseignes dont ils avaient été dépouillés aux Fourches-Caudines.

« Ainsi fut, trop tardivement, démontrée la sagesse du vieux Samnite, qui vécut assez pour voir sa malheureuse patrie réduite aux plus cruelles extrémités, en expiation d'un malencontreux mouvement d'orgueil, et pour se confirmer dans l'avantageuse idée qu'il avait su se faire de la générosité. »

Les Allemands feront bien de méditer ce passage de l'histoire romaine. Quant aux Français, nous leur conseillons de l'apprendre par cœur.

CHAPITRE XXI

FERMETÉ — FORCE DE CARACTÈRE

Quiconque n'a pas de caractère n'est pas un homme, c'est une chose.

CHAMFORT.

*

Néron, ce fou sanguinaire qui fut l'effroi de l'empire (il faudrait dire de l'univers, car sa capricieuse volonté pouvait aller chercher des victimes presque sur toute la surface du monde alors connu), Néron, après avoir fait mettre le feu à la ville pour se donner le spectacle d'une nouvelle Troie, après avoir empoisonné son frère, tué sa femme, ses parents, ses précepteurs, se donna l'horrible satisfaction de faire égorger Agrippine, sa mère, dont il alla contempler le cadavre.

Tacite affirme que souvent, depuis, il avoua que l'image de sa mère le poursuivait partout. Néron crut se justifier auprès du sénat en lui adressant une lettre où il imputait toutes sortes de crimes à sa victime. Il prétendit qu'elle s'était elle-même ôté la vie, en voyant qu'un complot tramé par elle contre son fils venait d'être découvert. Les sénateurs, devant lesquels cette lettre fut lue, tremblant tous pour leurs jours, firent à cette occasion assaut de bassesse. Des actions de grâces furent ordonnées, des fêtes publiques décrétées pour célébrer la découverte du prétendu complot; enfin le jour de la naissance d'Agrippine fut placé au nombre des jours néfastes.

Un seul patricien, Thraséas, sut montrer qu'il descendait de ces dignes et austères patriciens que nous avons vus se dévouer à la mort pour n'être pas un obstacle à la défense de la vieille et glorieuse Rome. Jusque-là il avait laissé passer, en protestant par son silence ou par son abstention, les adulations au maître ; mais lorsque, après la lecture de la lettre de Néron, il pressentit les déterminations qui allaient être votées, il sortit dédaigneusement de la salle pour ne point se rendre complice de pareille indignité. Comme on lui représentait que cette conduite risquait d'être pour lui singulièrement périlleuse : « Néron peut me tuer, répondit-il, mais il ne peut me faire aucun mal. »

Un jour qu'on l'exhortait à faire quelques concessions à Néron, qui parlait de le faire condamner à mort : « Quoi ! dit-il, pour prolonger ma vie de quelques jours, je m'abaisserais à ces infamies ? La mort est une dette ; je veux l'acquitter en homme libre, et non la payer en esclave. »

Néron, qui n'était pas homme à se piquer de générosité, avait d'ailleurs trop de griefs contre cet homme de bien pour songer à lui faire grâce. Il assemble ce même sénat, devant lequel il fait accuser Thraséas, et qui tout d'une voix prononce la sentence en faisant figurer au nombre des crimes dont Thraséas s'était rendu coupable celui de s'abstenir depuis longtemps, — depuis que l'indignité de cette assemblée la lui rendait odieuse, — de paraître aux séances, pour ne s'occuper que du soin et de l'entretien de ses jardins.

Thraséas était en effet dans ses jardins, entouré d'amis avec lesquels il devisait tranquillement de philosophie, quand on lui apprit l'arrivée du questeur chargé de lui signifier qu'il eût à quitter la vie, en choisissant le genre de mort qui lui conviendrait.

A cette nouvelle, des larmes coulent de tous les yeux. Thraséas presse ses amis de s'éloigner au plus tôt, afin de ne pas lier imprudemment leur fortune à celle d'un condamné. Arria, sa femme, voulait à l'exemple de sa mère¹ partager le sort de son époux ; mais il la conjura de vivre et de ne pas ravir à leur fille son meilleur soutien.

Puis il s'avança sous le portique de sa maison, où il reçut d'un air presque joyeux le questeur, parce qu'il venait d'apprendre que son gendre Helvidius, compris dans la même accusation que lui, n'avait été condamné qu'au simple bannissement. Entrant alors dans sa chambre, il présenta ses deux bras à la fois pour qu'on lui ouvrît les veines. Aussitôt que le sang coula, il en répandit sur la terre², et priant le questeur d'approcher : « A Jupiter libérateur ! dit-il. Regarde, jeune homme, car tu es né dans un temps où il convient de fortifier son âme par des exemples de fermeté³. »

*

Quand la sentence contre Socrate eut été prononcée, il s'achemina vers la prison, qui, dit Sénèque, perdit ce nom dès qu'il y fut entré, étant devenue le séjour de la probité et de la vertu. Un empêchement, provenant d'un usage religieux, fit qu'il dut attendre trente jours l'exécution du jugement

Pendant ce long espace de temps, il eut tout le loisir de songer à la mort, et de subir toutes les épreuves qui précèdent un tel moment. Et cependant son courage, sa sérénité ne se démentirent jamais. On lui

---

1. Aria, belle-mère de Thraseas, était femme de Pætus Cecina Ayant pris part à une révolte contre Claude, le prédécesseur de Néron, et forcé de mourir, il reçut de sa femme, qui le voyait hésiter, l'exemple du courage Prenant un poignard, elle s'en perça le sein, et le lui présentant : « Tu vois, lui dit-elle, cela ne fait pas de mal. »

2. Par allusion à la coutume religieuse des libations, qui consistaient à répandre sur la table, en l'honneur de la divinité, quelques gouttes de la liqueur qu'on allait boire.

3 Tacite ajoute : « Comme la mort était lente à venir, et que Thraséas souffrit de grandes douleurs, il se tourna vers son ami Démétrius .. » Mais le reste du récit nous manque, car c'est là même, sur cette phrase incomplète, que s'achève ce que le temps a épargné du texte des *Annales*.

offrit de le faire évader; mais il se prit à rire de cette proposition, en demandant à celui de ses disciples qui la lui faisait s'il saurait lui indiquer comme refuge un lieu où l'on ne mourût pas.

Il ne fut jamais plus éloquent que le jour où il dut mourir. A la vérité, le sujet qu'il traita était fait pour inspirer une âme de la trempe de la sienne, car il s'entretint surtout de l'immortalité de l'âme.

On lui demande quelles funérailles il veut qui lui soient faites, il répond : « Comme il vous plaira, si pourtant vous pouvez me saisir. » En même temps, regardant ses amis avec un petit sourire : « Je ne saurais vous persuader que Socrate est celui qui parle avec vous; vous vous imaginez que je suis celui que tantôt vous allez voir mort. Vous me confondez avec mon cadavre, c'est pourquoi vous me demandez comment il faut m'enterrer. »

Puis il embrassa sa femme et ses enfants. Comme sa femme se lamentait en répétant qu'il était bien triste de songer qu'il dût mourir innocent : « Aimerais-tu mieux, lui répliqua-t-il, que je mourusse coupable ? »

Ensuite il vida avec une parfaite tranquillité la coupe de ciguë, et entendant ses amis pousser des cris, les voyant se désoler, il s'efforça de les ramener à la fermeté. Quand il sentit les premiers effets du poison, il se coucha sur le dos et laissa le fatal breuvage consommer son œuvre sans pousser une plainte, sans manifester la moindre terreur. Enfin, rappelant à l'un de ceux qui l'entouraient qu'il avait adressé aux dieux un vœu, il le pria de l'accomplir... Et il expira.

Quelque temps après, les Athéniens, revenus, mais trop tard, de leurs préventions contre lui, punirent de mort ou d'exil ceux qui avaient causé sa perte, et lui élevèrent un temple où ils l'honorèrent comme un dieu. Un excès n'en corrige pas un autre.

*

L'ingratitude n'est pas un fait nouveau dans l'histoire des nations; l'injustice a trop souvent été la récompense des meilleurs et des plus grands citoyens. Les Athéniens, qui étaient les Français de ce temps-là, ne se firent pas faute de payer par l'exil, quand ce n'était pas par la mort, les services que quelques-uns de leurs grands hommes leur avaient rendus.

Le jour où, dans l'assemblée du peuple, le vote allait avoir lieu pour décréter *l'ostracisme*[1] ou bannissement contre lui, Aristide était sur la place publique. Un homme de la campagne, qui ne le connaissait pas et qui ne savait pas écrire, s'adressa à lui pour le prier de tracer sur la coquille qu'il allait déposer dans l'urne la formule de condamnation.

« Cet Aristide, que vous voulez bannir, vous a donc fait quelque mal? lui demanda Aristide.

— Aucun, répondit le paysan, mais je suis las de l'entendre appeler « le Juste ».

Aristide inscrivit tranquillement sur la coquille son nom, que l'homme lui avait dit d'y mettre, et la lui rendit.

*

Rire a du bon, mais à la condition qu'on ne rira que de ce qui est ridicule. Malheureusement le rire, la moquerie, la raillerie ont presque toujours la main lourde et malheureuse, et s'attaquent sans choix au bien comme au mal.

S'il est un nom ridicule, consacré comme tel dans l'esprit populaire de notre pays, c'est assurément celui de M. de la Palice, qui, selon la tradition, *est mort de maladie*, et qui, *un quart d'heure avant sa mort, était encore en vie*. Mais il ne faudrait pas toujours croire la

---

1 L'ostracisme était ainsi nommé (d'ostrakon, coquille) parce qu'il était d'usage d'aller aux voix en se servant de petites coquilles emplies de cire sur lesquelles on écrivait avec un poinçon

tradition sur parole. Si on s'en rapportait à elle, le fameux duc de Marlborough, général anglais qui fit éprouver à la France deux des plus grands désastres militaires dont elle ait souvenance, n'aurait été qu'un fort grotesque personnage. On comprend, à la rigueur, que, vaincus les armes à la main, les Français aient cherché une revanche sur le vainqueur en ridiculisant dans un refrain moqueur son nom et sa mémoire; mais comment ne pas s'indigner et ne pas s'affliger de voir le même ridicule s'attacher au souvenir d'un des hommes qui ont illustré leur épée en même temps que les Bayard, les François Ier? « Les exploits de la Palice, dit un biographe, étaient dignes d'un poème épique, et ils n'ont trouvé l'immortalité que par la chanson bouffonne. »

Blessé et renversé de cheval à la terrible bataille de Pavie (où, dit Brantôme, « il fit d'aussi beaux combats que jamais il en avait fait au plus beau de son âge »), la Palice fut fait prisonnier par un Italien. Un Espagnol survint, qui prétendit avoir part à la capture, ou plutôt à la future rançon (car à cette époque les prisonniers se rachetaient communément à prix d'argent). L'Italien ne voulut pas y consentir. L'Espagnol, alors, pour simplifier le débat, fit sauter la cervelle au vieux maréchal.

Ce la Palice était déjà une fois tombé aux mains des Espagnols, dans une sortie qu'il fit pour les forcer à lever le siége de Rubas, place confiée à sa bravoure. Conduit devant le célèbre Gonzalve de Cordoue, qui commandait les troupes assiégeantes, celui-ci le menaça de le faire mourir s'il n'ordonnait pas à son lieutenant, qui occupait encore la citadelle, de la rendre. La Palice demanda alors à être conduit au pied des murailles. Arrivé là, il appelle son lieutenant, et quand il le voit paraître : « Cornon, lui crie-t-il, Gonzalve, que vous voyez, menace de m'ôter la vie si vous ne vous rendez promptement; vous savez aussi bien que moi en quel état est la citadelle : regardez-moi donc comme un homme mort déjà si vous avez quelque espoir de tenir jusqu'à l'arrivée du secours que nous attendons. Faites votre devoir, et rien que votre devoir. »

Gonzalve avait accompagné son prisonnier en vue d'un tout autre résultat. Au lieu de s'indigner cependant, il rendit hommage à la force de caractère et au patriotisme de la Palice; il ordonna qu'il fût respectueusement traité, et aussitôt qu'il le put il négocia pour qu'il fût rendu à son pays.

Les deux légendes de Marlborough et de la Palice doivent nous mettre en garde contre les jugements que portent légèrement nos contemporains sur plus d'un beau caractère.

La France a toujours eu tout à la fois l'enthousiasme trop facile et le dénigrement trop prompt. Elle a plus d'une fois scandalisé l'étranger par l'odieux plaisir qu'elle semble prendre à diminuer ses vraies gloires ou à exalter follement des gens qui ne le méritaient pas.

※

Lorsque, par les conseils de Catherine de Médicis, qui détestait Michel de l'Hôpital, le massacre de la Saint-Barthélemy fut ordonné, les amis du chancelier, encore qu'il professât la religion catholique, craignirent que son esprit de tolérance trop connu ne le fît comprendre dans la liste des victimes, et l'avertirent de se tenir sur ses gardes : « Rien, rien, répondit-il; je ne ferai rien pour conjurer mon sort; il sera ce qu'il plaira à Dieu. »

Le lendemain, on vint lui dire qu'une troupe de cavaliers armés s'avançait vers sa maison, et on lui demanda s'il ne voulait pas qu'on fermât les portes et que l'on tirât sur eux au cas où ils tenteraient de les forcer : « Si la petite porte n'est assez large pour les laisser entrer, dit-il, qu'on leur ouvre la grande. »

C'était en effet un parti de zélés massacreurs qui

sans ordre, venaient pour le tuer; mais, avant que d'exécuter leur projet, ils furent rejoints par d'autres cavaliers envoyés par le roi même, qui, au milieu de l'émotion générale, avait cependant songé à faire remettre au chancelier une lettre de protection dans laquelle il était dit qu'il lui faisait grâce de la proscription, et lui pardonnait la constante opposition qu'il avait apportée dans les conseils à ce qui s'exécutait alors.

« J'ignorais, dit alors tranquillement l'Hôpital, que j'eusse jamais mérité la mort ni le pardon. »

*

Louis XIV était extrêmement jaloux du prestige dont il voulait voir la majesté royale entourée. Le baron de Penterieder, ambassadeur d'Autriche, semblait au contraire fort disposé à s'affranchir, dans les bornes de la convenance, des formes serviles que le roi de France aimait à trouver chez tous ceux qui l'approchaient. Louis XIV, lui donnant audience, ne remarqua pas sans déplaisir le peu d'impression que sa personne faisait sur cet ambassadeur. Pour l'intimider, il lui coupa la parole dès le début de sa harangue, qui commençait ainsi : « Sire, l'empereur mon maître m'envoie auprès de Votre Majesté...

— Plus haut! monsieur l'ambassadeur, lui dit le roi en affectant, d'un air d'impérieuse humeur, de ne pas bien entendre.

— Plus haut? » répéta sans se déconcerter le baron, qui avait compris le motif de cette blessante interruption. Et il reprit, intervertissant l'ordre des parties de sa phrase, pour donner à l'empereur dont il était le représentant le pas sur le roi : « L'empereur mon maître, Sire, m'envoie auprès de Votre Majesté... » Et il alla jusqu'au bout d'une voix ferme et pénétrante.

On frémit à la pensée que la guerre pouvait, en ces temps-là, être amenée par des causes aussi futiles.

★

Iwan IV Basilowitz, premier czar ou empereur de Russie, était un prince terrible. Un ambassadeur italien s'étant couvert devant lui, il lui fit clouer son chapeau sur la tête. Cependant Jérôme Boze, ambassadeur d'Angleterre, osa mettre son chapeau en sa présence. Basilowitz lui demanda, d'un ton menaçant, s'il ignorait le châtiment qui avait été infligé pour un fait semblable à l'envoyé italien : « Non, répondit cet homme intrépide ; mais je suis l'ambassadeur de la reine Elisabeth ; si l'on fait un affront à son ministre, elle saura bien en tirer une vengeance éclatante.

— Le brave homme ! » s'écria le czar ; puis se retournant vers ses courtisans stupéfaits :

« Qui de vous, ajouta-t-il, eût agi et parlé de la sorte, pour soutenir mon honneur et mes intérêts ? »

★

Le maréchal de Luxembourg, qui servait alors comme général sous les ordres de Condé, aperçut, dans une marche, quelques soldats qui s'étaient écartés du reste de l'armée. Il envoya un de ses aides de camp pour les ramener au drapeau. Tous obéirent, excepté un, qui continua son chemin. Luxembourg court à lui la canne à la main, et menace de l'en frapper : « Si vous le faites, lui répond le soldat, je vous en ferai repentir. » Outré de cette réponse, Luxembourg le frappe[1] et le force de rejoindre son corps. Quinze jours après, l'armée assiégea Furnes. Luxembourg chargea un colonel de trouver dans son régiment un homme ferme et intré-

---

[1] A cette époque, les châtiments corporels n'étaient point en usage dans l'armée française, ce ne fut que sous le règne de Louis XVI, qu'à l'imitation des Prussiens ils y furent introduits réglementairement par le lieutenant-général comte de Saint-Germain, alors ministre de la guerre. Ici, c'était sous sa propre responsabilité que le maréchal de Luxembourg, devant un cas d'insubordination flagrante, en marche pour une expédition de guerre, prenait le droit d'employer les voies de fait.

pide, pour un coup de main; une grande récompense fut promise. Le soldat dont nous avons parlé, qui passait pour le plus brave du régiment, se présenta; et, menant avec lui trente de ses camarades dont on lui avait laissé le choix, il s'acquitta de sa commission, qui était très-hasardeuse, avec un courage et un bonheur incroyables. A son retour, Luxembourg, après l'avoir beaucoup loué, lui offrit la récompense qui avait été promise. Le soldat la distribua à ses camarades : « Me reconnaissez-vous, mon général? dit-il ensuite.

— Non.

— Eh bien! je suis ce soldat que vous offensâtes il y a quinze jours : je vous avais bien dit que je vous en ferais repentir. »

Luxembourg, plein d'admiration et attendri jusqu'aux larmes, l'embrassa, lui fit des excuses, et obtint sur-le-champ pour lui un brevet d'officier, il se l'attacha bientôt après en qualité d'aide de camp. Le prince de Condé aimait à raconter ce trait.

*

Une de nos armées est battue en Bohême, réduite à s'enfermer dans Prague, où l'ennemi compte bien la forcer de se rendre à discrétion. Malgré les rigueurs d'un hiver terrible, sans chevaux, presque sans poudre et sans provisions, nos soldats sortent de Prague, Belle-Isle à leur tête.

Ayant à passer par un pays ravagé et harcelé par la cavalerie ennemie, ils laissent quatre mille hommes sur les chemins, mais parviennent à rejoindre à Eger une armée française.

Les malades et les blessés étaient restés à Prague, sous la garde de Chevert, un soldat de fortune sorti du peuple, et arrivé par son audace et ses talents au grade de lieutenant général.

Sommé de se rendre, Chevert répondit que si les honneurs de la guerre ne lui étaient pas accordés, il mettrait le feu aux quatre coins de la ville et s'ensevelirait sous ses ruines. On savait qu'il tiendrait parole; on le laissa partir, tambours battants, avec armes et bagages. Il ramena huit mille hommes à Belle-Isle, qui l'embrassa comme le plus brave, en présence de toute son armée.

CHAPITRE XXII

SIMPLICITÉ — FRUGALITÉ — SAGE APPRÉCIATION DES BIENS

Quelqu'un disait que les flèches des barbares déroberaient la vue du soleil : « Tant mieux, dit Léonidas, nous combattrons à l'ombre. »

PLUTARQUE.

Désire moins, tu auras davantage.

SOLON.

Celui qui fait le moins de vœux pour le lendemain y arrive le plus agréablement.

LYCURGUE.

Celui qui achète le superflu sera bientôt obligé de vendre le nécessaire.

FRANKLIN.

Quand on a peu de désirs, on a peu de privations.

PLUTARQUE.

Ceux qui sauront relever leur état n'envieront jamais celui des autres.

LE MÊME.

Socrate, frugal au plus haut point, s'écria, en voyant un jour toutes sortes de marchandises, d'objets de luxe, mis en vente :

« Que de choses dont je n'ai que faire! »

*

M. Curius fut tout à la fois, chez les Romains, le modèle le plus accompli de la frugalité et le plus parfait exemple de bravoure. Les Samnites lui ayant envoyé des ambassadeurs chargés de riches présents pour l'intéresser à leur cause, ceux-ci le trouvèrent assis dans sa pauvre maison des champs, auprès de son feu, mangeant quelque maigre brouet dans une écuelle de bois. Ils avaient apporté une somme d'or considérable, et, au nom de leurs concitoyens, ils prièrent Curius de l'accepter. Le vieux consul se mit à rire :

« Vous avez pris là, leur dit-il, une mission bien inutile, pour ne pas dire ridicule. Allez, reportez à vos concitoyens l'or qu'ils m'envoient, et dites-leur dans quelle condition vous m'avez vu. Ils comprendront que l'or n'est pas fait pour me séduire. »

Le même Curius, après avoir chassé d'Italie le roi Pyrrhus et enrichi sa patrie du butin pris sur l'ennemi, n'en garde rien pour lui-même. Le sénat accorda, par un décret, sept arpents de terre pour chaque citoyen, et cinquante à Curius qui avait commandé l'armée; mais celui-ci ne voulut point qu'il lui fût alloué plus qu'au dernier des soldats. C'eût été, à ses yeux, se montrer peu digne des récompenses de la République que de ne pas savoir se contenter de la portion commune.

*

Caton répondit à des gens qui s'étonnaient qu'on ne lui eût encore élevé aucune statue, tandis que maint personnage obscur avait plusieurs fois reçu cet honneur :

« J'aime mieux qu'on demande pourquoi il n'a point

été élevé de statue à Caton, que si on demandait pourquoi on lui en a dressé une. »

★

Plutarque, qui non-seulement a écrit la vie des grands hommes de la Grèce et de Rome, mais qui encore a cherché à établir des parallèles entre eux en choisissant dans chacune des deux races une personnalité analogue, Plutarque, moraliste plus encore peut-être qu'historien, quand il veut donner l'exemple de l'imposante simplicité, de la noble frugalité, cite d'une part Caton le Romain, de l'autre Aristide l'Athénien.

Après avoir longtemps administré l'opulent trésor de la république après avoir procuré à sa patrie l'empire sur des peuples nombreux, Aristide demeura toujours dans la plus grande pauvreté. Indifférent aux plaisirs du faste, il ne faisait rien pour s'assurer les moyens d'en jouir. Aristide avait pour proche parent Callias, un des plus riches citoyens d'Athènes, qui un jour eut à répondre devant le peuple d'une grave accusation. Les accusateurs, voyant que les témoignages qu'ils produisaient pour charger Callias restaient sans effet, s'avisèrent de chercher à le discréditer par une voie indirecte :

« Vous connaissez, dirent-ils aux juges, Aristide, que sa vertu fait admirer dans toute la Grèce. Comment croyez-vous qu'il vive dans sa maison, alors que vous le voyez venir à vos assemblées avec une robe tout usée ? N'est-il pas à présumer qu'ayant à peine de quoi défendre ses membres du froid, il meurt de faim chez lui ? Et pourtant Callias est son proche parent, et, gorgé de richesses, il reste indifférent à tant de souffrances. Cependant il a reçu d'Aristide de grands services et a retiré des avantages considérables du crédit de son parent auprès du peuple. »

Callias, voyant, à cette insinuation, l'indignation se peindre sur les visages, se hâta de faire mander Aristide et le conjura d'attester s'il n'était pas vrai qu'il lui eût souvent offert des sommes importantes, mais sans pouvoir jamais le résoudre à les accepter.

Aristide confirma les déclarations de Callias, et, dit l'historien, en des termes tels, que de tous ceux qui l'entendirent, il n'y en eut pas un seul qui, en sortant du tribunal, n'eût préféré la pauvre simplicité d'Aristide aux richesses fastueuses de Callias.

Quand il mourut, sans laisser de quoi se faire enterrer, la république pourvut aux frais de ses funérailles, lui fit élever un tombeau, et dota ses filles.

★

« C'est un grand bonheur d'avoir ce qu'on désire, disait-on à Ménédème.

— C'en est un bien plus grand d'être satisfait de ce qu'on a, » répondit le philosophe.

★

Que la frugalité ne dégénère pas en avarice. Bias a dit : « L'avare ne possède pas son bien ; c'est son bien qui le possède. »

L'avare Cuttler, croyant donner une bonne leçon à un homme qui, peut-être, tombait un peu dans l'excès contraire : « Que ne vivez-vous comme moi ? lui dit-il.

— Vivre comme vous ! répondit l'autre ; mais j'en aurai toujours le temps quand il ne me restera plus rien. »

★

Nicolas Poussin, un des plus illustres peintres que la France ait produits, mena toujours une vie des plus modestes. Un soir, à Rome, comme il reconduisait lui-même, une lampe à la main, l'abbé, depuis cardinal Massini, ce prélat ne put s'empêcher de lui dire : « Je vous plains beaucoup, monsieur Poussin, de n'avoir pas seulement un valet. — Et moi, répondit Poussin, je vous plains beaucoup plus, monseigneur, d'en avoir un si grand nombre. »

Il avait l'habitude de marquer au revers de ses tableaux le prix qu'il en voulait. Plus d'une fois il arriva que les acquéreurs lui firent remettre une somme plus considérable; dans ce cas, il ne manquait jamais de leur renvoyer ce qui était en sus de son estimation.

*

Le général Drouot étant, à la chute du premier empire, poursuivi pour ses opinions, et ses amis s'inquiétant de le voir sans fortune : « Laissez, leur disait-il, pourvu que j'aie vingt-quatre sous par jour, je me tirerai bien d'affaire. »

Drouot, qui, fils d'un pauvre boulanger de Nancy, devait tout à son seul mérite personnel, donna le secret de sa vie honorable quand il dit : « Ce qui m'a beaucoup aidé, c'est que je n'ai jamais craint ni la pauvreté ni la mort. »

*

Charlemagne, dit le chroniqueur Eginhard, ne portait en hiver qu'une simple casaque de peau de mouton sur une tunique de laine. Il mettait sur ses épaules une espèce de manteau de couleur bleue, et pour chaussures il se servait de bandes d'étoffes croisées les unes sur les autres. Ennemi du luxe, il tâchait de le proscrire de sa cour. Quand il voyait quelques-uns de ses familiers magnifiquement vêtus, recouverts, par exemple, d'habits de soie, garnis de fourrures de prix, il les emmenait avec lui à la chasse et s'arrangeait de façon à leur faire traverser des fourrés, des halliers épineux. Ils sortaient de là avec leurs riches costumes en lambeaux, et il leur disait en se moquant :

« Oh ! mes beaux amis, comme vous voilà faits ! Mais, regardez : mon manteau de peau de mouton, que je retourne à mon gré, selon le temps qu'il fait, est aussi bien accommodé qu'il était hier. Prenez-en exemple et souvenez-vous que l'habit est pour l'usage et non pour la montre. »

La vie intérieure du puissant monarque répondait d'ailleurs à cette simplicité extérieure. Sa femme, encore qu'impératrice et reine de presque tout l'Occident, avait soin des habits et des meubles royaux avec autant de sollicitude et d'économie qu'une simple mère de famille; elle payait elle-même les gages des officiers du palais, réglait les dépenses de bouche, faisait à temps les provisions nécessaires, et, sur l'ordre du roi lui-même, envoyait vendre au profit des pauvres les fruits et légumes qui provenaient des jardins environnant le palais et qui ne pouvaient être consommés sur les tables royales

TABLE DES CHAPITRES

AVEC L'INDICATION DES CHAPITRES QUI LES COMPOSENT

INTRODUCTION.. 1

CHAPITRE I

PATRIOTISME — TEMPS ANCIENS

Maximes-épigraphes tirées de Young, Massillon, Cicéron, Bacon, l'historien Josèphe ... 5
Les mères spartiates 6
Sparte après la bataille de Leuctres 6
Le suicide de Charondas 7
Léonidas et les Spartiates aux Thermopyles............. 7
Trève patriotique d'Aristide et de Thémistocle......... 9
Dernières paroles de Phocion à son fils 10
Thrasybule et l'amnistie après la défaite des Trente. ... 10
Héroïsme des femmes et des enfants phocéens.......... 11
Le combat des Horaces et des Curiaces............. 12
Junius Brutus condamnant ses fils à mort............ 17
Titus Manlius envoie son fils au supplice........... 19
Dévouements de Marcus Curtius et du consul Decius .. 21
Dévouement du second Decius 23
C. Camille banni sauve Rome de la ruine 23
Varron et les Romains après la bataille de Cannes..... 23
Vente des champs occupés par Annibal................ 24
Les Philènes carthaginois.... 24

CHAPITRE II

PATRIOTISME — TEMPS MODERNES

Eustache de Saint-Pierre et les bourgeois de Calais .. 25
La mort d'Alain Blanchard le Rouennais 28
Verdi de Cereni et les paladins de Florence.............. 30
André Doria, restaurateur de la liberté génoise 30
Jeanne d'Arc, ses victoires et sa mort.............. 31
Énergique défense des Liégeois contre les Espagnols...... 36

Belle parole du général de
Saint-Hilaire 37
Un mot du grand Condé . . 37
Mlle de la Charce et sa famille 37
Le maréchal Catinat, paroles
qui le peignent. 37
Jacques Callot, sa réponse à
Louis XIII 38
Les enrôlements volontaires
et l'enthousiasme patrioti-
que en 1792. 40
M. de Lerme et ses deux filles 43
Le général Daumesnil à Vin-
cennes en 1815. 45
Les cinq francs de la vieille
Rouennaise 46
Mot d'un petit conscrit alsacien
à Mme H. 47
Mort d'une cantinière au siège
de Paris 47
Au faubourg Saint-Germain,
une mère héroïque. 48

Au village, une veuve donnant
son dernier fils 48
Comment M. Valentin prit possession de la préfecture de
Strasbourg en 1870 49
Les dames alsaciennes et les
officiers prussiens. 52
Paris pendant le siège de
1870-71. — Les aéronautes.
— Les élèves de l'École des
beaux-arts — Le peintre
Henri Regnault. 53
Mme Damoiseau et sa maison
(1870) 59
Extraits des Tablettes quotidiennes du siège de Paris
— L'alimentation — Les
boucheries en décembre
1870. — Castor et Pollux. —
Le bombardement — Les
queues 59

CHAPITRE III

HUMANITÉ

Épigraphes tirées de Vauvenargues, Diogène Laërce,
P. J. Stahl. 62
Que l'humanité, dans le sens
actuel et général du mot, est
un sentiment ignoré des anciens 63
Les Athéniens et les combats
de gladiateurs. 63
Maxime de Fénelon. 64
Las Casas, l'apôtre des Indiens. 64
Le chirurgien Ambroise Paré 66

Humanité de Turenne. 69
Les promenades de Fénelon
Anecdote de la vache. . 69
Le général Championnet et
les moissons 70
Le général d'Anselme et le
boucher 71
Le grenadier et son nourrisson 71
Les soldats français pendant et
après Waterloo. 72
Les deux blessés, français et
russe 73
Le respect pour la vieillesse . 74

CHAPITRE IV

MODESTIE — HUMILITÉ

Épigraphes par La Bruyère,
Franklin, Bayard, Cervantes. 75

Épaminondas dans la charge
de téléarque 75

Suprême recommandation d'Agésilas.....	75
Virgile et l'Énéide.....	76
Le docteur musulman Gazalédo.....	76
Le père de Plutarque.....	76
Réprimande de saint François de Sales à l'évêque de Belley.....	77
Simplicité et bonhomie de Turenne.....	77
La Fontaine et son opéra.	79
Gassendi en voyage.......	79
Le couteau de Charles Rollin	80
Modestie de l'abbé Lhomond	81
Le général Bernadotte et son ancien colonel.....	81
Mot du général Drouot...	81
La médaille militaire du caporal Sauton.....	82
Saint François de Sales et ses vieux habits.....	82

CHAPITRE V

AMITIÉ

Épigraphes prises de Cicéron, Démétrius de Phalère, Théophraste, La Fontaine.....	83
Montaigne sur l'amitié et son ami La Boétie.....	84
Maximes d'Aristote et de Sénèque sur l'amitié.....	86
Pensées de Socrate sur l'affection fraternelle.....	86
Pensées de Bernardin de Saint Pierre sur l'amitié entre frères et sœurs.....	86
Des vers de La Fontaine ...	87
Alcibiade éprouvant ses amis Mot de Rutilius.....	87
Damon et Pythias.....	88
La ruse d'Arcésilas.....	89
Lucilius et Brutus.....	89
L'amiral Chabot.....	90
Le chevalier Le Jars.....	91
M. de Brienne, sa réponse au cardinal de Richelieu...	92
Les médecins Freind et Richard Mead.....	93
Les deux Espagnols du siège de la Capelle.....	94
La Fontaine, Mme de la Sablière et Mme Hervart..	94
Virgile et Horace.....	95
Racine et Boileau.....	95
Dubreuil et Pechméja.....	96
La princesse de Conti et son médecin Dodard.....	96
Chamillard et Dreux.....	97
Les petits Sépier et Bonnavion.....	97

CHAPITRE VI

COURAGE — INTRÉPIDITÉ — FERMETÉ D'AME

Épigraphes de La Rochefoucauld et Fénelon.....	100
Horatius Coclès.....	100
Clélie au camp de Porsenna	101
Le martyre de sainte Félicité et de ses sept fils.....	101
Sainte Geneviève et l'invasion d'Attila, par A. Thierry.	104
Le Grand Ferré contre les Anglais.....	107
Jeanne Hachette et les femmes de Beauvais....	109
Le soldat Barbal au moulin de la Broude.....	109
Sully et Crillon au siège de Charbonnière.....	110

Mort d'un soldat de Neerwinde...............	111	Mort d'un petit tambour au siége de Nicopolis.........	114
Mort du jeune Boufflers à Dettingue............	111	Bravoure et présence d'esprit du caporal Guichard....	114
Le petit chevalier de Mondyone et le grand officier.	111	Sauvetage d'un enfant par le soldat Claude Durand..	115
Le lieutenant français du siége de Lintz........	112	Le général Alexandre Dumas au pont de Clausel.......	115
Sang-froid du maréchal Labert................	112	Saillie héroïque de Junot...	116
La peur du petit de Thianges	112	Le mousse Perret et son navire...............	116
L'Américain et ses six prisonniers.............	113	Un lion tué par une jeune fille...............	118
Harangue de H. de la Rochejacquelin aux Vendéens..	113	Le capitaine Ropert.......	119
Kléber et le colonel Schouardin................	113	L'honneur du baron Thénard.	120
		M. Jean Dollfus, le maire de Mulhouse............	121

CHAPITRE VII

DÉVOUEMENT — DEVOIR — FORCE MORALE

Épigraphe prise de Silvio Pellico.............	122	Amédée Favre, fils de Simon Favre...............	136
Le sœur de lait d'Harmonia.	122	Jean le maçon..........	139
Arnold de Winkelried à la bataille de Sempach....	122	Mort de Mgr Affre.	140
La peste de Marseille.....	123	Proclamation du général Cavaignac après les journées de Juin...............	141
L'évêque de Belzunce et le chevalier Rose.......	126	Dévouement d'un vieux curé en 1870.............	142
M. de Cornik dans une inondation de la Garonne...	129	Les instituteurs Debordeaux, Poulette et Leroy.....	143
Nicolas Plège, le funambule.	129	L'abbé Coi, curé de Neuville...............	145
Le jeune Joseph Serie.....	131		
Le général Trochu et les volontaires pour l'assaut de Sébastopol..........	132	Les Frères de la doctrine chrétienne dans la guerre de 1870.............	146
Sur le sentiment du devoir et du sacrifice par le général Trochu.............	134	Les inondations de 1875 Le marquis d'Hautpoul. La sœur Joseph........	146
Simon Favre, le sauveteur parisien...............	134	Karis, l'ardoisier d'Anthisne.	148

CHAPITRE VIII

POLITESSE — URBANITÉ — SAVOIR-VIVRE

Épigraphes de La Bruyère, Henri IV, P. J. Stahl....	149	Trait d'étiquette espagnole..	149
		La politesse de Louis XIV...	150

Leçon de politesse donnée à un jeune homme par le maréchal Catinat.... 150	son.................. 152
	Les verres essuyés 154
Lord Hay et le comte d'Anteroche à la bataille de Fontenoy................ 151	Mot gracieux du duc de Bourgogne..... 155
	Bandits désarmés par la courtoisie de Montaigne... 155
Les bévues du savant Nicole. 151	
Les ignorances de l'abbé Cos-	Un apologue de Patru à l'Académie française......... 156

CHAPITRE IX

BIENFAISANCE — CHARITÉ — PHILANTHROPIE
BON EMPLOI DES RICHESSES

Maximes-épigraphes prises de Sénèque, Salomon, Chamfort, Charron, Fléchier, Franklin, Stahl.... 158	Les quêtes de l'abbé Caron.. 171
	Les prêts de M. de Lacépède. 171
	L'abbé de l'Épée, premier instituteur des sourds-muets 172
Le solitaire Bessarion et son livre d'Évangiles........ . 159	Le pasteur Oberlin et Louise Scheppler............... 174
Anicius Bassus, préfet de Rome pendant la famine de 383.... 159	Un brave petit gâte sauce... 176
	Les petites ramasseuses de bois......... 177
Saint Paulin, évêque de Nole, esclave par charité 161	Munificence de Pline le jeune. 178
Saint Vincent de Paul et les servantes des pauvres ... 162	Esclave racheté par le président de Montesquieu.... 178
Fondation des hospices d'enfants trouvés en France... 165	Les fondations de M. de Monthyon 184
Thomas Coram, fondateur des hospices d'enfants trouvés en Angleterre........ 166	John Howard, l'ami des prisonniers................ 187
	Sir Richard Wallace et la souscription du siège de Paris.........· 191
Antoine Parmentier et la culture des pommes de terre................. 168	

CHAPITRE X

RECONNAISSANCE

Épigraphe par Barthélemy. Proverbe espagnol 192	La première parole de l'ouvrière 196
Le petit garçon aux dix écus...,........... 193	Le caporal du 75ᵉ régiment de ligne........ 197
Les poëtes Milton et William Davenant............ 194	L'éléphant protecteur....... 198
	Le cheval sauveteur........ 198
Le porteur d'eau de Bernardin de Saint-Pierre...... 196	M. Benson et le taureau... . 199
	La légende du rouge-gorge. 201

CHAPITRE XI

FRANCHISE LA FLATTERIE

Épigraphes par Zenon, Salomon, Racine............ 202	Réponse de Solon à Crésus . 207
Les adulateurs de Louis XIV. 202	Discours des ambassadeurs scythes à Alexandre...... 207
Boileau et le duc de la Feuillade.................. 205	Denys le tyran et Philoxène. 211
	Platon vendu comme esclave. 214
Un mot de l'empereur Joseph II................ 206	Canut le grand et ses courtisans 214
Le grand Condé et Santeuil 206	Un mot du prince de Ligne. 216
Instruction du marquis de Pisani à Louis XIII 207	Sur les compliments....... 216
	Un exorde du P. Séraphin .. 216

CHAPITRE XII

ACTIVITÉ — PUISSANCE DU TRAVAIL ET DE LA VOLONTÉ

Épigraphes par Vauvenargues, Franklin, Ben Sira, Boiste, Montesquieu, Solon, Cicéron, Stahl...... 217	chez les peuples anciens.. 227
	Le puits des mendiants..... 228
	Épreuves et travaux de Bernard Palissy............ 228
Comment Démosthènes devint orateur 218	Le peintre Rubens et l'alchimiste anglais 233
Les sortilèges de C. Furius Cresinus (extrait de Pline l'ancien) 220	Le graveur Robert Nanteuil. 233
	Harrison, l'inventeur de la montre à équation. 236
La mandragore du marchand de chandelles ... 221	Linnée à l'Université d'Upsal 236
Les solitaires chrétiens et le travail manuel 224	Spinosa se faisant ouvrier opticien.. 237
La leçon de l'abbé Silvain . 225	Hatemtaï et le pauvre Arabe 237
Sur l'obligation du travail	Buffon et son domestique... 237

CHAPITRE XIII

DOUCEUR — AMÉNITÉ — BIENVEILLANCE

Épigraphes de La Fontaine, Mme de Maintenon...... 239	Affection de Michel-Ange pour son domestique, ... 240
Aristote désignant son successeur 239	Douceur de saint François de Sales 242
Leçon donnée à Saadi par son père.................. 240	Une parole de Turenne ... 243
	Bonté de l'abbé Terrasson,. 243

Firmin Abauzit et sa servante...	243	L'empereur Joseph II et le sergent invalide...	244

CHAPITRE XIV

SOBRIÉTÉ. — TEMPÉRANCE

Épigraphes de Sénèque et Dacier...	246	Le pain d'orge d'Artaxerce..	247
Réponse de Diogène à Aristippe...	247	Les repas de Michel-Ange..	247
Un médecin véridique...	247	Première et dernière ivresse du roi Charles XII...	248

CHAPITRE XV

LOYAUTÉ — DROITURE — DÉSINTÉRESSEMENT

Épigraphes par Mme d'Épinay, S. Lavalette, Juvénal...	249	chevalier de Forbin...	258
Camille et le maître d'école de Faléries...	249	Un mot de Marceau...	258
Bonne foi de Fabius...	251	Belles paroles du général Eugène Cavaignac...	259
Pyrrhus, roi d'Épire, et le consul romain Fabricius..	251	Honnête résolution de Boileau-Despréaux...	259
Une parole de l'empereur Julien...	254	Condition faite par le général Wimpffen à l'empereur d'Autriche...	260
L'Ostiak et la bourse du marchand russe...	254	Le sou du petit enfant...	260
Comment Henri de Mesme refusa la place d'avocat général...	255	Un mot du président Séguier	260
		Glorieuse pauvreté du général Desaix...	261
Honnêteté d'un portier...	256	Lacépède et la pépite d'or du Muséum...	261
Le vin du chancelier Thomas Morus...	256	Mort du chevalier Bayard ..	262
Un acheteur consciencieux..	257	Washington refuse la couronne que voulaient lui offrir les officiers américains...	263
Les libéralités de Turenne..	257		
Une pétition de Duguay-Trouin...	257		
Bel exemple donné par le		Vercingétorix à Alesia...	264

CHAPITRE XVI

TENDRESSE FRATERNELLE — PIÉTÉ FILIALE

Épigraphes par Plutarque, Stahl...	265	Une lettre de Michel-Ange à son frère...	266

Pierre et Thomas Corneille	266	Un mot de Pittacus à Crésus.	270
Témoignages d'affection fraternelle chez Caton d'Utique, Plutarque, Platon, Épicure...	268	Le fils de Titus Manlius.....	270
		Coriolan et sa mère...	271
		La fille de la condamnée. — Pero, fille de Cimon.	274
Le philosophe Apollonius...	269	Le petit élève de l'école militaire de Brienne.	275
Le débat d'Ariamène et de Xerxès................	269	Le fils de l'amiral Casabianca	276

CHAPITRE XVII

BONNE FOI — RELIGION DU SERMENT

Épigraphe par Pasquier....	277	La colère du maréchal de Biron...	284
Turenne et les voleurs ..	277		
Le sacrifice de Régulus.	278	Saint-Luc et Agrippa d'Aubigné...	284
Loyauté de Louis IX envers les Sarrasins............	283	Haudaudine et les Vendéens.	285

CHAPITRE XVIII

DISCRÉTION — SOBRIÉTÉ DE PAROLES SILENCE

Épigraphes par saint François de Sales, Simonide, Hippocrate, Calderon, Ahli, Pope, La Bruyère, Franklin. ...	287	Les maximes du temple de Delphes.....	290
		Laconisme.	291
		Un pour un	291
Molière, Chapelle et le frère quêteur...	288	Réponse des Spartiates aux députés de Samos .	291
Le peintre Apelles et Mégabyze ...	289	Le philosophe Cléanthe et ses amis.	291
Discrétion des Athéniens envers Philippe de Macédoine	289	Une réplique du Tasse ..	291
		Le secret de Guillaume III .	292
Le manteau de l'Égyptien	290	Aristote à un babillard	292
Leena l'Athénienne..	290	Funestes indiscrétions......	292
Une ruse d'Eumène ...	290	Le barbier athénien........	293

CHAPITRE XIX

BONTÉ ENVERS LES ANIMAUX

Le lion d'Androclès . .	294	Le tombeau du chien — Réflexions de Plutarque.....	298
Le philosophe Xénocrate et le moineau.	297	Citation de Montaigne......	298
Les bêtes de charge du Parthenon ..	297	Les chevaux invalides du philanthrope Howard	299
Les juments de Cinéas......	298	L'estampe d'Hogarth .	299

TABLE DES CHAPITRES.

Le barbet de Saint-Pétersbourg............................ 300
L'Arabe et sa jument....... 301
Le dernier ami................ 301
M. de La Mennais et les petits oiseaux............. 302

CHAPITRE XX

LIBÉRALITÉ — GÉNÉROSITÉ — OUBLI DES INJURES

Épigraphes par La Bruyère, Vauvenargues, Stahl.... 303
Le procès de la Couronne... 304
Le frère du philosophe Euclide.................... 306
Aristippe et Eschine........ 306
Un mot de Philippe de Macédoine................ 306
L'envoi de blé des Lacédémoniens................. 307
L'esclave de P. Restius..... 307
Antonin et le sophiste Polémon..................... 307
Réponse de l'empereur Antonin à la plainte d'un acteur...................... 308
Clémence de Louis XII..... 308
Mort de l'empereur Adrien. — Le calife Aaroun-ben-Raschild et son fils..... 309
Belle parole de Charles-Quint.................... 310
Cervantes devant le dey d'Alger......................... 310
Vesins et Resnier à la Saint-Barthélemy................ 310
Désintéressement et libéralité de Fénelon........ 311
Le duc de Lesdiguières et Platel.................... 312
Les portes de l'église Saint-Jean à Florence........ 313
Le prix de Pierre Prudhon.. 314
Molière et Mondorge........ 318
Comment Boileau acheta les livres de Patru.......... 318
Boileau et la pension du grand Corneille........ 318
Les cinq cents livres sterling de l'acteur Garrick...... 319
La défaite des Fourches-Caudines et la revanche..... 319

CHAPITRE XXI

FERMETÉ — FORCE DE CARACTÈRE

Épigraphe par Chamfort... 325
La mort de Thraséas....... 325
Derniers moments de Socrate 327
Aristide et l'ostracisme..... 329
Le maréchal de la Palice .. 329
La vieillesse du chancelier de L'Hôpital............. 331
Le baron de Pentenrieder et Louis XIV............... 332
L'ambassadeur anglais et le czar Ivan 333
Le repentir du maréchal de Luxembourg............. 333
Chevert à Prague.......... 334

CHAPITRE XXII

SIMPLICITÉ — FRUGALITÉ — SAGE APPRÉCIATION DES BIENS

Épigraphes par Solon, Épicure, Franklin, Plutarque. 335	Maxime de Ménédème 338
Un mot de Socrate......... 336	Lavare Cuttler et le prodigue 338
Marius et les ambassadeurs samnites.......... 336	Nicolas Poussin et le cardinal Massini 338
Mœurs et caractère de Caton le Censeur.... 336	Paroles du général Drouot .. 339
La pauvreté d'Aristide. .. 337	Charlemagne dans sa vie intérieure. 339

FIN DE LA TABLE

COLLECTION COMPLÈTE

DES TRENTE PREMIERS VOLUMES DU

MAGASIN D'ÉDUCATION
ET DE RÉCRÉATION

PUBLIÉ SOUS LA DIRECTION DE
MM. JEAN MACÉ — P.-J. STAHL — JULES VERNE

Prix : 200 francs

Payables en 8 termes de 25 francs à répartir en deux ans

Les trente premiers volumes illustrés parus du *Magasin d'Éducation et de Récréation* constituent à eux seuls toute une bibliothèque de l'enfance et de la jeunesse. L'examen du catalogue général du *Magasin*, que nous tenons toujours à la disposition des parents, leur montrera que les œuvres principales, et pour ainsi dire complètes, de JULES VERNE, de P.-J. STAHL, de JULES SANDEAU, de E. LEGOUVÉ, d'EGGER, de J. MACÉ, de L. BIART et de bien d'autres ; que les plus heureuses séries de dessins de Frœlich, Froment et d'un grand nombre d'artistes éminents, écrites ou dessinées avec un soin scrupuleux, à l'usage spécial de la jeunesse et de la famille, sont contenues dans les trente volumes déjà parus.

Cette collection grand in-8° représente par le fait la matière de plus de cent volumes in-18 ordinaires. Elle est en outre illustrée de près de quatre mille dessins, créés expressément pour le *Magasin d'Éducation*.

Le *Magasin d'Éducation* s'est tenu avec soin en dehors de ce qu'on appelle l'actualité, dont l'intérêt passe et vieillit, pour ne laisser entre les mains de ses lecteurs que des œuvres d'un intérêt durable et permanent. Les premiers volumes, à ce titre, présentent donc un intérêt égal aux derniers, et offrir aux enfants les premières années, s'ils ne les connaissent pas, leur assure des lectures aussi agréables que si on leur donnait les dernières.

*LES TOMES I à XXX
RENFERMENT COMME ŒUVRES PRINCIPALES

Les Aventures du Capitaine Hatteras, Les Enfants du Capitaine Grant, Vingt mille lieues sous les mers, Aventures de trois Russes et de trois Anglais, Le pays des Fourrures, L'Ile mystérieuse, Michel Strogoff, Hector Servadac, Les Cinq cents millions de la Bégum, de Jules VERNE. — La Morale familière, Les Contes Anglais, La Famille Chester, L'Histoire d'un Ane et de deux jeunes Filles, Une Affaire difficile à arranger, Maroussia, Un pot de creme pour deux, de P.-J. STAHL. — La Roche aux Mouettes, de Jules SANDEAU. — Le Nouveau Robinson Suisse, de STAHL et MULLER. — Romain Kalbris, d'Hector MALOT. — Histoire d'une Maison, de VIOLLET LE DUC. — Les Serviteurs de l'Estomac, Le Géant d'Alsace, Le Gulf-Stream, etc, de Jean MACE — Le Denier de la France, La Chasse, Le Travail et la Douleur, A Madame la Reine, La Fée Béquillette, Un premier Symptôme, Sur la Politesse, Lettre à Mlle Lili, etc., de E. LEGOUVÉ. — Le Livre d'un père, de Victor DE LAPRADE. — La Jeunesse des Hommes célèbres, de MULLER. — Aventures d'un jeune Naturaliste, Entre Frères et Sœurs, Voyages et Aventures de deux enfants dans un parc, Les Voyages involontaires, de Lucien BIART. — Causeries d'Economie pratique, de Maurice BLOCK. — La Justice des choses, de Lucie B***. — Les Aventures d'un Grillon, La Gileppe, par le Docteur CANDÈZE — Vieux souvenirs, Départ pour la Campagne, Bébé aime le rouge, etc, de Gustave DROZ. — Le Pacha berger, par E. LABOULAYE. — La Musique au foyer, par LACOME. — Histoire d'un Aquarium, Les Clients d'un vieux Poirier, de E. VAN BRUYSSEL — Le Chalet des Sapins, de Prosper CHAZEL. — L'Odyssée de Pataud et de son chien Fricot, de P.-J. STAHL et CHAM. — Le petit Roi, de S. BLANDY. — L'Ami Kips, de G ASTON. — La Grammaire de Mlle Lili, de Jean MACE. — Histoire de mon oncle et de ma tante, par A. DEQUET. — L'Embranchement de Mugby, Histoire de Bebelle, Une lettre inedite, Septante fois sept, de Ch DICKENS, etc, etc — C'est-à dire une Bibliothèque complète de l'Enfance et de la Jeunesse

Les petites Sœurs et petites Mamans, Les Tragédies enfantines, Les Scenes familières et autres séries de dessins, par FRŒLICH, FROMENT, DETAILLE; textes de STAHL

*TOMES XXXI-XXXII

La Maison à vapeur, par JULES VERNE. — Les Quatre filles du docteur Marsch, par P.-J. STAHL. — Leçons de Lecture, par E. LEGOUVÉ. — Riquette, par P. CHAZEL. — Contes et nouvelles, par C. LEMONNIER, LERMANT, BENTZON, DUPIN DE SAINT-ANDRÉ, NICOLE, BÉNÉDICT, etc.

ENFANCE, JEUNESSE. — LIBRAIRIE SPÉCIALE

Prix — Étrennes — Bibliothèques populaires — etc.

BIBLIOTHÈQUE IN-18
D'ÉDUCATION & DE RÉCRÉATION

3 Fr. Broché 4 Fr. Cartonné

VOLUMES IN-18
Brochés, 3 fr. — Cartonnés toile, tranches dorées, 4 fr.

Ampère (A.-M.)	*Journal et correspondance	1 v.
Andersen	Nouveaux Contes suédois	1 v.
Bertrand (J.)	*Les Fondateurs de l'astronomie	1 v.
Biart (Lucien)	**Avent. d'un jeune naturaliste	1 v.
—	**Entre frères et sœurs	1 v.
Blandy (S.)	**Le petit Roi	1 v.
Boissonnas (Mme B.)	*Une famille pendant la guerre 1870-71 (ouv. cour.)	1 v.
Brachet (A.)	**Grammaire historique (préface de Littré) (ouv. cour.)	1 v.
Bréhat (de)	**Aventures d'un petit Parisien	1 v.
Candèze (D')	Aventures d'un Grillon	1 v.
Carlen (Émilie)	Un brillant Mariage	1 v.
Chazel (Prosper)	Le Chalet des Sapins	1 v.
Cherville (de)	*Histoire d'un trop bon Chien	1 v.
Clément (Ch.)	**Michel-Ange, Raphaël, etc.	1 v.
Desnoyers (Louis)	Jean-Paul Choppart	1 v.
Durand (Hip.)	Les grands Prosateurs	1 v.
—	Les grands Poètes	1 v.
Egger	†Histoire du Livre	1 v.
Erckmann-Chatrian	*Le Fou Yegof ou l'Invasion	1 v.
—	*Madame Thérèse	1 v.
—	*Histoire d'un Paysan (compl.)	4 v.
Fath (G.)	Un drôle de Voyage	1 v.
Foucou	Histoire du travail	1 v.
Génin	La Famille Martin	1 v.
Gramont (Comte de)	Les Vers français et leur prosodie	1 v.
Gratiolet (P.)	*De la physionomie	1 v.
Grimard	Histoire d'une goutte de sève	1 v.
—	Le Jardin d'acclimatation	1 v.
Hippeau (Mme)	*Cours d'economie domestique	1 v.
Hugo (Victor)	*Les Enfants (Le Livre des Mères)	1 v.
Immermann	La Blonde Lisbeth	1 v.
Laprade (V. de)	*Le Livre d'un père	1 v.

Lavallée (Th.).....	Histoire de la Turquie.....	2 v.
Legouvé (E.).......	*Les Pères et les Enfants au XIX° siècle (ENFANCE ET ADOLESCENCE)............	1 v.
—	*Les Pères et les Enfants au XIX° siècle (LA JEUNESSE)..	1 v.
—	*Conférences parisiennes....	1 v
—	*Nos Filles et nos Fils.....	1 v.
—	*L'Art de la Lecture.......	1 v.
Lockroy (Mme).....	*Contes à mes Nièces......	1 v.
Macaulay.........	*Histoire et Critique.......	1 v.
Macé (Jean).......	*Histoire d'une Bouchée de pain.	1 v.
—	*Les Serviteurs de l'estomac.	1 v.
—	**Contes du Petit Château....	1 v.
—	*Arithmétique du Grand-Papa.	1 v.
Maury (commandant).	*Géographie physique......	1 v.
—	*Le Monde où nous vivons ..	1 v.
Muller (Eugène) ...	**Jeunesse des Hommes célèbres	1 v.
—	**Morale en action par l'histoire	1 v.
Ordinaire.........	Dictionnaire de mythologie...	1 v.
	Rhétorique nouvelle.......	1 v.
Ratisbonne (Louis)..	**Comédie enfantine (ouv. cour.)	1 v.
Reclus (Elisée).....	*Histoire d'un Ruisseau.....	1 v.
Renard...........	**Le Fond de la Mer.......	1 v.
Roulin (F.)........	*Histoire naturelle........	1 v.
Sandeau (Jules)....	**La Roche aux Mouettes	1 v.
Sayous...........	*Conseils à une mère sur l'éducation littéraire.........	1 v.
—	*Principes de littérature.....	1 v.
Simonin...........	*Histoire de la Terre	1 v.
Stahl (P.-J.)......	*Contes et récits de Morale familière (ouvr. couronné)..	1 v.
—	**Histoire d'un Ane et de deux jeunes Filles (ouvr. cour.).	1 v.
—	La famille Chester, adaptation	1 v.
—	*Les Patins d'argent (ouv. cour.) d'après Mapes Dodge....	1 v.
—	**Mon 1er Voyage en mer, d'après une traduction de Thoulet.	1 v
—	*Les Histoires de mon parrain.	1 v.
—	**Maroussia (ouv. cour.), d'après Marko Wowzog	1 v
Stahl et de Wailly.	Scènes de la vie des enfants en Amérique.	
—	*Les Vacances de Riquet et Madeleine............	1 v
	Mary Bell, William et Lafaine	1 v.
Stahl et Muller...	*Le nouveau Robinson suisse	1 v.
Susane (général)....	Histoire de la Cavalerie....	3 v
Thiers...........	*Histoire de Law..........	1 v

ENFANCE, JEUNESSE. — LIBRAIRIE SPÉCIALE   23

VALLERY RADOT (René)	*Journal d'un Volontaire d'un an (*ouvr. couronné*)	1 v.
VERNE (Jules)	Aventures du capitaine Hatteras :	
—	** Les Anglais au pôle Nord	1 v.
—	** Le Désert de Glace	1 v.
—	Les Enfants du capitaine Grant :	
—	** L'Amérique du Sud	1 v.
—	** L'Australie	1 v.
—	** L'Océan Pacifique	1 v.
—	** Aventures de 3 Russes et de 3 Anglais	1 v.
—	** Cinq semaines en ballon (*ouvr. cour.*)	1 v.
—	* De la Terre à la Lune (*ouvr. cour.*)	1 v.
—	* Autour de la Lune (*ouvr. cour.*)	1 v.
—	** Découverte de la Terre	2 v.
—	* Le Pays des Fourrures	2 v.
—	* Le Tour du Monde en 80 jours	1 v.
—	* Vingt mille lieues sous les Mers (*ouvr. cour.*)	2 v.
—	* Voyage au centre de la Terre (*ouvr. cour.*)	1 v.
—	** Une Ville flottante	1 v.
—	* Le docteur Ox	1 v.
—	* Le Chancellor	1 v.
—	L'Ile Mystérieuse :	
—	* Les Naufragés de l'air	1 v.
—	* L'Abandonné	1 v.
—	* Le Secret de l'île	1 v.
—	* Michel Strogoff	2 v.
—	* Les Indes Noires	1 v.
—	Hector Servadac	2 v.
—	** Un Capitaine de 15 ans	2 v.
—	Les Cinq Cents Millions de la Bégum	1 v.
—	Les Tribulations d'un Chinois en Chine	1 v.
—	† La Maison à vapeur	2 v.
—	**Les grands Navigateurs du XVIIIe siècle	2 v.
—	† Les Voyageurs du XIXe siècle	2 v.
ZURCHER ET MARGOLLÉ	* Les Tempêtes	1 v.
—	** Histoire de la Navigation	1 v.
—	** Le Monde sous-marin	1 v.

SÉRIE DES VOLUMES IN-18, AVEC OU SANS GRAVURES
BROCHÉS, 3 fr. 50. — CARTONNÉS, TR. DORÉES, 4 fr. 50
(Suite de la Collection *Éducation et Récréation*.)

ANQUEZ	** Histoire de France	1 v.
AUDOYNAUD	Entretiens familiers sur la Cosmographie	1 v.
BERTRAND (Alex.)	**Lettres sur les révol. du globe	1 v.
BOISSONNAS (B.)	* Un Vaincu	1 v.

Faraday (M).	*Histoire d'une Chandelle..	1 v.
Franklin (J).	Vie des Animaux.	6 v.
Hirtz (Mlle).	Méthode de coupe et de confection pour les vêtements de femmes et d'enfants. 154 gr.	1 v.
Lavallée (Th.).	Les Frontières de la France (Ouvrage couronné).	1 v.
Mayne-Reid.	*William le Mousse.	1 v.
—	Les Jeunes Esclaves.	1 v.
—	**Le Désert d'eau.	1 v.
—	*Les Chasseurs de Girafes.	1 v.
—	*Les Naufragés de l'île de Bornéo	1 v.
—	La Sœur perdue.	1 v.
—	**Les Planteurs de la Jamaïque.	1 v.
—	*Les deux Filles du Squatter.	1 v.
—	Les Jeunes voyageurs.	1 v.
—	**Les Robinsons de Terre ferme.	1 v.
—	Les Chasseurs de Chevelures.	1 v.
Mickiewics (Adam).	Histoire de la Pologne.	1 v.
Mortimer d'Ocagne.	*Les grandes Écoles civiles et militaires de France. — Historique. — Programmes d'admission — Régime intérieur — Sortie, carrière ouverte.	1 v.
Nodier (Ch.).	Contes choisis.	2 v.
Parville (de).	Un Habitant de la planète Mars.	1 v.
Silva (de).	Le Livre de Maurice.	1 v.
Susane (général).	Histoire de l'Artillerie.	1 v.
Tyndall.	**Dans les Montagnes.	1 v.
Wentworth Higginson	†Histoire des États-Unis.	1 v.

SÉRIE IN-18. — PRIX DIVERS

(Suite de la Collection *Education et Récréation*.)

A. Brachet.	*Dictionnaire étymologique de la langue franç (*ouv. cour.*).	8 fr.
Chennevières (de).	Aventures du petit roi saint Louis devant Bellesme.	5 fr.
Clavé (J.).	Principes d'économie politique	2 fr.
Dubail.	*Géogr. de l'Alsace-Lorraine.	1 fr.
Grimard (Ed.).	*La Botanique à la campagne.	5 fr.
Legouvé (E).	*Petit Traité de la lecture.	1 fr.
Macé (Jean).	*Théâtre du Petit Château.	2 fr.
—	*Arithmétique du Grand-Papa (edit. pop.)	1 fr.
Souviron.	Dict. des termes techniques.	6 fr.

www.ingramcontent.com/pod-product-compliance
Lightning Source LLC
Chambersburg PA
CBHW070850170426
43202CB00012B/2024